SERVICE BRAIN

서비스 브레인

감정의 뇌를 알아야 고객만족 서비스가 이루어진다

SERVICE BRAIN
서비스 브레인

• 김현식 지음 •

새녘

머리말

고객의 감정을 만족시키는
서비스 브레인이 되어야 합니다!

고객은 어떤 서비스를 바랄까요? 미소 짓고 인사만 잘해도 고객이 만족하던 시절이 있었습니다. 하지만 지금은 제품과 서비스를 구매하는 익명의 고객이 아닌 소중한 한 인간으로서 존중받으며, 자신이 원하는 서비스를 받고 싶어 합니다.

 인간적인 서비스란 고객 개인별로 충족되기를 원하는 욕구를 만족시켜 주고 고객이 느끼는 감정에 공감하며, 공감 수준을 뛰어넘어 고객이 알지는 못하지만 느끼기를 바라는 감정을 느낄 수 있도록 만들어주는 서비스입니다.

 인간적인 서비스는 서비스 제공자에게도 만족감을 줍니다. 먼저 서비스 행동 하나하나에 대해 왜 해야 하는지 이유와 목적을 알게 되면 서비스 행동에 대해 공감하면서 실행력이 높아집니다. 또한 어떤 목적을 달성하기 위해 A라는 서비스 행동을 했을 때 어떤 반응이 나오는지를 알 수 있기 때문에 서비스 업무가 재미있어지며, 매일 똑같은 일을 왜 해야 하는지 이유도 잘 모르고 반복적으로 했을 때 빠지기 쉬운 매너리즘을 제거할 수 있습니다. 나아가서 공감 능력을 담당하는 뇌의 대상회와 거울신경세포가 강화되어 서비스 브레인이 될 수 있습니다.

인생 이모작을 위한 미국 유학에서 돌아와 담당한 서비스 교육개발 프로젝트에서 필자는 변화된 환경에 맞는 새로운 프로그램 개발을 감정에 중점을 두어 시작하면서, 점차 감정이 고객의 제품과 서비스 구매와 만족도 향상에 거의 백퍼센트 관여한다는 사실을 알게 되었습니다. 또한 감정이 어디서 생기고 어떻게 표현되며 무엇으로부터 영향을 받는지, 그리고 각각의 서비스 행동을 해야 하는 이유는 무엇인지 등을 파악하게 되었습니다. 이를 기반으로 한 교육을 개발하여 진행한 결과, 신선하다는 반응과 함께 100점 만점에 가까운 교육만족도를 이끌어내기도 했습니다.

현장에서 느껴지는 서비스에 대한 변화 욕구는 더 뜨거웠습니다. 서비스 매니저나 강사분들을 만났을 때 가장 관심을 두는 분야는 두 가지로 압축됩니다. 바로 뇌 과학과 감정을 서비스 행동에 어떻게 적용할 수 있는가였습니다. 요즘에는 서비스 행동을 노하우(know how) 위주로 가르치거나 코칭을 하면 고객접점에 있는 서비스 제공자들이 식상해 한다고 합니다. 특히 3년 이상 된 고참 직원들에게는 서비스에 대해 더 이상 가르칠 내용도 없지만 지속교육을 위해 이전의 내용을 강의하면 또 그 나물에 그 밥이냐고 불만 섞인 말을 한다고 합니다.

고객이 진화하고 있다면 우리가 제공하는 서비스 또한 진화해야 합니다. 필자는 서비스 교육의 새로운 장을 열기 위한 책을 써야겠다고 생각하고 감정의 탄생부터 공부하기 시작했습니다. 수백 권의 책을 읽고 관련 논문을 찾아보고 저의 경험들을 반추하면서 서서히 제 머릿속에는 새로운 서비스 행동모델이 자리 잡아갔습니다.

감정을 일으키는 것은 인간의 미충족된 욕구이고, 그 욕구가 감정을 자극하고, 감정은 말, 표정, 자세, 행동 등을 통해서 미충족된 욕구를 해결한다는 일련의 과정을 이해하게 되었습니다. 그 후 각각의 세부 요소들을 연구하면서 고객의 욕구, 감정, 심리학, 뇌 과학, 행동경제학 등이 별개가 아닌 서로 긴밀히 연계되어 있음을 알게 되었습니다. 이 내용들을 서비스 행동으로 정리하면서 서비스 행동의 이유와 효과에 대해 더 구체적으로 명료하게 이해하고 서비스 제공자도 즐겁고 고객도 만족하는 '서비스 브레인'이라는 새로운 서비스 프로그램으로 발전시킬 수 있었습니다.

이 책은 다음과 같은 내용으로 구성되어 있습니다.

1부에서는 서비스 행동모델에 대해 소개를 드립니다. 서비스 행동을 이해하기 위해서 욕구가 발생하면 감정이 일어나고 욕구를 해소하기 위해 특정한 행동을 한다는 기본 전제를 갖고 감정의 뇌의 기능과 함께 살펴보았습니다.

먼저 인간이 의사결정을 하는 95%는 감정의 뇌에서 일어난다고 합니다. 따라서 감정의 뇌가 어떤 기준을 가지고 좋고 나쁨을 판단하는지 이해함으로써 어떤 방향으로 어떻게 서비스를 해야 하는지 이해할 수 있습니다.

두 번째는 무의식적으로 충족되기를 원하는 고객의 욕구는 어떤 것들이 있는지 살펴봤습니다. 제품이나 서비스를 구매하는 장면에서 고객의 어떤 욕구를, 어떻게 충족시켜야 할지를 알게 될 것입니다.

세 번째는 고객이 긍정감정을 느끼게 하기 위해서는 서비스 제공자가 긍정감정을 느끼고 있어야 합니다. 고객이 감정접점별로 필요한 감정을 느끼게 하기 위해서 해야 하는 서비스 행동과 긍정감정을 고객이 잘 느낄 수 있도록 쉽게 표현하는 방법을 알 수 있습니다.

네 번째는 고객과 대화를 나눌 때 나의 몸짓이 어떤 모습이고 그 모습이 고객에게 어떤 느낌을 주는지를 알 수 있습니다. 나의 몸짓언어를 인식하게 되면 고객의 몸짓을 읽을 수 있어서 지금 어떤 감정을 표현하는 것인지 느낄 수 있습니다.

2부에서는 5개의 접점(따뜻한 고객맞이, 친근한 공감대 형성, 유능한 제품설명, 믿음직한 구매제안, 호감 가는 고객배웅)별로 고객이 원하는 감정이 무엇이고, 왜 그런 감정이 생기는지, 어떻게 하면 그 감정을 만들 수 있는지를 이해하고 실천할 수 있도록 행동 방법까지 안내했습니다. 서비스 행동을 몸짓(Body), 분위기(Mood), 말(Word), 환경(Surroundings)으로, 즉 BMWS로 나누어서 현업에 쉽게 적용할 수 있도록 단순하면서도 다양한 아이디어들을 제안했습니다.

모쪼록 이 책이 고객만족을 위해 현장에서 수고하고 있을 서비스 제공자들에게, 그리고 그들에게 유익한 교육을 제공하려고 애쓰는 서비스 강사들에게 도움이 되기를 바랍니다.

2018년 10월

김현식

차례

머리말 고객의 감정을 만족시키는 서비스 브레인이 되어야 합니다! 004

제 1 부 감정의 뇌가 서비스에 색을 입힌다

제1부를 시작하며 새로운 서비스 행동모델이 필요하다 014

제1장 의사결정의 95%는 감정의 뇌가 내린다

1. 우리 뇌는 의외로 감정적이다 022
2. 감정의 뇌, 그것이 알고 싶다 035

제2장 욕구를 알면 감정이 보인다

1. 욕구의 5단계와 고객감동 요소(카노 모델) 052
2. 고객의 욕구 이해하기, 충족시키기 062

제3장 공감 서비스는 힘이 세다

1. 고객의 감정을 인식하고, 표현하기   084

2. 다양한 감정인식과 공감 능력 높이기   102

3. 긍정감정을 만들고 미러링하기   122

제4장 몸짓이 먼저 말을 한다

1. 호감과 유능함은 무엇으로 평가할까?   158

2. 몸짓언어 읽기, 몸짓언어 표현하기   166

3. 열고웃눈몸   187
    (열린 자세, 고객 끄덕임, 웃음, 눈맞춤, 몸 맞추고 기울이기)

| 제 2 부 | **감정의 뇌를 터치하는 접점별 노하우** |

| 제2부를 시작하며 | 고객의 접점별 욕구와 감정을 만족시켜라 | 208 |

제5장 1단계: 따뜻한 고객맞이

    1. 따뜻한 고객맞이 단계의 고객 욕구와 감정   214

    2. 따뜻한 고객맞이를 위한 서비스 행동 `BMWS`   223

제6장 2단계: 친근한 공감대 형성

    1. 친근한 공감대 형성 단계의 고객 욕구와 감정   242

    2. 친근한 공감대 형성을 위한 서비스 행동 `BMWS`   266

제7장   3단계 : 유능한 제품설명

    1. 유능한 제품설명 단계의 고객 욕구와 감정   274

    2. 유능한 제품설명을 위한 서비스 행동 `BMWS`   288

제8장   4단계 : 믿음직한 구매제안

    1. 믿음직한 구매제안 단계의 고객 욕구와 감정   296

    2. 믿음직한 구매제안을 위한 서비스 행동 `BMWS`   313

제9장   5단계 : 호감 가는 고객배웅

    1. 호감 가는 고객배웅 단계의 고객 욕구와 감정   324

    2. 호감 가는 고객배웅을 위한 서비스 행동 `BMWS`   346

참고문헌   352

제 1 부

감정의 뇌가 서비스에 색을 입힌다

제1부를 시작하며

새로운 서비스 행동모델이 필요하다

노하우에서 노와이 중심으로, 서비스 행동모델을 바꿔라

대기업부터 작은 점포에 이르기까지 고객응대 방법을 정리해놓은 서비스 매뉴얼이 있습니다. 서비스 매뉴얼에 정해진 서비스 행동은 왜 해야 할까요? 서비스 행동에는 항상 원인이 있습니다. 고객이 원하는 욕구를 만족시켜주기 위해서이거나 고객의 감정을 긍정감정으로 유도하기 위해서입니다. 그러면 욕구와 감정은 어떤 관계일까요? 감정은 주로 우리가 원하는 욕구를 충족시키기 위해서 발생합니다. 감정과 욕구는 거의 감정의 뇌에서 관장하기에 감정의 뇌가 가지고 있는 특성을 알아야 제대로 된 서비스 행동을 할 수 있습니다. 지금까지 우리는 고객만족을 위해 다양한 서비스 기법을 활용하고 발전시켜왔습니다. 하지만 노하우 위주의 기법은 일정 수준 이상의 고객만족을 가져오지 못하는 문제점이 도출되었습니다.

 이제는 다양한 고객의 감정과 욕구가 왜 생겨났는지 그 이유를 알고 공감하고 그것을 만족시켜주는 서비스가 필요합니다. 즉 노하우 중심의 서비스에서 노와이 중심의 서비스로 바뀌어야 합니다. 그래야 고객은 물론 서비스 제공자도 겉치레가 아닌 마음을 담은 서비스를 할 수 있어서, 스스로도 만족할 수 있습니다. 새로운 서비스 행동모델에서는 행동을 하는 이유를 감정의 뇌, 고객의 욕구, 감정, 감정행동으로 나눠서 설명합니다.

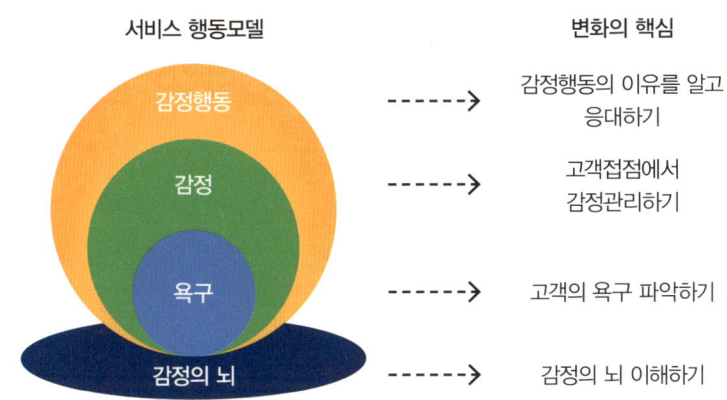

감정의 뇌가 서비스 행동에 미치는 영향

고개를 숙이거나 미소를 지어 인사하는 행동의 유래를 살펴보면 인사는 힘센 자에 대한 복종의 표시였습니다. 그래서 인사를 하는 사람은 내가 힘이 약한 사람이니까 상대를 잘 모시겠다는 감정적 메시지를 보내는 것입니다. 인사를 받은 사람은 힘이 센 사람으로 인정받아서 자기존중의 욕구가 충족되었기 때문에 기분이 좋아지는 세로토닌 수치가 올라가서 만족감을 느낍니다. 인사를 더 크게 길게 하면 할수록 복종의 의미가 강해집니다.

　공감을 표현하기 위해서는 열린 표정과 자세로 고객에게 집중하면서 질문하고, 따라 하고, 경청을 합니다. 서비스 제공자는 고객가 만난 초기에는 다른 감정을 나타낼 수 있지만 점차 호기심을 갖고 고객의 말투, 행동, 표정 등에 집중하면서 대화를 이어가게 되면 고객이 가진 감정과 유사한 감정으로 변하게 됩니다. 이에 고객 또한 상대방이 자신을 따라 한다는 것을 느끼게 되어 친근감을 갖게 됩니다. 다른 사람을 따라 하거나 닮아

간다는 것은 그 사람의 행동을 배우고 싶으며 존경한다는 의미가 있기 때문입니다.

고객들은 제품을 구매하면서 주로 자아존중의 욕구를 충족시키려 하기 때문에 고객을 따라 하는 것만으로도 고객은 자신이 관심과 존경을 받고 있다고 느끼게 되어 욕구가 조금씩 충족됨을 느낍니다. 감정의 뇌에는 거울신경세포가 있어서 서로 몸짓이나 행동, 말투 등을 따라 하면 나와 비슷하고 나를 따라 한다고 느끼기 때문에 친근감이 올라갑니다. 하지만 따라 하지 않을 경우에는 경계심을 갖게 될 수도 있습니다.

서비스 행동을 무작정하는 것보다 이렇게 행동을 유발하는 감정이나 욕구 그리고 뇌의 특성 등 서비스 행동의 근본 이유를 아는 것이 중요합니다. 고객의 욕구를 충족시키거나 특정 감정을 만들어가는 것이 서비스의 목적이라는 것을 알게 됨으로써 고객접점별로 정해진 한두 가지 욕구를 충족시키거나 좋은 감정을 만들 수 있는 여러 가지 서비스 행동 중에서 무엇이 적절한지를 선택해서 서비스할 수 있습니다.

감정의 뇌가 하는 일

뇌 과학이 밝혀낸 가장 큰 비밀은 인간은 감정적이라는 것입니다. 그것도 거의 95% 이상이 감정적이라는 것입니다. 우리는 이성의 뇌가 논리적으로 자료를 조사하고 생각하고 판단한 후 행동한다고 알고 있었지만, 감정의 뇌는 우리가 생각하기도 전에 좋은 일이면 벌써 기분이 좋아서 흥분이 되어 있거나, 두려운 것이면 불안해서 도망가거나 숨으려는 행동을 취한다고 합니다.

감정의 뇌가 보이는 특징은 경험을 바탕으로 순간적으로 판단하며, 시각정보 위주로 관심 있는 것만 신경을 쓰고 지금 이 순간을 가장 중요시합니다.

욕구가 충족돼야 만족을 느낀다

우리가 어떤 행동을 한다는 것은 여러 가지 욕구 중에서 미충족욕구가 있어서 이를 충족시키기 위해서 감정이 생기고 그 감정은 행동을 유발하기 때문입니다. 고객의 욕구는 크게 생존의 욕구와 번식의 욕구로 나눌 수 있습니다.

생존의 욕구에는 인간이 자신의 신체적 균형을 유지하는 데 필요한 생리적 욕구와 신체적·정서적 위험으로부터 자신을 보호해 생존을 유지하려는 안전의 욕구가 있습니다. 생존의 욕구가 발생하게 되면 주로 부정감정이 생기게 되어 부정감정을 해소하고자 행동을 하고, 욕구가 충족되면 부정감정이 없어져서 무불만 상태가 됩니다. 안전의 욕구를 충족시키기 위한 서비스 행동은 고객에게 인사하기, 고객 요구 파악하기, 쉽게 설명하기, 약속시간 지키기, 정확하게 계산하기 등이 있습니다.

번식을 위한 욕구에는 사회적 욕구와 자아존중의 욕구가 있는데 사회적 욕구는 인간관계와 관련된 욕구로서 타인들과 어울리고 싶어 한다든지 어딘가에 소속되고 싶어 하는 욕구이고, 자아존중의 욕구는 타인들로부터 인정이나 존경을 받고 싶어 하는 욕구입니다. 자아존중의 욕구는 제품이나 서비스를 구매하는 고객들이 갖고 있는 가장 중요한 욕구입니다.

고객의 사회적 욕구와 자아존중의 욕구를 충족시켜주지 않았다고 고객이 불만을 표현하지는 않습니다. 하지만 충족이 되었다면 기대하지 않는 서비스를 받았다는 느낌이 들면서 만족감이 듭니다. 사회적 욕구를 충족시켜주기 위해서는 고객의 이름을 기억하거나 불러주고, 고객과 유사한 행동을 보이며, 고객관리를 위해 멤버십 등을 만들어서 고객과의 만남을 기억하는 서비스 행동이 필요합니다. 자아존중의 욕구를 충족시키기 위한 서비스 행동은 고객의 능력, 행동, 관심, 과거행동에 대해 칭찬하거나 인정하는 것입니다.

감정은 조절할 수 있다

지금까지 '감정'이라 하면 우연히 발생하거나 혹은 외부로부터 자극을 받았을 때 생기거나 변하는 것으로만 알아왔습니다. 하지만 감정이 무엇인지를 살펴보니 감정도 정의하고 관리할 수 있다는 것을 알았습니다. 감정에 대해 정의하고 감정을 느낄 때 몸은 어떤 상태, 어떤 느낌인지를 확인하고, 고객이 원하는 감정을 느끼게 하기 위해 할 수 있는 서비스 행동을 알게 되면 고객의 감정을 관리할 수 있습니다.

내가 친근감을 느끼고 상대에게 집중하게 되면 고객의 감정의 뇌도 그 감정을 느끼고 친근감을 느낍니다. 예전에는 서비스는 표정이 중요하다며 속으로는 화가 나거나 짜증이 났더라도 겉으로는 살짝 거짓 미소를 지으며 고객을 응대해야 한다고 했습니다. 하지만 이런 경우는 고객응대를 하지 않은 것만 못할 수도 있습니다. 서비스 제공자의 감정과 표현하는 행동이 다르기 때문에 고객은 쉽게 어색함을 느끼면서 뭔가 감추려 한다고 느낄 수도 있어서, 오히려 의심만 키울 수 있습니다.

이럴 때 할 수 있는 방법은 고객을 만나기 전에 나의 감정을 긍정적으로 바꾸는 것입니다. 만일 지금 내가 나쁜 감정상태에 있더라도 나의 감정을 생각, 표정, 자세, 특정 행동 등을 통해서 긍정적으로 바꿀 수 있습니다.

감정행동은 몸짓언어로 표현된다

말은 이성의 뇌가 담당하므로 사실을 말하거나 거짓말을 할 수도 있습니다. 하지만 몸짓언어는 우리의 이성이 영향을 미칠 수 없는 감정의 뇌에서 만들어지기 때문에 거짓으로 만들기 어렵습니다. 예를 들어 서비스 제공자가 말로는 자신 있다, 맡겨 달라고 하면서 몸은 작아져 있고, 손은 뒤로 하고 있다면 상대의 말과 몸짓이 다르기 때문에 고객의 감정의 뇌는 불안감을 느껴서 상대를 의심하게 됩니다. 그러므로 몸짓언어의 의미를 알고, 읽어낼 수 있어야 하며, 나의 몸짓언어를 제대로 표현할 수 있어야 합니다.

공감한다는 것은 의미가 있다고 생각되는 상대의 몸짓이나 표정, 태도 등을 읽어서 감정과 의도를 인식할 수 있고, 나도 상대와 동일한 감정을 갖고 있다는 것을 상대에게 집중하면서 따라 하거나 혹은 서로 비슷한 행동으로 표현하는 것입니다. 공감 능력은 자신의 표정, 자세, 행동을 관찰하거나 고객의 행동을 따라 하는 행동만으로도 감정의 변화를 읽어내는 거울신경세포와 대뇌 대상회를 강화해서 향상할 수 있습니다.

긍정감정을 표현하는 몸짓언어는 여러 가지가 있는데, 가장 기본은 '**열고웃눈몸**'으로 정리할 수 있습니다. 열린 표정과 자세는 상대를 받아들일 준비가 되어 있음을 나타내는 것이고 고개 끄덕임은 상대의 존재와 상대가 말하는 것을 인정하고 있다는 표현입니다. 웃음은 나는 상대에게 적의가 없고 상대보다 아래에 있다는 것을 뜻하며, 눈을 보는 행동은 상대의 존재를 인정하며 잘 듣기 위해 집중하고 있음을 표현하는 것입니다. 몸의 방향은 상대 쪽으로 맞추고 약간 기울이는데, 이는 다른 사람이 아닌 바로 상대에게 관심이 있어서 조금 더 다가서고 싶다는 표현입니다. 고객에게 따뜻함과 친근함, 믿음직함, 호감 등을 느끼게 해줄 수 있는 **열고웃눈몸** 자세를 자신이 잘 하고 있는지 의식적으로 관찰하고 행동하게 되면 머지않아 이 몸짓언어에 쉽게 익숙해질 것입니다.

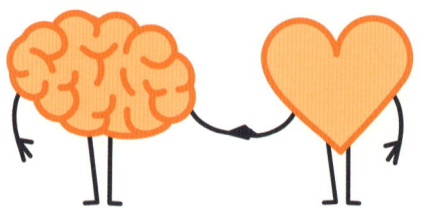

제 1 장

의사결정의 95%는 감정의 뇌가 내린다

1. 우리 뇌는 의외로 감정적이다

모든 일에는 성공의 비밀이 있다

감정의 뇌를 잘 사용하면 서비스가 행복해진다!

감정의 뇌 이해도 테스트

두 주먹을 합해놓은 듯한 뇌

뇌의 3층 구조

감정의 뇌 구조

이성의 뇌 구조

이성의 뇌와 싸우면 언제나 이기는 감정의 뇌!

결정하는 감정의 뇌, 근거를 만드는 이성의 뇌

누가 더 매력적인가요? 그 이유는?

모든 일에는 성공의 비밀이 있다

- 한 사람이 숫자를 1~3개까지 셀 수 있다.
- 숫자를 교대로 센다.
- 숫자 20을 세면 진다!
- 가위바위보로 순서를 정하고 시작!

1 2 3 4 5 6 7 8 9 10
11 12 13 14 15 16 17 18 19 20

요즘 학생들이 아이스크림 내기로 자주 하는 게임입니다. 서티원 게임이라고 합니다. 이번에는 시간 관계상 1~20까지의 숫자를 세는 것으로 하겠습니다. 서로 번갈아가며 숫자를 세는데, 20을 세는 사람이 지는 것입니다. 2인 1조로 게임을 진행하고 가위바위보를 해서 이긴 사람이 먼저 숫자를 셀 수 있습니다.

한 사람이 숫자를 1개, 2개, 최대 3개까지 셀 수 있으며 서로 번갈아가면서 세는 것이 원칙입니다. 여러분도 해보신 기억이 있으실 것입니다. 어떤 때는 이기기도 하고 어떤 때는 지기도 했을 것입니다.

그리고 이기고 지는 것은 운에 달렸거니 하고 자신의 무지를 운에 미룬 적도 있을 것입니다. 하지만 이 게임에는 어떻게 하면 이기는지 혹은 지는지, 운이 아닌 법칙이 있습니다. 만약에 이미 법칙을 아는 필자와 아직 모르는 여러분이 이 게임을 했다면 어떻게 되겠습니까? 그렇죠. 당연히 규칙을 아는 사람이 이기겠지요.

개인 사업을 새롭게 하시는 분들이 사업이 어렵다고 합니다. 옆집은 잘 되는 것 같은데 나만 안되는 이유는 무엇일까요? 아마도 옆집은 이 일을 오래 하신 분이 아닐까요! 다년간의 노력과 여러 가지 경험을 통해 성공하는 법칙을 알게 되었을 것입니다. 각 방면의 성공한 사람들에게 물어보면 저마다 자기 나름대로의 이기는 법칙을 가지고 있습니다. 여러분도 지금부터 어떻게 하면 이길 수 있는지 연구해보는 시간을 갖는 것은 어떨까요? 바로 이 책 안에는 여러분이 사업가로서 혹은 서비스 전문가로서 성공할 수 있는 법칙이 설명되어 있습니다.

서티원 게임 이기는 법

상대방이 20을 세도록 하기 위해서 내가 반드시 잡아야 하는 마지막 숫자는 몇일까요? 15입니다. 내가 15를 세고 나면 상대는 16이나 16, 17 또는 16, 17, 18의 세 가지 경우를 선택할 수 있습니다. 상대가 16을 세면 나는 17, 18, 19를 세게 되어 상대가 20을 셀 수밖에 없습니다. 그러면 만약 상대가 15를 잡아야 한다는 것을 알았다면, 나는 15 이전에 게임의 승패를 좌우할 숫자를 알아야 합니다. 답은 11입니다. 내가 11을 부르면 상대는 12나 12, 13 또는 12, 13, 14밖에 부를 수가 없기 때문에 내가 상대의 세 가지 경우에 따라 각각 13, 14, 15나 14, 15 또는 15를 부를 수 있습니다. 이와 같은 방식으로 11을 꼭 잡기 위해서는 7을 잡아야 하고 7을 잡기 위해서는 3을 잡으면 됩니다.

감정의 뇌를 잘 사용하면 서비스가 행복해진다!

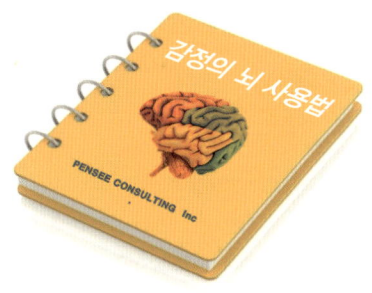

　　미국의 오바마 정부에서는 뇌 연구 프로젝트에 수십 억 달러를 투입했고, 많은 국가들이 뇌 연구에 몰두하면서 뇌에 대한 비밀이 조금씩 벗겨지고 있습니다. 우리 뇌는 가능성으로 가득 차 있습니다. 여러분들은 지금껏 사용하고 있는 자신의 뇌에 대해 얼마나 알고 계십니까? 우리가 어떤 제품을 구입하게 되면 거기에는 그 제품을 조립하거나 혹은 사용할 수 있는 매뉴얼이 포함되어 있습니다. 매뉴얼을 보는 이유는 효과적으로 사용하거나 또는 잘못 사용해서 발생할 수 있는 피해를 방지하기 위해서입니다. 여러분은 자신의 뇌 사용 매뉴얼을 갖고 계십니까? 최신 정보가 필요한 매뉴얼이라 아마도 많은 분들이 갖고 계시지 않을 것입니다.

　　여러분은 매뉴얼 없이도 자신의 뇌를 잘 사용하고 계신가요? 아니면 몇 가지 기능만을 사용하고 있습니까? 스마트폰에 어떤 기능들이 있는지도 모르거나 있어도 익숙하지 않다 보니 사용하지 않는 것처럼 여러분의 뇌 노 안 쓰거나 잘 사용하지 않는 부분이 있을 것입니다. 우리의 뇌, 특히 감정의 뇌를 어떻게 잘 사용해야 편안하고 효과적으로 고객에게 서비스할 수 있을지 이제는 알아야 할 때입니다. 조금 더 성공하는 삶을 살고 싶고, 행복한 서비스를 하고 싶다면 감정의 뇌를 사용하는 법을 알고 새로운 서비스 행동모델을 실행해보십시오!

감정의 뇌 이해도 테스트

아래 문항을 읽고 ( ) 안에 맞으면 O, 틀리면 X를 표시해주세요.

( ) 1. 의사결정의 95% 이상은 이성의 뇌가 아닌 감정의 뇌가 내립니다.
( ) 2. 뇌는 자기가 보고 싶고, 듣고 싶은 것들만 보고 듣습니다.
( ) 3. 감정의 뇌는 항상 주변 환경에 대해 관찰하면서 좋은지 나쁜지를 순간적으로 판단합니다.
( ) 4. 뇌는 상상과 현실을 구분하지 못하고 반응합니다.
( ) 5. 상대방이 나의 행동을 적절히 따라 하면 나는 상대에게 호감이 생깁니다.
( ) 6. 속마음은 말이 아닌 몸에 배어 나옵니다.
( ) 7. 이야기를 할 때 손짓을 같이 섞어 쓰면 상대가 이야기를 더 잘 기억합니다.
( ) 8. 기쁨, 슬픔, 불안 등의 감정은 대화 상대에게 쉽게 전염됩니다.
( ) 9. 뇌는 제품/서비스 구매 시 사회적 증거(신문 기사, 타인의 이야기, 댓글 등)를 매우 좋아합니다.
( ) 10. 사람은 자신과 비슷한 모습이나 이름을 갖고 있는 사람을 더 좋아합니다.
( ) 11. 뇌는 상품의 절대가격이 싼지 비싼지 알지 못하고 상대적인 가격만 인식합니다.
( ) 12. 인간의 뇌가 좋아하는 첫인상은 모든 인류에게 거의 비슷합니다.
( ) 13. 처음 만나는 사람에게 갖게 된 첫인상은 쉽게 바뀌지 않습니다.
( ) 14. 나의 자세나 표정이 나의 기분이나 감정을 바꿀 수 있습니다.
( ) 15. 마음이 아플 때에도 몸이 아플 때 먹는 진통제를 먹으면 아픔이 덜해집니다.
( ) 16. 인간의 행동이란 주로 자신의 욕구를 충족시키기 위한 감정의 표현입니다.
( ) 17. 뇌는 부정단어(~을 하지 마세요)를 인지하지 못합니다.
( ) 18. 뇌는 쉬운 정보는 믿을 수 있고, 어려운 정보는 믿음직하지 못하다고 판단합니다.
( ) 19. 뇌에게는 현재보다 앞으로 닥쳐올 미래가 더 중요합니다.
( ) 20. 작은 감정들을 잘 느끼는 사람이 그렇지 않은 사람보다 더 행복하고 스트레스도 잘 이겨냅니다.

영업/서비스와 관련된 감정의 뇌 이해도를 검사해보았습니다. 정답은 19번만 X이고 모두 O입니다. 문제가 예상보다 쉬웠을 것입니다. 자신의 행동을 조금만 생각해보면 쉽게 정답을 찾을 수 있습니다. 이제 어떻게 하면 감정의 뇌를 제대로 사용하여 고객에게 더욱 행복한 서비스를 제공할 수 있을지, 그 구체적인 방법을 찾아봐야 하겠습니다.

두 주먹을 합해놓은 듯한 뇌

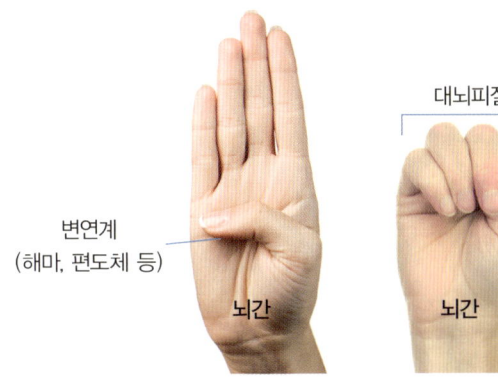

뇌 사용법을 알기 위해서는 먼저 뇌가 어떻게 생겼는지, 어떤 기능을 하는지를 알아야 합니다. 뇌의 구조를 손을 가지고 기억하는 간단한 방법을 소개해드리겠습니다. 뇌의 크기는 우리의 두 주먹을 합해놓은 것과 유사하며 위치에 따라 좌뇌, 우뇌로 나뉩니다. 또한 뇌는 진화 순서에 따라 생명의 뇌, 감정의 뇌, 이성의 뇌, 이렇게 3개 층으로 구분합니다.

뇌의 3층 구조를 손에 비유해서 말씀드리면 손바닥을 바라보았을 때 보이는 손목은 생명의 뇌, 즉 뇌간은 기초적인 생명 활동을 유지하는 역할을 합니다. 다음에 엄지손가락을 손바닥 쪽으로 접어보세요. 이 엄지 부분은 감정과 기억 등을 관장하는 감정의 뇌에 해당합니다. 나머지 네 손가락을 접어서 주먹을 만들어보세요. 이 손가락들은 이성의 뇌로 계획, 계산, 판단을 하고, 보고, 말하고, 듣고, 운동을 하는 등 인간의 고차원적 사고를 가능하게 하는 부분입니다. 해부학에서 부르는 이름이 따로 있지만 여기서는 기억하기 쉽게 이성의 뇌, 감정의 뇌, 생명의 뇌라고 부르겠습니다.

뇌의 3층 구조

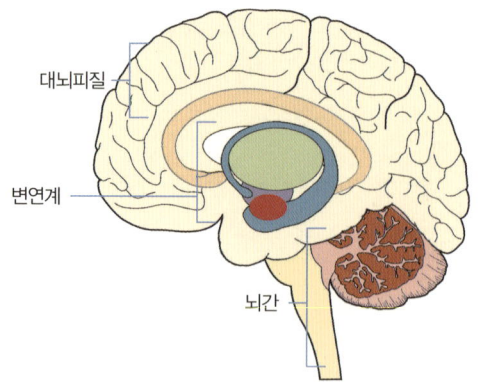

이성의 뇌(대뇌피질)
언어, 순차적 사고, 공간적 사고

감정의 뇌(변연계)
시상 : 주의
해마 : 기억, 회상
편도체 : 감정(공포)

생명의 뇌(뇌간)
소뇌 : 평형유지, 위치 공간 운동
뇌간 : 호흡, 심장, 혈압, 체온, 반사
　　　작용

　뇌 그림을 보면서 각 부분의 기능을 살펴보겠습니다. 뇌의 가장 안쪽에 위치하고 있는 생명의 뇌(뇌간)는 생명체로서 생존하기 위한 기본 기능인 호흡, 맥박, 체온 등의 생명유지 활동을 하는 곳입니다.

　생명의 뇌와 가장 바깥쪽에 있는 대뇌피질 부분, 즉 이성의 뇌 사이에 위치하고 있는 감정의 뇌(변연계)는 기억, 주의 집중과 감정에 따른 호르몬을 담당하며, 기쁨, 화, 슬픔, 두려움 등의 감정을 주로 처리합니다. 감정은 인간이 처한 현재의 상황을 슬기롭게 처리하여 원하는 상태로 만들 수 있도록 행동하게 하는 역할을 합니다. 반면에 뇌의 바깥쪽을 감싸고 있는 이성의 뇌는 인간의 특권인 언어, 논리적 사고, 문제해결을 가능하게 합니다. 이성의 뇌와 감정의 뇌 그리고 생명의 뇌는 양파처럼 서로 겹쳐져 있지만 연결이 약하기 때문에 서로 간에 어느 정도는 독립적으로 기능합니다.

감정의 뇌 구조

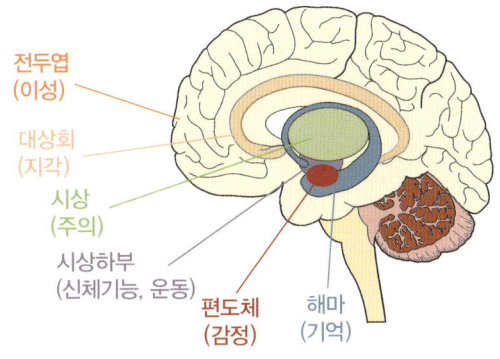

인간 행동에 가장 큰 영향을 미치는 감정의 뇌에 대해 알아보겠습니다. 파란색으로 그려진 해마는 학습, 기억과 밀접하며 기억하고자 하는 내용을 5분 정도만 기억하고 필요하다면 장기기억으로 전환합니다. 해마 바로 옆에 있는 빨간색의 편도체는 뇌에서 공포와 분노 등의 감정에 관여합니다. 특히 공포에 관련된 기억은 위험한 상황에 빨리 대처하여 살아남기 위해 오랫동안 기억합니다.

편도체 바로 위에 연두색의 시상과 보라색의 시상하부가 있습니다. 시상은 우리에게 들어오는 감각자극을 통제하며 뇌가 효과적으로 집중할 수 있게 하고, 필요 없다고 판단되는 자극은 바로 버려 너무 많은 정보가 들어와 혼란스러운 상태가 되는 것을 막아줍니다. 시상하부는 시상의 밑부분과 뇌간의 위쪽에 위치하며, 뇌하수체를 통해 호르몬을 분비하여 신체기능 및 운동에 대한 강한 통제력을 가지고 있습니다. 특히 감정과 관계 있는 상황에 대처하기 위해 발생한 감정에 의해 신체의 변화나 행동을 하게 하여 그 상황을 해결할 수 있게 합니다.

이성의 뇌 구조

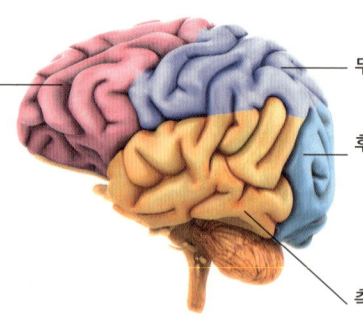

전두엽: 생각, 계획, 생각과 판단에 따른 몸 움직임을 담당. 모든 기관관장, 주의집중, 자기인식, 상호교감, 감정조절

두정엽: 감각의 정보를 통합

후두엽: 후각인지, 시각정보 처리

측두엽: 언어기능, 청각 처리, 장기기억과 정서 담당

 대뇌피질이라고 불리는 이성의 뇌에 대해 간단히 알아보겠습니다. 피질이라는 표현처럼 두께가 2~4mm정도되는 뇌의 껍질 부위를 말합니다. 진화상으로 가장 늦게 발달했고 그중에서도 뇌의 앞쪽에 있는 전두엽이 다른 동물들과 차별되는 중요한 역할을 담당하고 있습니다. 전두엽은 바로 이성의 뇌라고 불리게 하는 핵심 부위로, 생각하고 계획하고, 계획에 따른 실천을 담당하는 곳입니다.

 전두엽은 주로 미래 위주로 살고 있으며 우리가 목표를 수행하고 있을 때 도파민이라는 강한 행복 호르몬이 나오게 하여 목표에 매진할 수 있도록 합니다. 목표를 달성하기 위해 하는 다양한 활동들을 우리 뇌는 아주 오랜 옛날 생존을 위한 필수 행동이었던 사냥이나 채집과 같은 활동이라 인식하여, 일이 힘들어도 계속할 수 있게 뇌에서 도파민을 만들어냅니다.

이성의 뇌와 싸우면 언제나 이기는 감정의 뇌!

여러분은 어느 뇌가 이기나요?

감정
단기적 이득
뇌는 포도당을 원함

이성
장기적 이득
뇌는 다이어트를 원함

늦은 밤에 동생이 집에 들어오면서 초콜릿 케이크를 사와서 같이 먹자고 합니다. 나는 지금 다이어트 중이라서 저녁은 간단히 고구마와 닭 가슴살을 먹은 후에 4시간째 견디고 있는 상태입니다. 이때 나의 감정의 뇌와 이성의 뇌가 싸우기 시작합니다. 현재의 단기적 이득을 원하는 감정의 뇌는 이렇게 말합니다. "얼마나 귀하고 맛있는 케이크인데. 밥 먹은 지 4시간이나 지나서 포도당도 부족한 상태라구." 그러면 이성의 뇌는 이렇게 받아칩니다. "저 초콜릿 케이크 한 조각은 500칼로리가 넘는단 말이야. 저걸 먹으면 지금껏 고생한 노력이 물거품이 된다구." 내 안에 있는 감정의 뇌와 이성의 뇌는 이런 식으로 계속 싸우다가 결국에는 타협을 하게 됩니다. "그래, 동생이 같이 먹자고 사왔고, 안 먹으면 섭섭해 할 것이고, 뭐, 내일 아침에 1시간 일찍 일어나서 운동하면 되잖아…" 이런 경험이 한두 번일까요? 특히 먹는 것에 대해서는 언제나 감정의 뇌가 이깁니다. 그리고 이성의 뇌는 합리화하는 작업을 하는 것입니다. 인간이 탄생한 후 최근까지 우리 주위에는 먹을 것이 항상 부족해서 계속 허기져 있었기 때문에 지금은 먹을 것이 풍부한데도 과거의 생존 습관대로 행동하고 있는 것입니다.

결정하는 감정의 뇌, 근거를 만드는 이성의 뇌

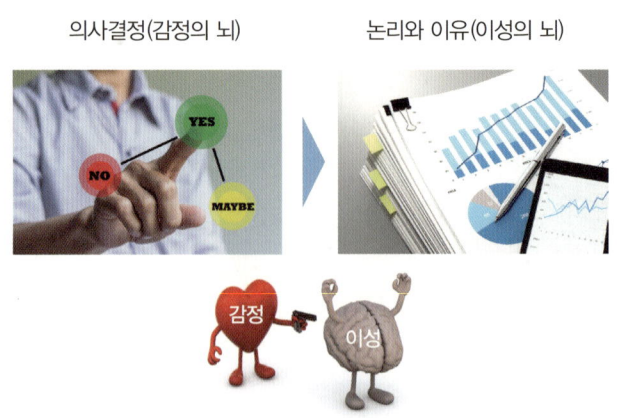

인류가 생존해오면서 과거의 경험을 바탕으로 비슷한 상황에 어떻게 대처해왔는지를 우리 유전자 속에 대대손손 잘 전해주었고 그것을 인간은 지금도 잘 활용하고 있습니다. 자신의 과거 경험에 대해서도 잘 기억해두었다가 그때와 유사한 상황이 발생하면 아무 생각 없이 과거에 했던 행동을 반복합니다. 놀이동산에 가면 귀신마을 같은 곳을 만들어놓고 사람들을 깜짝깜짝 놀라게 합니다. 이성적으로 생각하면 귀신이 있을 수도 없고 놀랄 일도 아닌데 어둠 속에서 들리는 이상한 소리와 움직임은 머리를 쭈뼛 서게 만들고, 추워지는 느낌이 들고, 심장이 쿵쾅거리기 시작하며 호흡이 빨라지는 것을 알 수 있습니다. 이러한 현상은 알 수 없는 적에 대비해서 그 적을 물리치거나 아니면 도망가기 쉬운 상태로 자신의 몸을 최적화하여 살아남으려는 과거의 경험과 조상들이 물려준 유전인자로부터 비롯된 자동화된 반응입니다.

감정의 뇌에게는 현재의 생존이 가장 큰 임무이기 때문에 지금 이 순간이 가장 중요합니다. 이 순간의 생존을 유지하기 위해 발전해온 감정의 뇌는 모든 의사결정에 참여해 좋고 싫음을 판단합니다. 어떤 상황이 발생했을 때 이것이 합리적이고 논리적으로 맞는지 틀리는지 생각하기 전에 판단하고 행동합니다. 감정의 뇌가 순간적으로 의사결정을 하면, 이성의 뇌는 감정의 뇌가 결정한 사항에 대해 사실과 이유, 논리적인 근거를 모으기 시작합니다.

"너 이것 왜 샀어?" 하고 필자의 딸에게 물어보면 그 대답은 항상 간단합니다. "예뻐서." 그러면 필자는 한 번 더 묻습니다. "어디가 어떻게 예쁜데?" 그러면 필자의 딸은 "그냥!"이라고 답을 합니다.

감정의 뇌에는 언어 기능이 없기 때문에 자신이 결정한 이유를 말로 표현하기가 어렵습니다. 따라서 이미 결정한 내용을 근거로 왜 그런 결정을 했는지 이성의 뇌에 의존해서 대답해야 하는데 이성의 뇌도 감정의 뇌가 느낀 것을 말로 표현하는 것이 어렵기 때문에 '좋아서', '예뻐서', '그냥'이라는 단어를 자주 사용하는 것입니다.

감정의 뇌는 무엇을 기준으로 의사결정을 할까요? 감정의 뇌에게는 안전한가 불안한가가 가장 중요한 판단기준입니다. 안전한가 불안한가는 생존이 걸려 있는 문제이기 때문에 순간적으로 판단을 해야 했습니다. 현대사회에서도 불안은 내가 예측할 수 없을 때 나타납니다. 주로 처음 해보거나, 보이지 않거나, 내가 통제할 수 없거나, 어려운 것일 때입니다. 그래서 감정의 뇌는 예측할 수 있는 것을 좋아합니다. 주로 과거에 경험이 있었던 것, 나에게 익숙한 것 그리고 단순한 것을 좋아합니다.

필자의 아내와 딸과 같이 옷을 사러 갔을 때 무슨 옷을 고르나 살펴보면, 예전에 입던 옷의 색깔, 스타일, 디자인, 브랜드 등 별로 크게 달라지지 않는 것을 볼 수 있습니다. 과거에 입었던 옷이 자신의 맵시를 돋보이게 했거나 영업사원이나 친구, 친지로부터 칭찬을 받았던 것을 이성의 뇌는 기억하지 못하지만 감정의 뇌는 잘 기억하고 있어서 현재의 판단에 활용하는 것입니다.

누가 더 매력적인가요? 그 이유는?

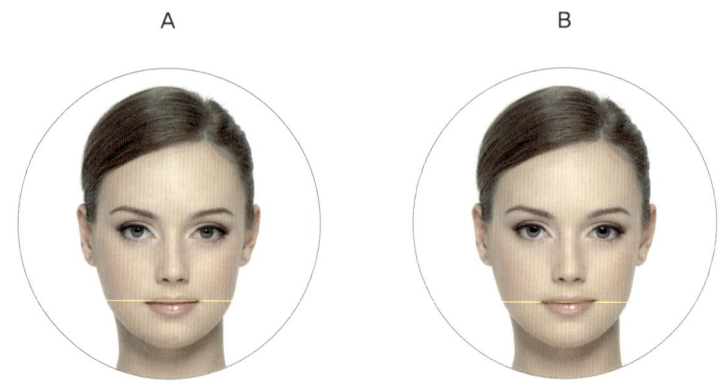

　서비스 교육장에서 위에 있는 사진을 각각 2초씩 보여주고 난 후 사진을 가린 후에 A사진과 B사진 중 어느 사진이 더 매력적인지 물어보았습니다. 75%가 넘는 인원이 B사진이 더 매력적이라고 했습니다. 왜 B사진이 더 매력적인지 물어보았습니다. 그랬더니 "그냥, 약간 더 미소를 짓는 것 같다", "사진이 더 환하게 나온 것 같다"라고 대답했습니다. A사진과 B사진은 동일한 사진으로 B는 인위적으로 인물의 동공을 조금 더 크게 확장해 놓은 것입니다. 감정의 뇌는 두 사진의 차이점을 인식하고 B가 더 매력적이라고 했지만 의식은 그 이유를 느끼지 못합니다.

　인간은 눈동자가 큰 것에 더 호감을 느낍니다. 우리가 의식하지는 못하지만 커진 동공이 긍정적인 감정과 관련되어 있다는 사실을 인간은 유전자와 경험에 의해 알고 있는 것입니다. 판단은 감정의 뇌가 하고 그 이유는 이성의 뇌가 만들어냅니다. 감정의 뇌에 맞춰주는 것입니다. 또한 이성의 뇌는 감정의 뇌가 결정한 내용과 반대되는 정보나 자료는 거의 수집하지 않으려고 합니다.

2. 감정의 뇌, 그것이 알고 싶다

감정의 뇌가 지닌 다섯 가지 특징
순간적 판단: 생존을 위한 행동
      180만 년간 계속되어온 진화의 결과
      빠르고 정확하다
      구매행동도 감정의 뇌가 결정한다
선택적 주의: 생존에 유리한 정보에 집중
      망상 활성화 시스템이 정보를 선택한다
경험법칙: 비싼 것이 맛있다
      상대적으로 판단한다
      단**순**한 것이 믿을 만**하**다
시각정보가 우선이다
지금 여기: 감정의 뇌에게 미래는 없다
      직접 보고 느끼기 전에는 원하는 것을 모른다

감정의 뇌가 지닌 다섯 가지 특징

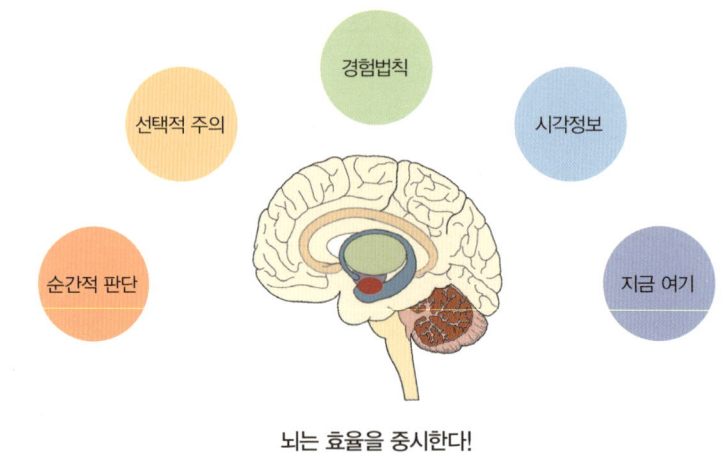

뇌는 효율을 중시한다!

　감정의 뇌는 생존을 위해서 진화되어왔습니다. 인류가 생존하기 위해서 겪었던 많은 체험들이 우리의 유전자와 감정의 뇌에 남겨져 있습니다. 그래서 우리는 의식적으로는 어떤 일이 일어났을 때 왜 그렇게 행동했는지 모르면서도 우리의 조상들이 해왔던 대로 거의 본능적으로 행동하고 있는 것입니다. 이러한 본능적인 행동들이 인류를 180만 년 이상 살아남을 수 있게 한 성공 체험이었기 때문입니다.
　위험에 처하거나 좌절감을 느끼는 상황이 발생했을 때 이를 극복하고자 분석하고 논리적으로 문제를 해결해나갈 수 있게 하는 이성의 뇌를 작동시키는 역할 역시 감정의 뇌가 담당하고 있습니다. 즉 위험이 오면 도망가라는 명령을 감정의 뇌가 내리게 되면 이성의 뇌는 어느 방향으로 어디까지 얼마의 속도로 가야 하는지를 결정하고 행동에 옮기게 되는 것입니다.
　정글처럼 위험이 항상 존재하는 곳에서 살아남기 위해서 발달한 감정의 뇌가 지닌 특징은 '순간적 판단'입니다. 감정의 뇌는 어떤 상황에서든 순간적으로 판단하고 행동할 수 있으며, 현재 중요한 것이 무엇인지를 알고 중요하다고 느끼는 것에만 주의를 집중할 수 있습니다. 즉 '선택적 주의'를 합니다. 과거의 경험과 기억이 우리의 유전자와 뇌에 '경험법칙'으로 남아 있어서 논리적으로 생각하지 않고도 이것이 좋은 것인지 아니면 나쁜 것인지를 쉽게 구별할 수 있습니다.

또한 인간이 직립보행을 하기 시작하면서 오감 중에서 시각이 가장 중요시되면서부터 '시각정보'가 청각이나 후각 등 다른 감각정보와 다를 경우 우리의 뇌는 시각정보를 더 믿습니다.

감정의 뇌는 '지금 여기'의 생존이 가장 중요했기 때문에 미래를 위해 계획하고 미래의 목표를 달성하기 위해 현재의 고통을 인내하는 행동을 너무도 싫어합니다.

뇌의 무게는 몸무게의 3%밖에 안되지만 뇌가 쓰는 에너지는 우리 몸이 쓰는 전체 에너지의 20%를 사용하고 있습니다. 뇌의 특징 중에서 가장 중요한 것 중의 하나가 '효율'입니다. 효율이란 적은 노력으로 많은 성과가 나오는 것을 의미합니다.

따라서 오래 생각하는 것보다 빨리 생각하고 판단하는 것이 효율적이며, 중요한 것, 관심 있는 자극들에만 선택적으로 작동하며 과거의 경험들을 유전자나 저장장치에 기억해놓았다가 과거와 비슷한 상황이 닥치면 과거에 행동했던 그대로 행동하게 됩니다. 그리고 지금 여기서 일어나는 상황은 낮은 에너지로 관리가 가능하지만 아직 오지 않은 미래를 관리하기에는 너무 많은 에너지가 소모되기 때문에 미래에는 관심이 없습니다.

감정의 뇌가 가지고 있는 다섯 가지 특징은 다음과 같은 키워드로 정리해볼 수 있습니다. 즉 순간적 판단, 선택적 주의, 경험법칙, 시각정보, 지금 여기. 그리고 이들의 공동 요소는 '효율'입니다.

순간적 판단: 생존을 위한 행동

　아주 오래전 동물의 세계에서 생존하기 위해서 인간에게 가장 중요한 것은 빠르게 판단하고 행동하는 것이었습니다. 그러기 위해서는 머릿속으로 생각하는 시간이 필요한 것이 아니라 본능적으로 위험인지 아닌지를 판단하여 순간적 행동으로 옮기지 않으면 살아남기 힘들었습니다.

　동물의 울음소리나 바스락 소리가 났을 때 이것이 진짜 포식자의 울음소리인지 또 포식자의 발자국 소리인지를 이것저것 분석하여 판단하기보다는 혹시 틀리더라도 순간적인 판단에 의존하여 행동하는 것이 생존에 훨씬 더 유리했기 때문입니다. 각종 정보가 이성의 뇌를 거치지 않고 곧장 감정의 뇌에서 행동명령을 내리게 되어 정보에 대한 인간의 반응이 훨씬 더 신속하게 진행되고, 위험한 상황에 더 빨리 대처하여 살아남을 수 있는 가능성이 높아진 것입니다.

순간적 판단: 180만 년간 계속되어온 진화의 결과

문명시대 6,000년은 180만 년 인류의 역사에서 0.3%에 불과하다

　인류의 시작을 호모에렉투스(직립원인)로 본다면 지금으로부터 약 180만 년 전으로 거슬러 올라갑니다. 호모에렉투스 이후 인류가 일상생활에서 포식자로부터 더 이상 공격받을까봐 걱정하지 않아도 되었던 시대는 약 6,000년 전이라고 할 수 있습니다. 호모에렉투스로부터 현재까지를 1년으로 계산했을 때 문명시대는 아직 하루의 시간밖에 지나지 않은 것입니다. 그러므로 감정의 뇌는 아직도 원시시대에 사는 조상들의 방식에 익숙해져 있는 것입니다.

순간적 판단: 빠르고 정확하다

미국 89개 선거구 당선자와 낙선자 사진 고르기 실험

　오늘날에도 여전히 감정의 뇌에 지배받고 있는 인간은 첫인상을 보고 순간적으로 친구인지 적인지 혹은 유능한지 무능한지를 구분하고 있습니다. 미국 프린스턴대학교의 알렉산더 토도로프 교수는 실험 참가자들에게 미국에서 치러진 선거에서 쓰여진 선거용 포스터 사진을 0.25초라는 짧은 시간 동안 보여주고서 선거에서 당선된 정치인과 낙선된 정치인을 구분하도록 했습니다. 실험 참가자들은 자신이 본 사진의 주인공이 누구인지도 모르면서 당선자와 낙선자를 구분했습니다. 실제 선거결과와 실험 참가자들의 평가결과를 비교했더니 70%가 일치했습니다. 이성의 뇌가 인식하지 못하는 짧은 시간 동안 사진을 보여주었는데도 불구하고 감정의 뇌는 70% 정확도로 당선자를 구분한 것입니다.
　감정의 뇌가 첫인상을 보고 순간적으로 내리는 판단의 정확도가 높은 까닭은 우리 선조들이 순간적으로 판단해 행동함으로써 가까이 있는 맹수나 적으로부터 살아남게 해준 중요한 능력이었기 때문입니다.

순간적 판단: 구매행동도 감정의 뇌가 결정한다

쇼핑 계획을 세우고 갔지만 좋아하는 것을 보는 순간 뇌는 벌써 구매를 결심합니다.
지금부터는 나의 이성과 감정의 싸움에서 이기는 쪽으로 행동이 이루어집니다.

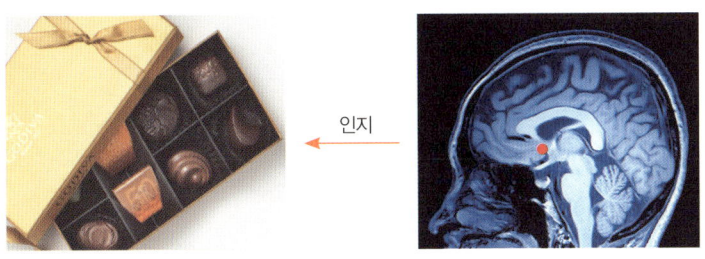

즐거움을 관장하는 영역인 측좌핵 활성화

인지

　구매행동도 감정의 뇌가 결정하며 이성의 뇌는 구매결정 후 작동합니다. 스탠퍼드대학교 브라이언 크너슨 교수는 소비자가 초콜릿을 구매하겠다고 결정하는 과정을 FMRI로 촬영해보았습니다. 나중에 구매의사를 표시한 소비자들의 감정의 뇌는 초콜릿을 보는 순간 기쁨을 느끼는 뇌 영역인 측좌핵이 먼저 활성화되는 것을 보여주었으며 이성적 판단을 하는 대뇌피질은 활성화되지 않았습니다. 우리의 뇌는 제품을 보거나 만지는 순간 이미 구매 여부를 결정하고 구매의 기쁨을 먼저 누리고 있는 것입니다.

　쇼핑을 하기 위해서 먼저 대체적인 계획을 세우고 나오기는 하지만 그런 계획과 상관없이 좋아하는 물건을 보는 순간 감정의 뇌는 벌써 구매한 것과 같은 기쁨을 느끼고 있는 것입니다. 이런 경우에 고객에게 제품을 경험할 수 있는 기회를 준다면 구매로 이어질 확률은 더 높아집니다.

선택적 주의: 생존에 유리한 정보에 집중

하루에도 수천 만 건의 정보를 마주치지만 그중에서도 우리의 뇌는 생존, 목표, 관심 사항, 아는 것 위주로 정보를 선별하여 의식에게 알려줍니다. 의식이 어떤 것에 집중을 해야 할지 모를 때에도 감정의 뇌는 생존에 유리한 정보에 집중할 수 있도록 해줍니다. 자신이 목표로 하는 것, 관심 사항, 현재 하고 있는 일 등에 대해서, 우리는 의식하지 못하지만 감정의 뇌는 계속 '선택적 주의'를 하고 있습니다. 그래서 절실한 목표는 꼭 이뤄진다는 말이 사실인 것입니다.

예를 들어 날씨가 여름으로 바뀌기 시작하여 여러분이 셔츠를 하나 사야겠다는 생각이 들었습니다. 그때부터 주변에 사람들이 입고 있는 셔츠의 브랜드, 스타일, 색상 등이 눈에 들어오기 시작하며, 인터넷에 접속할 때마다 셔츠 광고가 눈에 들어오기 시작합니다. 이전에는 눈에 띄지 않다가 자신이 셔츠를 사야겠다고 생각하는 순간부터 셔츠에 대한 정보들이 눈에 들어오는 이유 역시 감정의 뇌가 가진 선택적 주의 기능 때문입니다.

선택적 주의: 망상 활성화 시스템이 정보를 선택한다

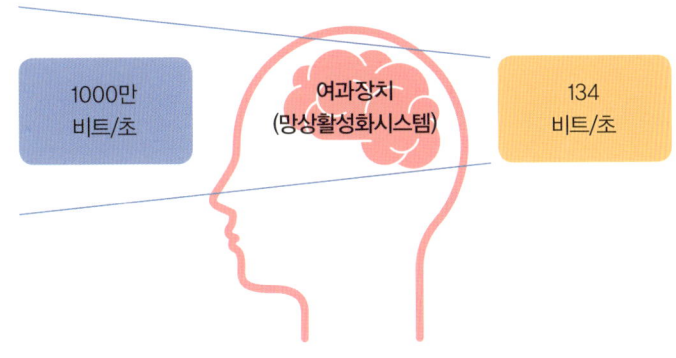

우리 뇌는 1초에 들어오는 정보의 약 1/10만 정도를 처리한다

인간의 감각기관을 통해서 1초에 1000만 비트의 정보가 들어오지만 우리 뇌는 1초에 134비트(단어 3개 정도)만 인지하여 처리할 수 있습니다. 입력되는 정보를 전부 처리하기에는 뇌 용량이 부족하기도 하지만 필요 없는 정보까지 처리하려면 에너지가 너무 많이 들어가기 때문입니다.

뇌의 에너지 사용을 효율적으로 관리하기 위해서 우리 뇌에는 망상 활성화 시스템(그물 같은 것으로 주변 환경을 검토하면서 어떤 정보는 통과시키고 어떤 정보는 걸러내야 할지를 판단하는 여과장치)이 있어서 관심이 있는 정보만을 자동 선택하여 우리의 의식에 알려줍니다. 그러므로 내가 하고 싶은 것, 되고 싶은 것, 갖고 싶은 것들을 정의해놓으면 그것에 관련된 정보가 나에게 자동으로 들어오기 시작하고 들어온 정보를 바탕으로 판단하고 행동할 수 있게 됩니다. 이런 과정에 나의 노력이 더해질 때 결국은 내가 하고 싶고, 되고 싶고, 갖고 싶은 것들을 이루게 됩니다.

꿈은 이루어진다

성공한 사람들 2만 명을 인터뷰한 결과 대부분의 사람들은 자신이 현재 성공한 모습을 10년 전 또는 20년 전부터 아주 분명히 머릿속으로 그리고 있었으며 한 번도 그 그림을 잊은 적이 없다고 합니다. 그들이 성공할 수 있었던 가장 분명한 이유는 망상 활성화 시스템을 의식적으로 활용했다는 것입니다.

영업 서비스 시에도 이 사례를 참조할 필요가 있습니다. 우리가 판매하는 제품 중에서 고객이 관심 있는 특정 제품이나 기능이 있을 것입니다. 특정 제품 1~2개나 제품의 색상, 디자인, 안정성, 가성비 등에서 1~3개를 가지고 고객과 대화를 나누는 것이 좋습니다. 고객이 선호하는 것을 모른 채 그다지 관심이 없는 부분에 대한 설명만 장황하게 늘어놓으면 시간만 낭비하는 무능한 서비스 제공자로 평가받을 수 있습니다. 고객은 자신이 관심 있는 부분만 보고 들으려 하기 때문입니다.

경험법칙: 비싼 것이 맛있다

어떤 커피가 더 맛있을까요?

2,000원   4,000원

인류가 180만 년간 생존에 성공하면서 쌓인 삶의 지혜와 내가 태어나면서부터 겪었던 모든 기억이 감정의 뇌에 자리를 잡고 있어서 우리가 삶을 살아가는 데 중요한 판단기준으로 사용됩니다. 하지만 이러한 경험법칙이 가끔은 엉뚱한 답을 내놓기도 합니다.

맥도날드는 소비자들을 충격에 빠뜨리는 실험을 준비합니다. 똑같은 커피를 두고 가격표만 다르게 표시하고 피실험자들에게 마셔보도록 한 뒤 어느 커피가 맛있었는지 선택하게 한 것입니다. 결과는 대부분의 실험 참가자들이 더 높은 가격의 커피를 선택했습니다. 더 고급지고 맛있다는 이유였습니다.

여기서도 '높은 가격=더 맛있음'이라는 공식이 우리의 머릿속에 저장되어 있고 그 기준에 따라 선택한 것입니다. 비싼 커피를 마시고 있다는 느낌, 혹은 착각이 우리 뇌에서 엄청난 보상가치를 만든 것입니다. 고객의 뇌는 판단을 할 때 대부분 사실보다는 착각과 믿음을 기준으로 하는 경우가 많습니다.

경험법칙: 상대적으로 판단한다

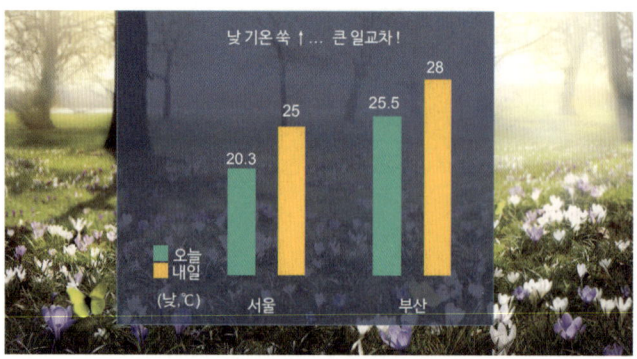

아침에 TV뉴스에서 나오는 일기예보를 보면 맨 처음에 기온을 전날과 비교하며 알려준 후에 자세한 정보들을 제공해줍니다. 인간은 절대적 기준을 가지고 판단하는 것 같지만 실제로는 상대적으로 인식하는 부분이 많습니다. 뇌가 절대적인 판단기준을 가지고 판단을 하려면 너무 많은 기준을 가지고 있어야 하므로 에너지 소모가 큽니다. 효율성을 위주로 살아가는 뇌에게는 큰 부담입니다. 특히 인간이 주체가 되어 실행하는 서비스는 더욱 그렇습니다. 경우의 수와 판단기준이 너무 많기 때문에 절대적 판단기준을 포기하고 이전에 받았던 서비스와 비교하여 더 나으면 좋은 서비스이고 그렇지 않으면 좋지 않은 서비스가 되는 것입니다.

여러분은 스마트폰을 살 때 절대적인 판단기준이 있으신가요? 최신 사양에 대한 복잡한 설명보다는 단지 추천 제품이 지금 사용하고 있는 제품보다 얼마나 빨라졌는지, 얼마나 선명해졌는지를 비교하여 설명해줘야 합니다.

서비스를 얼마나 잘해야 하는가에 절대적 기준은 없습니다. 회사의 목표가 업계 선두라면 경쟁사보다 아주 조금만 더 잘하면 되는 것입니다.

경험법칙: 단순한 것이 믿을 만하다

	잼의 종류 6종	잼의 종류 24종
다가온 손님	40%	60%
시식한 잼 수	1.4개	1.5개
구매한 손님	24%	3%

미국 뉴욕시에서 단순함의 재구매 효과를 실험해보았습니다. 뉴욕 시내에서 서로 가까운 곳에 위치한 잼 가게에서 한 곳은 24종 이상의 잼을 전시하고 다른 곳은 6종의 잼을 전시한 후 잼을 판매한 결과 24개를 전시한 매장에서는 방문자의 3%만이 구매를 했고, 6종만 전시한 매장에서는 방문자의 24%가 구매를 했습니다(참조: 〈When choice is demotivating：Can one desire too much of a good thing?〉, Iyengar, S. & Lepper, 2000, 《Journal of Personality and Social Psychology》).

사람들은 쉽게 판단할 수 있는 것을 더 좋아하고 믿을 만하다고 생각하는 반면에 너무 복잡하고 많은 것은 쉽게 판단할 수 없기 때문에 싫어하고 믿기 어렵다고 생각합니다. 지금까지 경험법칙 중에서 판매와 서비스에 활용할 수 있는 대표적인 세 가지를 설명했습니다. 이 외에도 인간이면 왜 그런지 모르게 공통적으로 따르게 되는 수없이 많은 경험법칙이 있습니다.

시각정보가 우선이다

이 사람에 대한 첫인상은? 이 사람에 대한 첫인상은?
A B

　A사진에 나온 인물에 대한 여러분의 첫인상은 어떻습니까? 저속해 보이고, 건방져 보이며, 곧 문제를 일으킬 것 같으며 왠지 같이 있기에 부담이 되는 느낌입니다. B사진에 나온 인물에 대한 첫인상은 A사진 인물의 첫인상과 정반대로 믿음직스러워 보이면서도 겸손해 보이고, 문제를 잘 해결해 줄 것 같으며 같이 있고 싶은 느낌일 것입니다. 우리는 이 사람들에 대해 아무것도 알지 못하기 때문에 겉으로 보이는 시각정보 등을 이용해서 먼저 판단하게 됩니다.

　그러면 무엇이 위와 같은 평이 나오게 했을까요? 첫 번째 이유는 옷입니다. 옷이 날개라는 표현이 있듯이 사람은 어떤 옷을, 어떻게 입고 있느냐에 따라 같은 사람이라도 전혀 다른 첫인상을 주게 됩니다. 두 번째는 자세입니다. A사진의 주인공이 바지주머니 속에 손을 넣고 있다는 것은 자신감이 넘쳐나고 주변을 장악하고 있다는 느낌을 줍니다. B사진은 두 손을 바지 재봉선에 위치하면서 약간 구부림으로써 마음이 열려 있으면서 자신감을 표현하고 있습니다. 이렇듯 같은 사람에 대해 몇 가지 시각 단서를 바꾸는 것만으로도 전혀 다른 판단을 하게 됩니다.

지금 여기: 감정의 뇌에게 미래는 없다

바로 사용 가능

vs

2주 후 사용 가능

마틴 린스트롬의 《쇼핑학》(세종서적, 2010)에 나오는 실험입니다.

"임의의 학생들에게 아마존닷컴의 상품권 두 가지 중 하나를 고르게 하는 실험을 했습니다. 하나는 15달러 상품권을 선택하면 바로 주어지는 것이며, 다른 하나는 20달러짜리로 받아서 사용하려면 2주일을 기다려야 하는 것이었습니다. 그러니까 돈을 조금 더 얻기 위해서는 며칠 더 있어야 하는 것이었습니다. 지금 15달러를 손에 쥘 수 있다는 사실에 실험 참가자로 나선 학생들 대부분은 흥분하여 즉각 보상을 받을 수 있는 것을 선택했습니다. 이성은 20달러를 취하는 것이 낫다는 것을 알지만 감정은 이성을 누르고 말았습니다."

지금 당장 무엇인가를 받는 것에는 감정의 뇌가 반응하여 기쁨을 나타내지만 길지도 않은 겨우 2주 후 받게 되는 이익에 대해서는 반응조차 하지 않았습니다. 미래에 뭔가를 받는 것이 이성적으로는 좋을지 모르지만 감정의 뇌에게는 별로 좋은 일이 아닙니다. 감정의 뇌는 현재에 살아남기 위해 최적의 조건을 갖추면서 진화해왔기 때문입니다.

지금 여기: 직접 보고 느끼기 전에는 원하는 것을 모른다

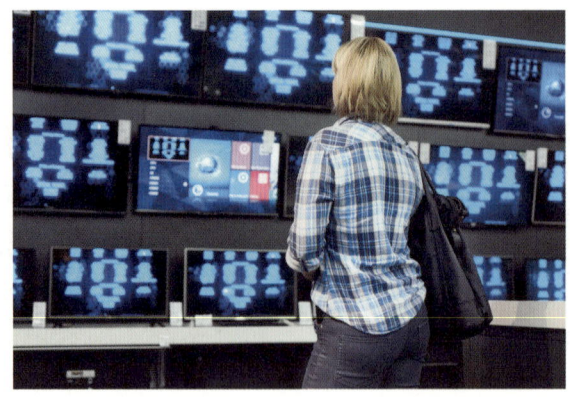

고객은 눈으로 보기 전에는 원하는 것이 무엇인지 모른다고 합니다. 왜 그럴까요? 뇌는 현재지향적이고, 감정지향적이기 때문입니다. 고객은 매장에 와서 직접 제품이나 서비스를 보기 전까지는 자신이 무엇을 원하는지 잘 모르고 있습니다. 대략 사야 할 제품군은 정해서 옵니다. 예를 들어 '42인치 TV를 살 거야'라고 생각하고 오지만 매장에 와서는 수없이 많은 TV 중에서 어떤 것을 사야 할지 몰라서 답답함과 좌절감까지 느끼게 됩니다.

그때부터 직원에게 설명을 들어가면서 어떤 제품이 어떤 특징이나 기능을 가지고 있고 제품들 간에 어떤 차이가 있는지를 눈으로 비교하여 확인한 후에야 대략 '이런 TV를 사야겠구나'라고 정해집니다. 이제 정해졌으니 마음이 편해져서 정해진 제품에 대해 브랜드별로 비교도 하면서 가격대와 할인 여부 등에 관심을 갖게 됩니다. 그러므로 고객이 원하는 것이 무엇인지를 질문을 통해 파악하고 그중에 두세 가지 제품을 추천하게 되면 고객은 자신이 원하는 제품이 이것이라고 결정하게 됩니다.

제 2 장

욕구를 알면
감정이 보인다

1. 욕구의 5단계와 고객감동 요소(카노모델)

욕구와 요구는 어떻게 다른가

복잡한 인간 욕구를 보는 틀

욕구 5단계에 대한 정의

제품/서비스를 구매할 때 충족되기를 원하는 욕구는?

욕구 5단계와 관련된 다양한 욕구들

카노모델에서 설명하는 고객감동 요소

고객의 요구는 빠르게 변화한다!

욕구와 요구는 어떻게 다른가

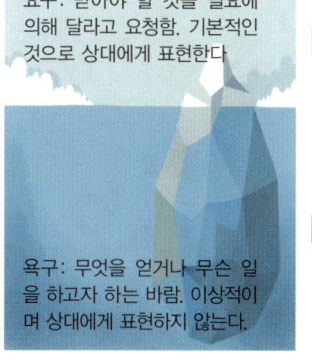

요구: 받아야 할 것을 필요에 의해 달라고 요청함. 기본적인 것으로 상대에게 표현한다.

▶ 제품, 서비스와 개인적 생존에 관한 것으로 표현되어지며 의식적으로 요청한다.

▶ 개인의 애정과 인정에 관한 것으로 잘 표현되지 못하며 무의식적으로 요청한다.

욕구: 무엇을 얻거나 무슨 일을 하고자 하는 바람. 이상적이며 상대에게 표현하지 않는다.

　욕구는 무엇을 얻거나 무슨 일을 하고자 바라는 것이라고 합니다. 인간이 거의 본능적으로 가지고 있으며 전 세계 어느 나라 사람이든 동일한 욕구를 가지고 있습니다. 생존과 번식을 위해 필요하며 인류의 탄생 이후 지속되어온 것으로 의식적으로 애쓰지 않아도 무의식적으로 뇌가 알아서 해결하려고 합니다. 욕구를 간단히 구분해보면 5단계로, 신체를 정상 상태로 유지하려는 생리적 욕구, 외부 환경으로부터 자신을 보호하려는 안전의 욕구, 사회에서 살아남기 위해 조직에 소속되고 사랑을 나누고 싶어 하는 사회적 욕구, 타인으로부터 인정받고 싶어 하는 자아존중의 욕구와 자기가 원하는 것을 이루고 싶은 자아실현의 욕구가 있습니다.

　요구는 상대에게 말이나 행동으로 표현할 수 있는 것으로 '받아야 할 것을 필요에 의해 달라고 의식적으로 요청하는 것'이라고 합니다. 고객에 의해 요청된 요구는 가능하면 해결해주어야 하며, 해결하지 못하면 일부는 불만의 요소가 될 수 있습니다. 하지만 고객의 욕구는 고객에 의해 요청된 것이 아니므로 충족되지 않는다고 불만을 표현하지는 않지만 고객의 욕구를 미리 먼저 알고 해결해주면 고객은 더 만족하게 됩니다.

복잡한 인간 욕구를 보는 틀

　위 그림에 숫자가 1부터 54까지 쓰여져 있습니다. 지금부터 20초 동안 1부터 순서대로 얼마나 많은 숫자를 찾는지 게임을 해보도록 하겠습니다. 준비되셨으면 시작해보세요!

　11까지는 찾으셨나요? 강의 중에 진행해보면 숫자 11까지는 대부분 찾습니다. 그런데 어떤 사람들은 27까지 찾기도 합니다. 왜 이렇게 차이가 날까요? 그 이유는 위의 숫자판에서 숫자를 찾는 방법이 있기 때문입니다. 혹시 눈치채셨나요. 위의 그림을 상중하 3등분하고, 좌중우로 3등분해서 살펴보면 순서대로 숫자가 놓여져 있는 것을 알 수 있습니다. 이렇게 게임의 규칙을 찾듯이 인간의 다양한 욕구도 대별할 수 있습니다. 다시 말해서 우리의 행동을 유발하는 수없이 많은 욕구가 있다 하더라도 크게 보면 5개 정도의 욕구로 나누어볼 수 있습니다.

욕구 5단계에 대한 정의

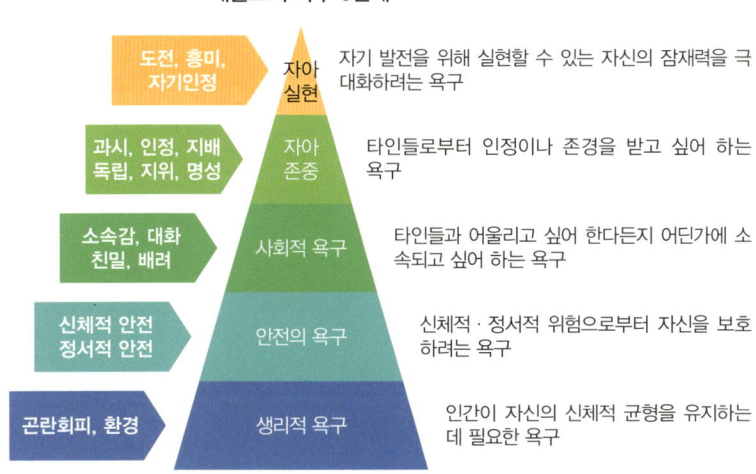

인간이 어떤 욕구를 가지고 있을까에 대해 많은 심리학자들이 연구하여 정리해놓았는데 그중에서도 좀 쉽고 간단한 매슬로의 욕구 5단계를 모델로 하여 알아보겠습니다. 매슬로는 충족되지 못한 욕구가 사람의 행동을 일으키는 원인이 된다고 했습니다. 인간의 다섯 가지 욕구는 위계를 가지며 하위 단계의 욕구가 어느 정도 충족되면 다음 단계의 욕구를 추구하게 되며, 이미 충족된 욕구는 인간의 행동을 유발하는 기능을 갖지 못한다고 했습니다.

욕구에는 충족되면 만족감을 느끼는 욕구와 충족되어도 무불만 상태가 되는 욕구가 있습니다. 욕구 5단계에서 생리적 욕구, 안전의 욕구는 충족된다고 만족감을 느끼는 욕구이기보다는 무불만 상태가 되는 욕구이고, 사회적 욕구와 자아존중의 욕구는 충족되었을 때 만족감을 느끼는 욕구입니다.

욕구 5단계 중 가장 아래 단계인 생리적 욕구는 인간의 신체적 균형을 유지하는 데 필요한 욕구로 배가 고프면 음식을 먹으려는 욕구가 생기고, 졸리면 자고 싶은 욕구가 강해지고, 힘들면 쉬고 싶은 욕구가 생깁니다.

두 번째 단계는 안전의 욕구로 인간이 신체적, 정서적, 경제적 위험으로부터 자신을 보호하려는 욕구입니다. 안전의 욕구도 생리적 욕구와 마찬가지로 살아남기 위해 자기 신체의 모든 기능을 총동원하여 행동을 하게 만드는 욕구입니다. 낯선 사람보다는 낯익은 사람을, 모르는 것보다는 아는 것을 선호하는 성향 또한 안전의 욕구를 쉽게 충족하기 위한 방법 중 하나입니다.

세 번째 단계는 인간은 다른 사람과 친밀한 관계를 이루거나 집단에 소속되길 바라는 사회적 욕구를 충족하고 싶어 합니다. 사회적 욕구는 인간의 본성으로 여러 사람들이 힘을 모아 같이 일하고 위험으로부터 벗어날 수 있는 능력을 만들어낸 욕구로 인간을 번성하게 한 이유입니다.

네 번째 단계는 자아존중의 욕구로 타인들로부터 인정이나 존경을 받고 싶어 하는 욕구입니다. 사람들은 남의 눈에 비치는 자신의 지위, 능력을 높여주는 상품에 기꺼이 돈을 지불하고자 합니다. 자아존중이라고 하지만 자기가 자기를 존중하기보다는 타인의 존중을 받는 쪽에 더 많은 신경을 씁니다.

다섯 번째 단계인 자아실현의 욕구는 한 인간으로서 자기 발전을 위해 실현할 수 있는 자신의 잠재력을 극대화하려는 욕구입니다. 사업에 성공한 사람, 즉 돈도 많고 타인으로부터 인정을 받고 있는 사람들 중에 거기서 만족하는 것이 아니라 또 다시 새로운 분야의 사업을 시작하는 사람들이 많습니다. 이는 흥미를 갖고 새로운 일에 도전해서 성취하고자 하는 자아실현의 욕구 때문입니다.

제품/서비스를 구매할 때 충족되기를 원하는 욕구는?

자율적 선택, 자유로운 행동, 독립적임, 나의 힘을 표현, 새로운 자극 선호,
자기만의 공간과 시간, 모르는 것을 배움, 새로운 경험, 도전, 흥미,
자율성, 새로움의 발견, 즐거움, 통제력, 도움을 받음, 관심을 받음,
불안에서 벗어남, 공감 받음, 위생, 청결, 성취감을 느낌, 정리정돈, 따뜻함,
의존할 수 있음, 보호받음, 자신의 얘기를 들어주기 바람, 호감, 친근함,
정직한 서비스, 두려움 회피, 일관성 있음, 안심, 예측 가능함, 전문 상담, 유연함,
나의 성공인정, 우월감을 느낌, 능력인정, 다른 사람을 가르쳐 줌, 끈끈한 관계,
존재인정, 밝은 웃음, 친밀함, 나를 위한 배려, 정보를 받음, 순서가 있음,
나를 알아주기 바람, 성실한 서비스, 변화회피, 서로를 존중함, 의미 있는 것을 갖고 있음,
유능함, 내 능력을 알아주기 바람, 받아들임, 대화,
이해받음, 정보제공, 도움을 줌, 숙달된 서비스, 참여, 성장, 편안함, 효능감,
배고픔, 목마름, 졸림, 피곤함

여러분이 어떤 제품을 구매하거나 혹은 서비스를 받을 때, 가장 중요하다고 생각하는 것 7개를 위의 리스트에서 찾아 O표를 해주세요. 그리고 선택한 7개의 이유를 중요도 순서대로 1등에서 7등까지 정해주세요. 그러면 여러분이 무엇인가를 구매할 때 어떤 것들을 중요시하는지 알 수 있습니다. 그러면 선택된 7개의 항목들을 매슬로의 욕구 5단계에 맞춰볼까요. 답은 다음 페이지를 참조하세요. 여러분은 어떤 욕구를 가장 많이 선택하셨습니까? 그리고 중요도 1위에서 3위에 해당하는 것들은 어떤 욕구에 해당합니까? 이렇게 정리해보면 여러분이 특정 제품이나 서비스를 구매할 때 가장 중요시하는 것이 무엇인지 정리기 됩니다. 그러면 반대의 입장에서, 즉 서비스 제공자로서 고객을 응대할 때 가장 중요하게 생각하는 것은 무엇인지를 찾아본다면 여러분들이 고객이 원하는 바에 잘 맞춰서 응대하는지 아닌지를 알 수 있고, 고객이 원하는 방향으로 서비스 제공자로서의 고객응대 방향도 수정이 가능합니다.

욕구 5단계와 관련된 다양한 욕구들

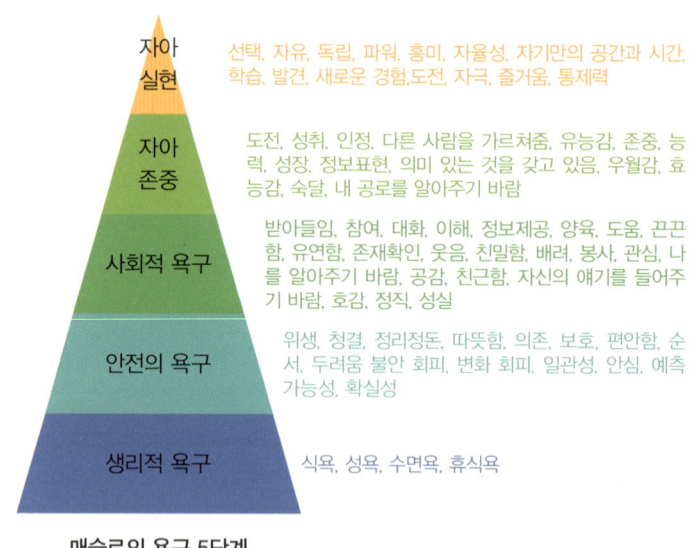

매슬로의 욕구 5단계

앞장의 욕구 목록에서 O를 친 것들이 어떤 욕구인지 위의 도표에서 확인해보겠습니다. 여러분들이 고객일 때는 주로 어떤 욕구에 대해 인정받고 싶어 했습니까? 반대로 여러분이 서비스 제공자라고 생각할 때 고객의 어떤 욕구에 맞추어 응대하고 있었습니까?

카노모델에서 설명하는 고객감동 요소

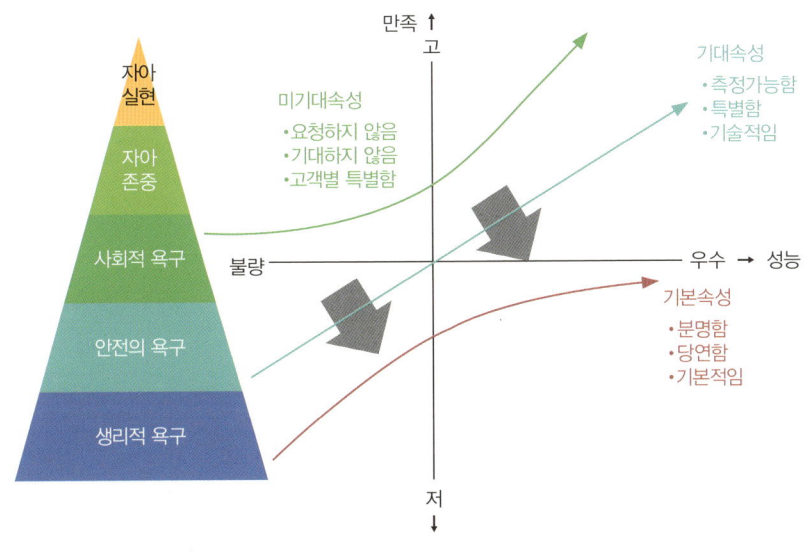

고객의 요구와 욕구를 충족시키기 위해 기업에서는 수많은 노력을 하고 있지만 고객만족도는 답보 상태에 있습니다. 그 이유를 일본 리카대학교 교수인 카노 노리아키(Kano Noriaki)는 카노(Kano)모델로 설명하고 있습니다. 카노모델에서는 고객만족도를 결정하는 요소로 미기대속성과 기대속성 그리고 기본속성으로 나누어서 설명합니다.

미기대속성은 고객이 미처 기대하지 못했던 것 혹은 기대를 초과하는 품질 요소로 흔히 고객감동 요소라고 하며 충족이 되지 않더라도 불만이 생기지 않으며 자아존중의 욕구, 자아실현의 욕구 등과 관련되어 있습니다. 기대속성은 기업에서 보는 고객만족 요소라고 할 수 있으며 기업의 서비스 시스템에 의해서 관리되는 요소로 사회적 욕구와 안전의 욕구 등과 관련된 요소입니다. 기본속성은 당연히 있을 거라고 생각하는 것으로 주어지지 않거나 부족하면 불만족을 표현합니다. 주로 안전의 욕구와 관련된 요소입니다.

고객의 기본속성과 기대속성에 대해서는 회사에서 고객만족도 평가 등으로 관리가 되고 있지만 미기대속성은 어떤 내용인지 잘 알 수 없기 때문에 평가되지도 조직적으로 실행되지도 못하고 있습니다. 하지만 고객의 욕구를 알게 되면 미기대속성이 무엇인지를 알 수가 있습니다.

미기대속성은 고객의 자아존중의 욕구와 자아실현의 욕구에 관련된 것으로 자율성, 학습, 새로운 경험, 즐거움, 그리고 성취, 인정, 유능함, 존중, 성장 등으로 이 부분을 충족시켜주게 되면 감동시킬 수 있습니다.

미기대속성, 기대속성, 기본속성은 계속 변화합니다. 사회의 발전에 따라 미기대속성에 있는 서비스를 어떤 회사가 제공하여 소문이 나면 다른 회사들도 그 서비스 행동을 정의하여 회사 전체 직원의 서비스 행동으로 만듭니다. 고객들에게 광고나 홍보를 통해 자사가 이런 고품질의 서비스도 제공한다고 약속을 하는 순간 미기대속성 서비스는 기대속성의 서비스로 분류되는 것입니다.

기대속성에 있던 서비스도 시간이 지나면서 고객들이 대부분의 매장에서 기존에 기대속성에 해당하던 서비스를 받기 시작하면 해당 서비스 행동은 점차 기본속성으로 간주되어 서비스를 하지 않으면 고객이 불편하다고 생각하게 됩니다. 기업에서 매년 지속적으로 서비스 품질을 개선하고 있지만 서비스만족도가 크게 올라가지 않는 이유는 고객의 서비스에 대한 기대도 계속해서 높아지고 있기 때문입니다.

고객의 요구는 빠르게 변화한다!

고객의 요구 상승곡선

　　고객의 요구는 쏜 화살처럼 빨리 변화하지만 기업이나 개인의 대응은 화살을 맞는 불쌍한 동물처럼 천천히 변화합니다. 고객의 요구는 매일 변화하지만 기업의 대응은 1년에 한 번 변화할까 말까 합니다. 현재 고객의 요구가 충족된다고 해도 다음번에도 똑같은 방식대로 고객을 응대한다고 고객의 요구가 여전히 충족되는 것은 아닙니다. 고객은 기존에 받아왔던 서비스를 이제 당연하게 여기므로 이전과 같은 서비스를 한다한들 두 번째부터는 만족하지 않으며 오히려 일정 기간 후에는 그 서비스 행동을 하지 않으면 오히려 불만 요소가 돼버립니다. 고객은 우리 매장뿐만 아니라 타업종, 타사업군과도 관계를 맺고 상품이나 서비스를 구매하기 때문에 일단 다른 곳에서 좋은 서비스 경험을 하면 그 서비스를 우리 매장과 거래할 때도 기대하게 됩니다. 그러므로 원하는 서비스를 제공하지 않으면 고객불만 사항으로 바뀔 수도 있습니다. 몇 차례 만족한 서비스는 점차 익숙하게 되어, 어느 순간 고객의 욕구가 아니라 고객의 요구가 되는 것입니다.

2. 고객의 욕구 이해하기, 충족시키기

안전의 욕구란 무엇인가
고객의 안전 욕구를 충족시켜라
사회적 욕구란?
사회적 욕구를 알아보는 동조실험
고객의 사회적 욕구를 충족시켜라
자아존중의 욕구란?
고객의 자아존중의 욕구를 충족시켜라
고객은 자아존중감 향상을 위해 제품을 구매한다
고객의 자아존중의 욕구를 충족시켜라
고객의 존재 그 자체를 인정해주어라
자아실현의 욕구란?
자아실현을 추구하는 사람은 서로 공감한다
청과물 가게의 고객접점과 고객의 욕구

안전의 욕구란 무엇인가

신체적·정서적 위험으로부터 자신을 보호하려는 욕구

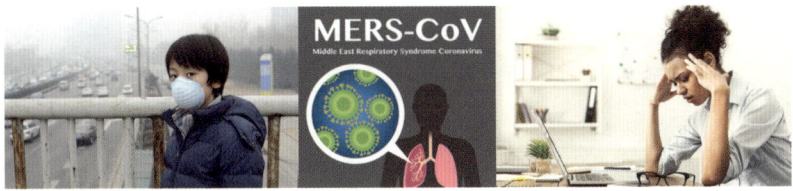

　지금부터는 고객의 욕구 5단계에 대해 세부적으로 알아보겠습니다. 안전의 욕구는 사느냐 죽느냐의 문제이기 때문에 신체 모든 기관이 혼연일체가 되어서 안전한지 아닌지를 순간적으로 파악하고 혹시라도 불안한 낌새가 느껴지기라도 하면 그것을 제거하거나 회피하기 위해서 모든 노력을 기울입니다. 안전의 욕구는 물리적 안전과 정서적 안전으로 나눠볼 수 있습니다. 물리적 안전은 위생, 청결, 편의시설, 정리정돈, 법규준수 등에 관한 것입니다. 현재 대한민국의 경제문화 수준에서 대부분의 사람에게는 중요하게 작용하지 않는 욕구이지만 2016년 발생한 메르스처럼 전염병이 발생한다면 다른 모든 것에 우선하여 메르스 감염으로부터 자신을 보호하려는 욕구가 우선시됩니다.

　정서적 안전의 욕구는 불안과 두려움을 회피하기 위해 사회생활이 예측 가능하고, 쉽고, 익숙하고, 확실하며, 변화 없이 돌아가기를 바라는 욕구입니다. 하지만 불안은 사회생활을 하는 모든 사람들에게 지속적으로 발생하기 때문에 현대인의 강한 스트레스 요소로 작용하고 있습니다. 직업적 스트레스를 줄이기 위해 편한 직장에서 근무하고 싶어 하고, 하기 쉬운 일 위주로 하기를 원하는 사람들이 많아지고 있습니다.

　생리적 욕구는 식욕, 성욕, 수면욕, 휴식욕 등 인간의 기본적인 욕구입니다. 서비스 행동과 큰 관계가 없어서 여기서는 설명을 생략했습니다.

고객의 안전 욕구를 충족시켜라

시설　　　　　　사람　　　　　　제품

　　매장을 방문하는 사람들은 자신의 안전을 위하여 매장 환경과 서비스 제공자를 오감을 동원하여 평가합니다. 유명 브랜드의 매장이거나 과거에 방문하여 좋은 경험이 있는 매장은 안전하다고 생각합니다. 하지만 유명 브랜드가 아니거나 과거에 방문 경험이 없는 매장은 외관이 깨끗하고, 물건이 정리정돈 되어 있고 고객이 제품을 직접 보고 만질 수 있으며, 가격표와 제품사양 등이 보기 쉽게 정리되어 있을 때만 안전하다고 느낍니다. 매장이 안전하다고 느낀 후에는 서비스 제공자의 용모, 복장, 대기 자세를 보고 안전의 여부를 판단합니다.

　　시각정보 못지않게 후각과 청각 정보도 초기에 안전을 파악하는 데 중요한 역할을 합니다. 어떤 매장에 들어갔는데 좋지 못한 냄새가 난다거나 소음이 심하다면 아무리 좋은 시각정보를 제공하고 있더라도 바로 안전에 문제를 느끼게 되어 매장에 들어가지 않거나 들어가는 것을 꺼리게 됩니다.

　　고객은 풀 향기나 과일 향기와 같은 자연의 향기를 맡으면 안전함을 느끼며 클래식 음악이나 발라드 풍의 심장 박동수와 비슷한 박자의 음악을 듣게 되면 편안함을 느낍니다. 이에 더해 따뜻하고 달콤한 차 한잔을 푹신한 의자에 기대어 마시게 된다면 안전을 넘어 편안함을 느끼게 됩니다.

사회적 욕구란?

타인들과 어울리고 싶어 하며, 어딘가에 소속되고 싶어 하는 욕구

사냥 성공확률

1마리 : 80%
10마리 : 60%
50마리 : 10%

사회적 욕구는 인간관계와 관련된 욕구로서 타인들과 어울리고 싶어 한다든지 어딘가에 소속되고 싶어 하는 욕구입니다. 원시인류는 정글에서 살다가 초원지대로 이동하면서 보다 많은 인원이 무리를 이루어 살게 되었습니다. 세상에 포식자들이 있는 한 모든 동물의 생존 확률은 동료와 같이 있을 때 높아지기 때문입니다. 그런데 무리에서 왕따가 되어 초원지대를 혼자 배회한다면 그것은 곧 죽음을 뜻하는 것이었습니다.

한 예로 매가 사냥을 할 때 비둘기가 한 마리만 있으면 사냥 성공률은 80%나 된다고 합니다. 하지만 10마리가 있으면 60%로 떨어지고, 50마리가 모여 있으면 10%대로 아주 많이 떨어지게 됩니다.

무리의 리더나 동료들과 잘 지내지 못하고 집단에서 방출되어 포식자가 우글거리는 곳에 혼자 남게 된다는 것은 곧 죽음이 임박했음을 의미했기 때문에 인간은 다른 사람들과 같이 잘 지낼 수 있는 능력을 태생적으로 가지고 있습니다.

사회적 욕구를 알아보는 동조실험

　EBS 다큐프라임 '소비는 감정이다'에서 사회적 욕구에 대한 실험 내용을 방영한 적이 있습니다. 초등학교 학생들을 모아놓고 여섯 종류의 사탕을 보여주면서 좋아하는 사탕 6개를 고르라고 했습니다. 그리고 나서 옆 친구에게 자신이 고른 6개의 사탕 종류를 서로 보여주게 했습니다. 그리고 나서 다시 한 번 사탕 6개를 고르라고 했더니 7팀 중에서 3팀은 자기가 선택했던 것은 포기하고 친구가 선택한 것으로 모두 바꿨으며 다른 4팀들도 역시 친구가 좋아하는 사탕을 많이 선택했습니다. 실험 결과가 보여주듯이 또래집단의 선호도가 우리의 선택에 가장 큰 영향을 미치고 있습니다.

고객의 사회적 욕구를 충족시켜라

비슷하면 좋아한다

따라 하면 좋아한다

다른 사람의 의견을 중시한다

자주 보면 좋아한다

인간은 무리 내에서 같이 살아왔기 때문에 동일한 유전자를 물려받은 경우가 많아서 서로 비슷한 생김새와 유사한 성격을 가지고 있습니다. 태어나면서부터 자신과 비슷한 사람들의 보호를 받으면서 자라나기 때문에 자신과 비슷한 생김새나 성격을 가지고 있거나 비슷한 행동을 하는 사람을 좋아하며, 같은 무리 내에 살면서 자주 봐서 익숙하게 되면 좋은 사람이라고 여기게 되었습니다.

외부의 침입으로부터 살아남기 위해서 집단으로 모여 사는 사람들 사이에 다툼을 없애고 집단을 강화하여 집단 내 사람들은 서로 친근하게 느낍니다. 집단의 우두머리를 따라 힘으로써 충성심을 보여주었으며 동시에 자신을 따라 하는 구성원을 좋아하게 되어서 그룹이 지속적으로 유지 강화될 수 있었습니다.

우리에게는 서로의 행동을 무의식적으로 따라 하는 거울신경세포(mirror neuron)가 있어서 상대의 의도와 차후 행동을 예측할 수 있고 이러한 거울신경세포가 상대의 행동을 따라 하면 상대의 거울신경세포가 자신과 비슷한 사람이라고 생각하여 더욱 호감을 갖게 됩니다. 이런 거울 신경세포의 존재가 인간의 사회성을 훨씬 더 강하게 만들었습니다.

비슷하면 좋아한다

180만 년 동안 인간은 같은 유전자를 가지고 있는 친족끼리 뭉쳐 살았습니다. 아직도 시골에는 집성촌이 남아 있으며 이곳에 살고 있는 사람들은 전부 큰 가족입니다. 가족의 특징은 비슷한 유전자를 가지고 있으므로 첫째, 생김 생김이 비슷합니다. 둘째는 성격이 비슷합니다. 셋째는 알고 있거나 경험한 것이 비슷합니다. 넷째, 서로 얼굴을 자주 봅니다. 멀리 떨어져 있어도 일년에 몇 번은 꼭 얼굴을 봅니다.

우리의 뇌는 가족과 같은 특징을 가지고 있는 사람에게 호감을 갖습니다. 상대와 비슷하게 생기거나 비슷한 복장을 하고 있으면 호감과 친근감이 올라갑니다.

유니폼을 입는 목적도 호감과 친근감을 높이기 위함입니다.

또한 상대와 유사한 속도와 톤으로 말을 하고 비슷한 행동을 하게 되면 자신과 유사한 사람이라 느껴서 친근감을 갖게 됩니다. 상대와 공통의 경험이 많으면 많을수록 친근감도 올라갑니다. 고객이 원하는 제품을 자기가 사용해 보거나 아니면 가족 중 누가 사용해 보니 이런 점들이 좋다고 이야기할 수 있다면 공통 경험이 많아지므로 친근감이 올라갑니다.

따라 하면 좋아한다!

사회심리학자들이 연인들의 행동을 관찰해보았습니다. 커플들이 자주 가는 레스토랑에 카메라를 설치해놓고 이들이 어떤 행동을 주로 하는지 관찰했습니다. 연인들끼리는 서로의 행동을 자주 따라하는 특징이 포착되었습니다. 친한 사람들끼리는 서로의 행동을 자주 모방하니까 그 반대의 경우도 성립하는지 알아보기 위해 남녀가 처음 만나는 자리에서 상대를 따라 했을 때와 그렇지 않았을 때로 나눠서 상대에 대한 호감도를 측정해 보았습니다. 상대방을 따라 한 경우에 서로 더 많은 호감을 보였습니다. 다른 사람의 행동을 조심스레 들키지 않게 따라 한다면, 감정의 뇌는 상대가 자신과 비슷한 행동을 하는 사람이라는 것을 지각하고 호감을 갖게 되며, 동시에 자신의 행동을 따라 하는 사람은 자신을 리더로 인정해주는 사람이라고 느끼면서 더욱 호감을 느낍니다.

사회화된 미러링

상대방을 따라 하면 서로에게 호감이 올라가기 때문에 이것을 사회적 예절로 만들었습니다. 내가 고개 숙여 인사하면 상대도 고개 숙여 인사합니다. 내가 하이 파이브를 하자고 손을 들고 상대방 쪽으로 가면 상대도 마찬가지로 손을 들고 손바닥을 펴서 하이 파이브를 합니다. 또한 상대가 손을 내밀 때 나도 같이 손을 내밀어 악수를 합니다. 이렇게 상대의 행동을 따라 해주는 것이 동료뿐만 아니라 처음 만나는 사람 사이에도 호감을 높여줍니다. 먼저 행동을 한 사람을 따라 함으로써 친근감을 표현한 것입니다. 만약 상대가 악수를 청해왔는데 아무 행동도 하지 않았다면 200년 전만 해도 미국에서는 총싸움이 났을 것입니다.

다른 사람의 의견을 중시한다

아마존이 온라인 매장으로 업계 최초로 큰 성공을 거둔 이유는 물건 판매자가 아닌 이전에 구매한 고객들이 제품 사용만족도 및 소감을 작성할 수 있게 했고, 그 내용을 잠재고객들이 살펴봄으로써 해당 제품을 직접 보지 않고도 어느 정도의 믿음을 갖고 구매할 수 있었기 때문입니다.

지금은 온라인 매장뿐만 아니라 동네의 작은 가게조차도 고객들의 방문 경험이나 사용 경험에 대해 평가 점수와 함께 후기를 작성하게끔 하여 새로운 고객이 믿고 방문할 수 있도록 하고 있습니다. 물론 돈을 받고 댓글을 작성하는 등의 병폐도 많이 발생하고 있습니다.

매장을 방문하는 고객들이 어제 구매한 A라는 고객이 저녁에 제품을 사용해 보고 너무 좋아서 동생들에게 준다고 몇 개씩 더 사갔다는 이야기를 듣거나 몇 년 전에 방문한 유명인의 사인과 함께 '너무 맛있게 먹었습니다'라고 쓰인 메모를 보게 된다면, 감정의 뇌는 구매하기도 전부터 좋은 품질의 제품이라고 이미 느끼고 있습니다.

단순접촉 효과

　전화나 메일 등의 연락을 자주 한다든지 가벼운 점심이나 같은 버스나 지하철을 타는 등의 단순한 접촉을 증가시키면 호감이 올라갑니다. 이러한 '단순접촉 효과'는 다양한 실험을 통해서 증명되었는데 피츠버그 대학교의 모어랜드와 비치 교수는 동일한 정도로 매력적인 4명의 여성에게 200명이 수강하는 강의실에 각각 0번(한 번도 출석하지 않음), 5번, 10번, 15번 출석하도록 하고 학기가 끝난 뒤 같은 수업을 들은 학생들에게 그 4명의 여성 사진을 보여주고 이들의 매력을 평가하도록 했습니다.

　여성 4명은 수업시간에 조용히 지냈기 때문에 90% 이상의 학생들은 이 여성들의 존재를 기억하지 못했습니다. 그러나 호감도 결과 15번을 출석했던 여성이 가장 매력적으로 평가되었습니다. 의식은 기억하지 못하더라도 무의식은 기억하고 있습니다.

자아존중의 욕구란?

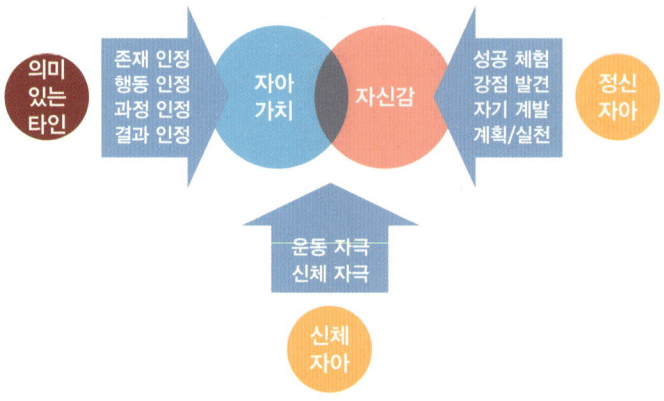

　자아존중감은 유아기부터 부모와의 상호작용에 의해 형성되고 이후 또래 집단에 들어가면서 다른 아이들과의 비교를 통해 자신을 상대적으로 평가하면서 수정됩니다. 이때 형성된 자아존중감이 거의 성인기까지 영향을 미칩니다. 자아존중감은 자기자신을 얼마나 믿는지의 자신감과 다른 사람으로부터 사랑을 받을 만하다는 자아가치로 구성됩니다. 자아존중감은 의미 있는 타인으로부터 존재를 인정받고, 행동과 과정에 대해 칭찬을 받고 그 결과에 대해 인정을 받을 때 향상되며, 자신이 스스로 계획을 세우고 실천하며 작은 성공을 체험하면서도 향상됩니다. 그리고 기본적으로 운동 등을 통해 도파민이 분비되어 기분이 좋고 활력을 느낄 수 있게 하는 것이 자아존중감을 향상하는 기본이 됩니다.
　의미가 있다고 생각하는 타인으로부터 인정을 받으면 도파민이 분비되어 기분이 좋아지고, 이것이 조건반응이 되어 타인의 인정을 받으면 받을수록 더 많은 도파민이 나와서 기분을 더욱 좋게 합니다.

고객의 자아존중의 욕구를 충족시켜라

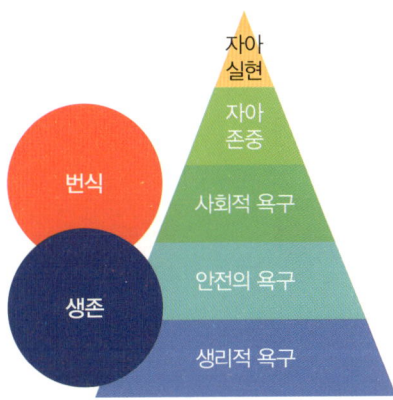

우두머리로 인정받고 싶다

동물의 한 종으로서 인간의 존재 목적은 크게 두 가지입니다. 하나는 생존이고 다른 하나는 자신의 유전자를 후세에 남기는 것입니다. 지금부터 180만 년 전인 호모에렉투스가 존재했을 때만 해도 다른 포유류와 마찬가지로 우두머리 그룹만 자신의 유전자를 후대에 남기고 그렇지 않은 수컷들은 자신의 유전자를 남길 수 있는 기회가 거의 없었습니다. 현생인류에 속하는 우리들의 잠재의식 속에는 자신도 우두머리가 되어 유전자를 후대에 남길 기회를 찾고 있습니다. 그러므로 자신이 우두머리라는 생각이 들게끔 해주는 인정받고, 칭찬받고, 경청받으며, 질문받는 것과 같은 말과 행동을 보고 들을 때 가장 기뻐하며, 자신에게 우두머리 대우를 해준 상대방에게 무엇인가를 해줘서 계속해서 우두머리 대우를 받고 싶어 합니다. 서비스 제공자가 고객을 우두머리로 대접해주고 받을 수 있는 것은 매출 향상이나 CSI 만점의 고객 평가일 것입니다.

고객은 자아존중감 향상을 위해 제품을 구매한다

스마트폰이나 패션 의류 등의 선매품(제품구매 전 어떤 제품을 구매해야 할지 제품정보를 파악하고 구매하는 제품)을 구매하는 사람들은 의식하든 하지 않든 간에 자아존중감을 향상시켜주거나 타인으로부터 인정을 받을 수 있는 제품인지 따져봅니다. 광고를 보거나 친구나 지인들이 사용하고 있는 것을 보면서 저 제품을 사용하면 자신을 돋보이게 해주어 자아존중감이 올라가고 좀 더 나은 사람으로 인정받겠다는 구매욕구가 일어나는 순간, 우리의 뇌는 벌써 구입충동을 느끼고 기뻐하기 시작합니다.

쇼핑계획을 세워서 매장에 방문할 때는 오감을 통해 제품을 보고 체험하면서 자신이 좀 더 멋져 보이거나 우아하게 느껴지는지를 스스로 평가합니다. 이때 함께 쇼핑 온 동료나 가족 또는 서비스 제공자로부터 자신이 원했던 "더 예뻐 보인다", "더 어려 보인다", "얼굴이 훤해 보이네"와 같은 말을 듣게 되면 기분이 좋아지는 도파민이 분출되면서 자존감도 높아집니다.

고객의 자아존중의 욕구를 충족시켜라

서비스 예절, 즉 고객이 오면 미소를 지으며 정중하게 허리를 굽혀 인사를 하는 서비스 행동은 모두 고객의 자아존중감을 향상시키는 기본이 됩니다. 예의를 지키는 서비스 행동을 하면서 고객의 행동이나 말투 등을 따라 하게 되면 고객은 무의식적으로 자아존중의 욕구가 충족되고 있음을 느껴 상대에게 호감을 갖게 됩니다.

고객의 이야기를 경청하는 것도 고객의 자존감을 높이는 일입니다. 경청이란 상대의 말을 존경하면서 듣는 것입니다. 고객의 이야기를 귀뿐만 아니라 눈과 몸을 이용해서 들어야 합니다. 눈을 마주치고, 웃음을 보이며, 고개를 끄덕이고, 추임새를 넣으면서, 몸을 약간 앞으로 기울이며 듣고, 이야기를 듣다가 고객의 이야기를 정리하면서 "저도 고객님처럼 되고 싶어요" 혹은 "사모님이 너무 부럽네요" 같은 자신의 입장에서 느낀 좋은 점을 칭찬하는 것도 고객의 자존감을 높여줍니다.

고객의 존재 그 자체를 인정해주어라

고객인정 내용

존재	방문환영, 방문감사, 특별한 사람으로 대우, 특별 서비스, 특별한 가격, 특별한 판매사원
능력	매장 방문 칭찬, 소유 제품 칭찬, 특별한 제품, 특수 기능 신제품 구매 칭찬, 질문내용, 관심 영역 칭찬
행동	점잖음, 잘 어울림, 색상 매치, 잘 살펴봄, 시연
동반자	자녀관심 및 칭찬, 부부에 대한 칭찬, 부모에 대한 칭찬, 친구나 동료 칭찬
과거 기억	방문 이력에 대한 기억 및 좋은 느낌, 이름 및 상황 기억

고객의 존재 그 자체를 인정한다는 것은 고객의 행색에 따라 구매할 건지 아니면 아이쇼핑 온 것인지를 구분해서 응대하라는 것이 아니라 고객의 존재를 구매하기 위해 온 사람이라기보다는 우리 집에 방문한 손님이라고 생각하고 응대하라는 것입니다. 그러면 고객은 최고의 인정을 받았다고 느낄 것입니다.

고객과 대화를 하다 보면 현재 가지고 있는 제품과 관련된 내용을 들을 수 있는데 그것에 대해 고객에게 '멋진 제품을 가지고 계셨네요!', '전문가들이 주로 사용하는 특수한 기능이 있는 제품을 가지고 계셨네요!'라며 고객의 뛰어난 능력을 인정해줄 수도 있습니다. 매장 내에서 행동하는 고객의 행동 자체에 대해 칭찬할 수도 있습니다. 예를 들어 이것저것 아주 꼼꼼히 살펴보는 고객에게는 신중함을 칭찬하며 더욱 자세한 설명을 할 수 있습니다. 여러 가지 기능에 대해 질문하는 고객에게는 "전문가 뺨치는 지식을 갖고 있다"라며 칭찬할 수 있습니다. 제품이나 존재에 대한 인정은 구매를 전제로 한 인정이나 칭찬이 될 수 있지만 동반자들에 대한 칭찬은 그 존재 자체에 대해 칭찬할 수 있으므로 더욱 좋은 효과가 있습니다.

자아실현의 욕구란?

한 인간으로서 자기 발전을 위해 실현할 수 있는 자신의 잠재력을 극대화하려는 욕구.
다른 욕구가 충족되지 않더라도 자신이 하는 일에 의미를 부여하여
자아실현 욕구를 충족할 수 있다.

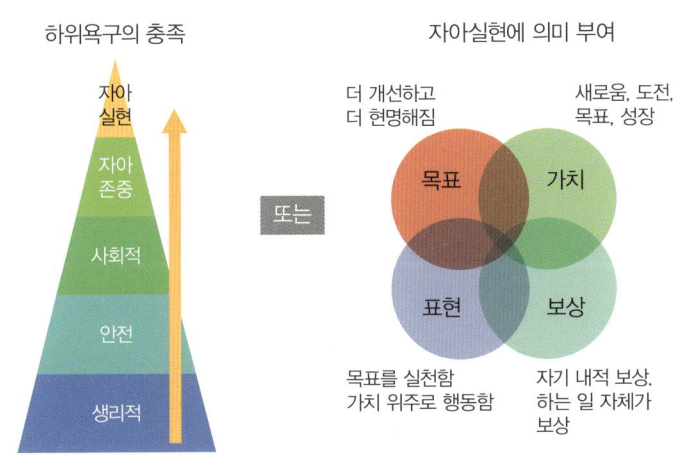

자아실현의 욕구란 자아를 완성하고 자신의 잠재력을 발휘해보고자 하는 욕구입니다. 자신이 지금 하는 일이 삶의 가치에 중요한 의미가 있고 그 의미를 달성하기 위해 노력함으로써 자아를 실현하고자 하는 것입니다.

매슬로에 따르면 자아실현의 욕구가 발휘되려면 하위욕구들이 충족되어야 한다고 했습니다. 먹고사는 데 문제가 없고, 신체적으로나 정신적으로 안전함을 느낍니다. 직장에 다니며 가정을 이루고 있어서 소속감을 느끼고 좋은 대인관계를 유지하고 있습니다. 직장에서는 성공하는 직장인으로 인정을 받고 있으며, 가정에서는 다정한 엄마 아빠나 아들 딸로서 인정을 받고 있습니다. 이렇게 모든 결핍의 욕구가 충족이 되고 나면 자아실현을 위해 자신의 잠재력을 발휘하려는 욕구가 생깁니다. 사업에 성공한 사장들이 계속해서 사업을 키우고 새로운 기술이나 제품을 연구하는 것도

회사의 지속성을 유지하기 위해서이기도 하지만 더 나아가서는 자아실현의 욕구를 충족하기 위해서입니다.

여러분은 자신의 업무에 어떤 의미를 두고 있나요? 가장 기본적인 욕구인 먹고살기 위해서라는 의미를 부여할 수도 있고 아니면 자아실현의 욕구인 자신이 원하는 꿈을 이루기 위해서라고 할 수도 있습니다. 필자는 스스로의 가치와 자존감을 올리기 위해 저 나름대로 업무에 대해 좀 더 확장된 의미를 부여하고 일을 하고 있습니다.

지금 필자가 하는 일은 교육 프로그램을 개발하고 강의하고 경우에 따라서는 컨설팅도 합니다. 예전에는 강의하는 것을 앵벌이라고 비하한 적도 있었습니다. 먹고사는 문제를 해결하기 위해 어쩔 수 없이 하는 직업이라고 생각한 적도 있었습니다. 하지만 지금은 세상 사람들이 행복하게 사는 데 교육을 통해 도움을 주는 것이 필자의 가치이자 사명이 되었습니다.

이 책을 쓰기 시작한 지 거의 2년이 지나가고 있습니다. 처음에는 멋도 모르고 감정과 뇌 과학을 서비스 행동과 연결해볼 수 있겠다는 생각으로 쓰기 시작했는데 1년쯤 지나면서 욕구, 감정, 감정행동 등 눈에 잘 보이지 않는 것들을, 서비스를 하는 사람들의 눈에 보이게 만드는 일이 얼마나 어려운지를 깨달으면서 포기하고 싶은 생각도 많았습니다. 그때마다 책을 쓰는 일이 곧 세상 사람들을 행복하게 해주는 길이라는 생각이 위안이 되어 덮었던 원고를 다시 펼쳤고, 곧 완성을 눈앞에 두고 있습니다.

자아실현의 욕구는 다른 사람의 인정보다는 스스로 느끼는 만족감에 의해서 충족되는 부분이 훨씬 강합니다. 하는 일의 과정 하나하나에 의미를 부여하고 생각하고 느끼면서 실행하는 것입니다. 그냥 일에 자신을 던져놓는 것이 아니라 일을 관찰하고 느끼고, 분석하고, 맛보면서 추진한다면 더 많은 만족감을 느낄 수 있습니다.

자아실현을 추구하는 사람은 서로 공감한다

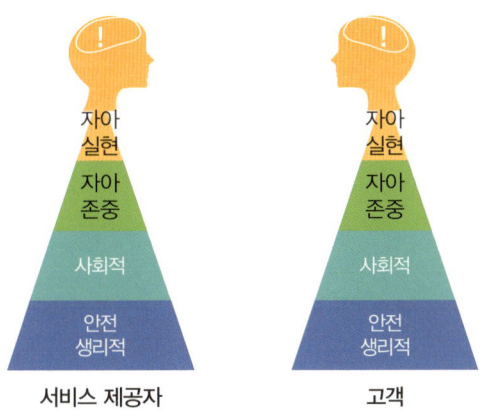

　자아실현의 욕구를 실현하는 사람들은 항상 최고를 지향합니다. 최고가 된 후에도 더 알고 싶고, 더 개선하고 싶은 의욕이 자아실현의 욕구가 지닌 특징입니다. 그래서 최고를 지향하는 사람들은 항상 자신감이 있으며, 다른 사람들의 평가에 좌우되지도 않습니다. 자신이 하는 일이 자기를 만족시키는 일이고, 그 일을 하면 자신이 즐겁기 때문에 합니다.

　TV에 방송된 맛집을 보면 같은 음식이라도 남들과 다른 레시피를 갖고 있는 곳이 대다수입니다. 그것도 하루아침에 만들어진 것이 아닌 수년 이상의 개선 작업이 대박집으로 만들어준 것입니다. 그런가 하면 어떤 분들은 자아실현의 욕구 없이 먹고 살기 위한 안전의 욕구 충족을 위한 방편으로 고객을 응대하기도 합니다. 이렇게 되면 자신의 욕구 수준이 낮기 때문에 고객에게도 안전의 욕구 위주로 충족시켜주려 하여, 고객의 기대 수준에 부응하지 못합니다.

　이에 비해 직원이라 해도 자신의 꿈을 이루기 위해 그 일을 하고 있는 사람들은 일에 대한 자신감과 친근함을 보이므로 그런 분들을 보면 뭔가 배우고 싶고 친구로 삼고 싶은 호감이 갑니다.

청과물 가게의 고객접점과 고객의 욕구

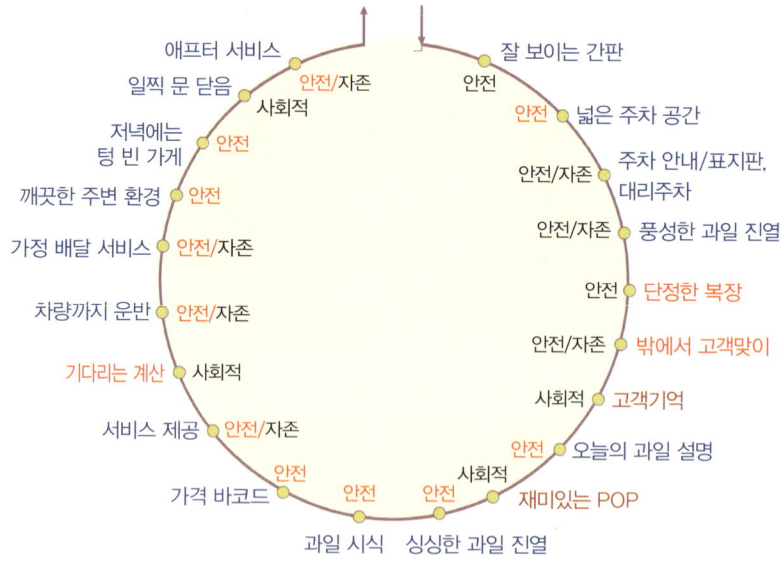

　　어느 유명한 청과물 가게의 고객접점을 비대면 접점까지 포함하여 그려 보았습니다. 각각의 접점별로 정도의 차이는 있지만 고객이 원하는 욕구가 다양하게 존재합니다. 처음에 매장을 방문했을 때 가장 중요한 것은 안전이기 때문에 넓은 주차 공간, 안전한 주차, 단정한 복장으로 직원이 밖에서 고객을 맞이하는 서비스를 하고 있습니다.

　　공감대를 형성하고 중요한 사회적 욕구를 충족하기 위해 직원별로 보통 200명 정도의 담당고객이 있어서 고객의 가족 특성이나 구매 특성들을 파악하고 있습니다. 구매 시 고객의 특징 등을 고려하여 스몰 토크를 건넵니다. 제품설명은 이해하기 쉽고 가성비 좋은 것을 구매하려는 고객의 안전욕구를 충족시키기 위해, 고객이 어떤 과일을 좋아하는지 그리고 오늘 싸고 맛있는 과일이 무엇인지를 연계하여 재미있는 POP를 작성해놓고 설명합니다. 과일의 특성상 겉만 보고 맛을 판단할 수 없기 때문에 모든 과일을 시식할 수 있도록 하고 있습니다.

구매결정을 하고 계산을 할 때는 돈이 나가는 고통 때문에 안전의 욕구가 강조되는 단계입니다. 때문에 정확하게 계산하고 있는지를 보여주기 위해 하나하나 천천히 고객이 보고 알 수 있도록 바코드를 이용하여 계산을 합니다. 고객의 돈 지출에 대한 고통을 줄여주기 위해서 계산이 끝나고 나면 바나나, 귤 등을 공짜로 제공하고 있습니다.

배웅 및 고객관리 접점에서는 무거운 과일을 집까지 배달하는 서비스를 제공하고 있으며, 고객의 보관 잘못으로 인해 상한 과일이라도 고객이 요구하면 교환해주는 서비스를 제공함으로써 안전하게 구매할 수 있는 모든 여건을 마련해놓았습니다.

고객은 안전의 욕구가 충족되지 않으면 절대로 다음 단계로 넘어가지 않습니다. 안전의 욕구는 인간의 생존과 관련되어 있었기 때문에 거의 모든 접점에서 발생합니다. 그러므로 대면 접점과 비대면 접점까지 꼼꼼하게 관리해야 합니다.

제 3 장

공감 서비스는 힘이 세다

1. 고객의 감정을 인식하고, 표현하기

감정을 인식하고 표현한다는 것
눈을 보고 마음을 읽어보세요!
공감이 내게 주는 선물
감정이란?
감정 시스템: 감정이 행동에 영향을 미치는 과정
감정의 네 가지 역할: 감정은 행동을 준비시킨다
　　　　　　　　　　감정은 동기부여를 한다
　　　　　　　　　　감정은 우리에게 행동하기 위한 정보를 제공한다
　　　　　　　　　　감정은 의사소통을 촉진한다

감정을 인식하고 표현한다는 것

공감: 상대의 감정을 인식하고, 나도 비슷한 감정을 느끼고 있음을 표현하는 것

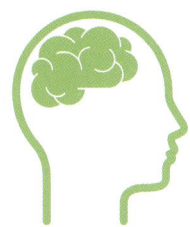

인식
- 감정이해
- 감정 알아차림
- 관찰과 집중

표현
- 미러링
- 긍정감정 표현

공감

공감이란 '다른 사람의 감정, 의견, 주장 따위에 대하여 자기도 그렇다고 느끼거나 또는 그렇게 느끼는 기분'이라고 정의할 수 있습니다.

공감이라는 행동을 나눠보면 먼저 상대가 어떤 감정을 가지고 있는지 인식하는 것과 자신도 고객과 같은 감정을 느끼고 있음을 상대가 알 수 있도록 표현하는 것입니다. 예를 들어 시내 버스를 타고 가다 보면 어느 순간에 무거워 보이는 짐을 진 할머니가 차에 올라 탈 때가 있습니다. 이 때 그 할머니를 보고 '힘들겠구나'라고 그 할머니의 힘듦을 같이 느낄 수 있다면 공감인식이 된 것입니다.

그리고 나서 표현해야 합니다. "할머니 힘드시지요. 제가 무거운 짐을 들어드릴께요"라고 말하든지 아니면 자리를 양보하는 행위를 한다면 표현이 아주 잘 된 것입니다. 즉 할머니의 힘듦을 느끼고, 할머니에게 자리를 양보하거나 짐을 들어주는 공감행동을 한 것입니다. 이 두 가지가 동시에 잘 이뤄져야 공감 능력이 좋은 것입니다.

공감인식

공감인식의 시작은 고객에게 집중하는 것으로부터 시작합니다. 고객이 어떤 상황에 있고, 어떤 행동을 주로 하고 있으며, 어떤 말을 많이 하는지를 관찰을 통해 알아야 합니다. 고객의 상황을 관찰해보면 처음 구매하는 것인지, 재구매하는 것인지, 누구와 같이 왔는지, 본인의 제품/서비스를 구매하는 것인지 아니면 타인의 제품/서비스를 구매하는 것인지 등을 판단할 수 있습니다. 또한, 행동이 급한지, 편안한지, 무엇을 보는지, 자세가 열려 있는지, 닫혀 있는지에 대해 관찰할 수 있고 관찰한 고객의 행동이나 자세가 어떤 의미인지 해석할 수 있습니다. 고객과 이야기를 나누면서 고객의 행동, 말투, 표정, 태도 등을 집중해서 관찰하다 보면 지금 어떤 감정상태이고 어떤 의도를 가지고 있는지를 알 수 있습니다.

공감표현

공감표현이란 고객의 현재 감정과 의도 등을 내가 잘 이해하고 있으며 고객의 수준에서 알 수 있도록 적극적으로 표현하는 것입니다. 공감을 표현하면 고객은 자신의 감정과 의도를 이해받고 있다고 생각하기에 친근감과 호감을 느끼고 또한 존재 자체에 대해 인정을 받고 있다고 느끼게 되면서 기쁜 감정이 만들어집니다. 고객과 대화를 이어가면서 고객의 특정 단어, 말투, 표정, 행동 등을 고객이 의식하지 못하게 따라 하게 되면 고객의 무의식은 자신의 행동을 따라 한다는 것을 알아차리고 '내가 좋아서 나를 따라 하는구나!'라고 느끼게 되어 호감도와 자존감이 올라갑니다.

또한 고객이 말하는 것을 잘 듣고 있음을 표현하기 위해 **열고웃눈몸**(열린 자세, 고개 끄덕임, 웃음, 눈마주침, 몸 방향 맞춤과 기울이기)을 기본자세로 취합니다. 이렇게 말하는 내용의 사실과 의도 그리고 감정까지 이해하고 있음을 몸과 말로써 표현한다면 고객은 의식과 무의식에서 동시에 인정받고 있음을 느껴서 호감, 친근감 등 기쁜 감정이 더욱 강화됩니다. 고객은 호감과 친근감 그리고 인정을 받았다는 느낌에 서비스 제공자에게도 뭔가 주고 싶어집니다. 고객이 줄 수 있는 가장 최선은 제품이나 서비스 구매 또는 서비스 만족도 100점을 주는 것입니다.

역지사지의 마음으로 고객을 응대하자!

이런 과정 속에서 얻게 되는 역지사지(易地思之)의 마음은 결과물입니다. 역지사지를 하기 위해서 고객에게 집중하고, 고객의 다른 의견을 받아들이는 긍정성을 가지고, 고객의 행동에 맞춰서 따라 하다 보면 고객이 어떤 의도를 가지고 어떤 감정으로 어떤 행동을 하려고 하는지 알 수 있습니다.

고객에게 공감한다는 것은 거울과 유사합니다. 고객과 이야기도 나눠보기 전에 서비스 제공자가 갖고 있는 나름대로의 기준을 가지고 판단한다면 거울이 왜곡된 것입니다. 그런 거울로는 고객의 행동을 그대로 인식하고 표현해 줄 수 없습니다. 또한 우리의 생각이 다른 곳에 가 있다면 다른 곳의 생각과 고객의 행동이 섞여서 거울에 나타나기 때문에 어떤 행동을 하고 있는지 알 수 없으므로 고객의 감정을 인식하고 표현할 수도 없습니다. 고객과 공감하기 위해서는 우리 마음의 거울에 편견이나 다른 생각을 없애고 오로지 고객에게 집중해야 맑고 투명한 거울로 완전하게 공감할 수 있습니다.

눈을 보고 마음을 읽어보세요!

1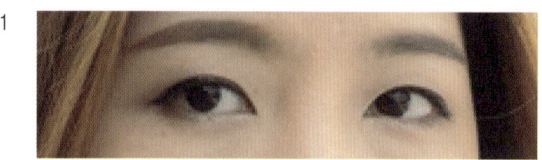
화가 난
확신하는
걱정스러운
정겨운

2
동조하는
장난하는
원하는
걱정스러운

3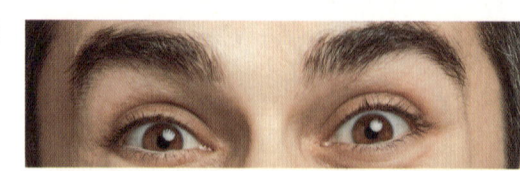
장난하는
격려하는
화가 난
힘든

4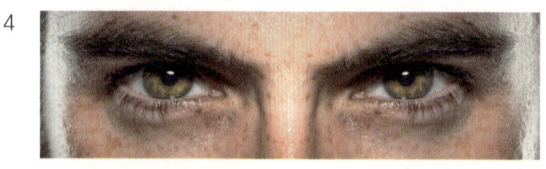
집중하는
고마운
화가 난
애절한

5
정겨운
혼란스러운
거만한
불쾌한

6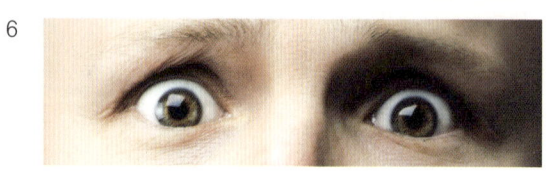
불쾌한
공격적인
겁에 질린
집중하는

공감을 잘하는 사람들은 상대방의 눈빛만 봐도 감정을 알아낼 수 있다고 합니다. 88쪽과 90쪽에 있는 눈과 눈썹 주위만 나타낸 12개의 사진을 보면서 이 표정을 가장 잘 기술한 단어를 오른쪽의 보기에서 하나만 선택하세요. 일상적으로 사람의 표정을 볼 때 순간적으로 보고, 어떤 느낌을 갖게 되는 것처럼, 답을 선택할 때도 오래 고민하지 말고 가능한 한 보자마자 바로 답하는 것이 좋습니다.

눈을 보고 마음을 읽어보세요!

7 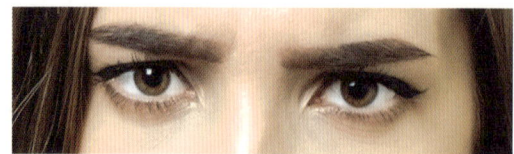 우스운
고집하는
즐거운
느긋한

8 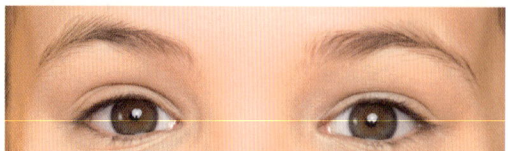 힘든
기대하는
고집하는
부끄러운

9 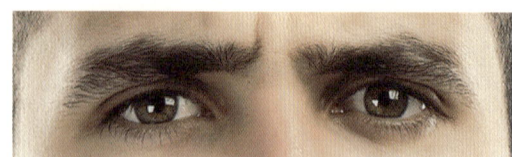 두려운
고민하는
격려하는
동정하는

10 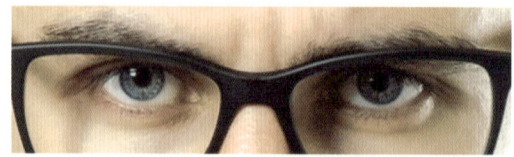 강력한
즐거운
놀란
슬픈

11 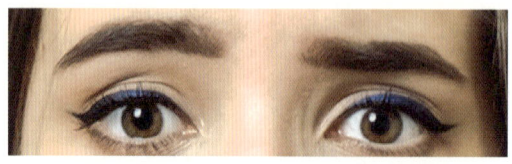 힘이 넘치는
반가운
냉소적인
주저하는

12 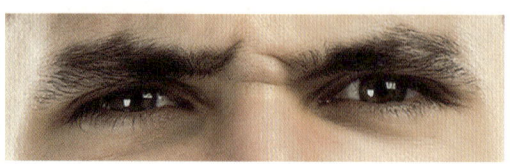 부드러운
반가운
도전적인
호기심 어린

여러분은 몇 개를 맞추셨나요? 필자가 강의를 하면서 교육생들을 대상으로 평가를 해봤더니 평균 9개 정도 맞추었습니다. 혹시 많이 맞추지 못했다고 걱정할 필요는 없습니다. 지금부터라도 상대의 표정을 읽으면서 그 사람의 감정을 떠올려보는 연습을 하게 되면 오랜 시간이 걸리지 않아서 상대의 표정이 쉽게 보이고 그 표정이 뜻하는 감정도 잘 해석할 수 있게 됩니다.

정답

1. 걱정스러운
2. 원하는
3. 장난하는
4. 집중하는
5. 혼란스러운
6. 겁에 질린
7. 고집하는
8. 기대하는
9. 고민하는
10. 강력한
11. 주저하는
12. 도전적인

공감이 내게 주는 선물

대인관계 자산 증가

감정조절 능력 향상

스트레스 감소

행복감 향상

공감을 하게 되면 그 혜택은 바로 내가 받게 됩니다.

대인관계 자산 증가

성공적인 개인 사업을 위해서 필요한 것이 세 가지가 있습니다. 첫째는 어떤 분야든지 10년 이상의 직무경험을 통해 얻은 현장지식과 경험입니다. 둘째는 자신이 원하는 사업을 시작할 수 있는 종잣돈입니다. 셋째는 직무경험을 하면서 맺어놓았던 넓고도 깊은 대인관계입니다. 위 세 가지 중에서도 가장 중요한 것이 대인관계 자산입니다. 공감 능력이 뛰어난 사람들이 만들어놓은 폭넓은 대인관계는 개인 사업뿐만 아니라 거의 모든 일을 성공으로 이끄는 가장 중요한 항목입니다.

감정조절 능력 향상

감정인식 능력이 커지면 자신의 행동, 감정, 의도를 이해하는 능력이 커지게 되어 지금 어떤 감정을 느끼고 있고, 이 감정은 어디에서부터 시작되었는지 인식할 수 있게 됩니다. 어떤 상황에서든 자신의 감정이 걷잡을 수 없도록 커지기 전에 '내 마음에 이런 감정이 생겼구나', '이것 때문에 문제가 되었구나', '이 부분을 해결하면 되겠구나' 하고 자신의 마음을 멀찍이 바라보고 인식하여 해결하게 됨에 따라 감정조절이 가능해집니다.

스트레스 감소

스트레스를 다른 말로 한다면 외부 자극이나 자신의 생각으로 인해 교감신경이 흥분되어 있는 상태를 말합니다. 앞의 감정조절 능력 향상에서와 같이 자신이 지금 스트레스를 받고 있다는 것을 보다 쉽게 알아차리게 되고, 또한 교감신경을 자극하는 것이 무엇인지를 인식할 수 있으면 스트레스를 어떻게 처리해야 할지도 알게 됩니다. 스트레스 중에 많은 부분이 대인관계에서 오는 것이므로, 훈련을 통해 공감 능력이 조금만 향상되어도 자신이 받는 대인관계에 의한 스트레스가 생각보다 많이 줄어듭니다. 왜냐고요? 스마트폰과 SNS 등을 위주로 한 소통으로 사람들의 대인 공감 능력이 낮아지고 있기 때문에 자신의 공감 능력이 조금만 좋아져도 고객이나 상대방은 다른 사람들과 비교하여 '대인관계가 좋구나' 하고 느끼게 됩니다.

행복감 향상

행복하기 위해 무엇을 해야 하는지를 정의한 책들이 무척 많이 있습니다. 그중에서 작은 감정을 느끼고 읽을 수 있는 사람들이 행복한 사람이라는 정의가 있습니다. 그 이유는 불쾌한 감정은 생존의 문제 때문에 발생하기 때문에 쉽게 지각할 수 있지만 유쾌한 감정은 생존과 관련이 없기 때문에 웬만큼 기쁘지 않으면 기쁘다는 감정을 느끼지 못하기 때문입니다. 사람의 감정 센서가 작은 감정도 느끼기 시작할 때(좀 더 세련되어졌을 때), 자신의 주변에서 발생하는 작아서 지각되지 않았던 즐거운 느낌들을 알아차릴 수 있게 되고 행복하다는 느낌을 더 자주 갖게 됩니다.

감정이란?

우리에게 중요한 것과 의미 있는 것을 알려주는 탐지장치

감정(感情): 어떤 일이나 현상에 대하여 느끼어 나타나는 심정이나 기분
감정(憾情): 원망하거나 성내어 언짢게 여기는 기분
감성(感性): 자극에 대해 느낌이 일어나는 능력(sensitivity)

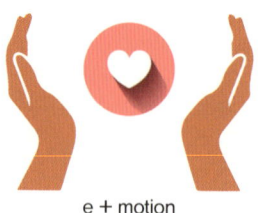

e + motion
(밖으로 + 움직임)

'감정(感情, emotion)'은 '어떤 현상이나 일에 대하여 일어나는 마음이나 느끼는 기분'입니다. 감정은 영어로 emotion으로 어원을 보면, e + motion에서 유래된 단어로 이것은 '밖으로(e) 움직이다(move)'라는 의미를 가집니다. 인간의 마음속에서 생각한 것이 밖으로 표출된 것이 감정입니다.

《감성지능》(비전코리아, 1996)으로 우리에게 잘 알려진 대니얼 골먼은 다음과 같이 감정을 강조했습니다.

"감정은 곤경에 직면했거나 위험, 고통스러운 상실감, 좌절감에도 불구하고 목표를 향해 나아가게 해주고 동료와의 긴밀한 유대감 혹은 가족의 형성 같은 아주 중요해서 이성에만 내맡길 수 없는 문제들에 부딪혔을 때에도 우리를 안내합니다. 사랑, 미움, 노여움 같은 각각의 감성은 별개의 차이 나는 행동을 만들어냅니다. 즉 삶에 찾아오는 곤혹스런 일들을 처리하는 데 좋은 효과를 가져왔던 방향을 제시하는 것입니다. 이런 상황이 진화의 역사를 통해 거듭 반복되면서 인간의 신경에 내재하는 감정의 목록으로 살아남게 됐고, 그것은 인간의 마음이 자동적인 경향성을 띠게 됐다는 사실로 입증할 수 있습니다."

감정 시스템 : 감정이 행동에 영향을 미치는 과정

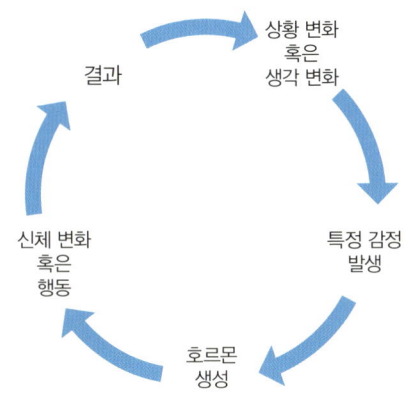

감정이 어떻게 행동에 영향을 미치는지 인체 시스템을 간략히 정리했습니다. 예를 들어 오늘 저녁에 중요한 모임이 있는데 회사에서 부장님과의 회의가 길어진 '상황' 때문에 모임에 늦을 수도 있다는 '생각'이 들었습니다. 지난번에도 나만 늦어서 동료들을 기다리게 했던 생각이 나면서 두려움과 불안한 '감정'이 생깁니다. 이때 몸에서는 두려움과 불안감이 드는 상황을 없애기 위해서 아드레날린이라는 신경흥분 호르몬을 분비합니다. 덕분에 심장이 빨리 뛰고 호흡도 빠르게 하여 산소와 혈액을 다리로 몰리게 하여 빨리 달려갈 수 있는 준비 상태를 만들어줍니다. 멀리 오는 버스의 번호판을 잘 볼 수 있도록 눈동자도 커지기 시작합니다. 그래서 정류장까지 뛰어서 갈 수 있었고, 오는 버스를 바로 탈 수 있게 되어 결국에 늦지 않게 모임 장소에 도착할 수 있었습니다. 나는 나에게 도움을 준 생각과 감정 그리고 호르몬에게 감사를 표합니다. 땡큐!

생각, 감정 그리고 행동은 그림처럼 순차적으로 영향을 미치기도 하지만 유기적으로 서로에게 영향을 주고 있습니다. 상황이나 생각의 변화로 감정이 발생하면 행동을 통하여 상황에 대처하여 문제를 해결합니다.

감정의 네 가지 역할

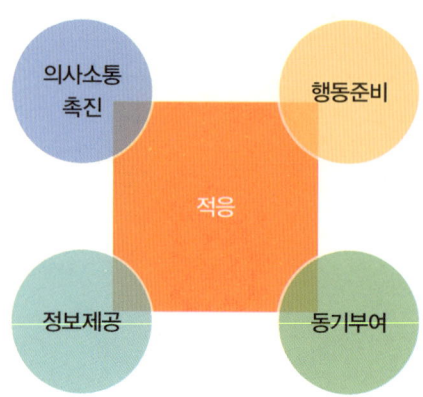

감정은 본질적으로 우리의 생존을 도와줍니다. 스콧 스프리들린은 감정의 역할을 네 가지로 설명했습니다. 감정은 우리를 안전과 행복의 길로 안내합니다. 감정의 개인적인 측면을 보면 살아남아서 계속해서 열의를 갖고 어떤 일을 하게 하는 기능을 하며, 관계 측면에서는 대화 시 말로는 표현하지 않았지만 몸짓이나 표정, 말투 등을 통해 감정을 전달함으로써 서로의 의도나 기분을 이해할 수 있도록 도와줍니다.

감정은 무슨 행동을 해야 하는지를 미리 준비하게 하며, 무슨 일이든 할 수 있도록 동기부여를 하는 역할을 담당합니다. 외부 환경에 대한 정보를 이성의 뇌가 감지하기 전에 먼저 제공하며, 의사소통을 촉진하여 이 세상을 살아가는 데 잘 적응할 수 있게 합니다.

감정은 행동을 준비시킨다

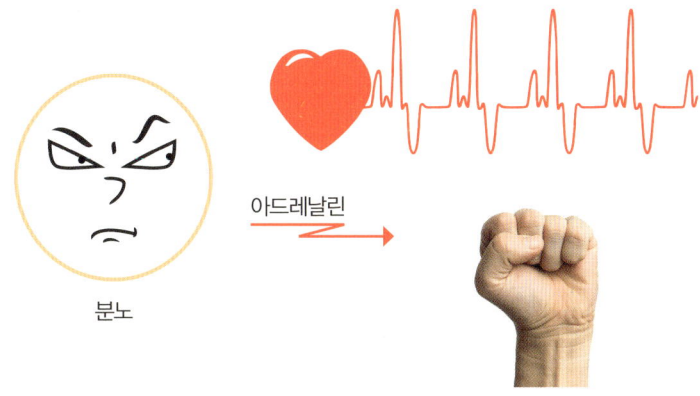

　어떤 감정이 발생되면 우리는 그 감정과 관련된 행동을 준비하기 위해 기민하게 대응합니다. 분노는 우리를 공격적으로 만들고, 두려움은 달아나야 된다고 일러줍니다. 감정에 맞게 생각을 하기 시작하고 몸의 안전을 위한 행동을 준비합니다. 만약 분노의 감정이 생기면 신체가 신속하게 싸울 수 있는 준비를 합니다. 손과 다리로 피가 몰리면서 쉽게 무기를 들 수 있도록 해주거나 상대방을 주먹으로 칠 수 있게 준비해줍니다. 또한 심장박동이 증가하면서 아드레날린 같은 호르몬의 분비가 촉진되어 폭력적인 행동을 유발하게 됩니다.

　특정 감정이 일어났다는 것은 그 감정을 통해 자신이 현재 처한 상황이나 상태를 해결하기 위해서 행동을 하도록 하는 호르몬을 방출했다는 것입니다. 특히 부정감정일 경우에는 자신의 생존에 영향을 미치는 경우가 많은 강한 감정이라 스스로 행동의 변화를 인식할 수 있지만 긍정감정의 경우는 약한 감정이라 신체의 변화를 느끼기가 쉽지 않기 때문에 감정의 변화를 인식하기가 어려울 수도 있지만 우리의 몸은 뭔가 행동을 준비하고 있는 것입니다.

감정은 신체에 어떤 영향을 주는가?

감정이 신체에 영향을 미치는 것을 기준으로 하면 크게 신체를 흥분하게 만드는 부정적 감정과 신체를 안정되게 만드는 긍정적 감정으로 나눌 수 있습니다.

자극/생각	감정	신경전달물질	자율신경계	신체반응	상황대처
	분노, 혐오, 두려움, 슬픔, 놀람	아드레날린 노르아드레날린	교감신경 흥분	동공확장 심장박동 ↑ 혈압 ↑ 땀 ↑ 호흡 ↑	정지 도망치기 싸우기
	사랑 기쁨 흥미	세로토닌 아세틸콜린	부교감신경 안정	면역 ↑ 소화 ↑ 생식 ↑	건강유지 편안함

긍정적 감정은 기쁨, 즐거움, 행복, 흥미 등을 말하며 이러한 감정은 종류에 상관없이 부교감신경을 활성화해 신체를 안정시켜 소화기관을 활성화시키고 면역력과 생식 기능을 강화하여 건강한 몸을 만들어 향후 발생할 위기 상황에 잘 대처할 수 있게 합니다.

부정적 감정은 두려움, 불안, 분노, 혐오, 슬픔 등을 말하며 이들 역시 종류에 상관없이 우리 몸의 교감신경을 활성화하여 심장박동과 호흡을 빠르게 하고 혈압을 상승시켜 업무처리, 목표달성, 고객관리 등의 현재 발생한 스트레스 상황을 잘 극복할 수 있는 최적의 몸 상태를 만들어서 사회생활에 성공할 수 있도록 도와줍니다.

감정은 동기부여를 한다

'감정(emotion)'이라는 단어 자체는 'motion(움직임)'의 의미를 포함하고 있습니다. 즉 우리에게 어떤 일을 하도록 해주는 것입니다. 음식을 먹거나 일을 하는 것일 수도 있고 어려운 일에 부딪혔을 때 그것을 극복하도록 도와줄 수도 있습니다. 부당한 대우를 받으면 권리를 찾아 나서도록 하며, 질투는 사랑하는 사람에게 더 관심을 가지고 보호하도록 요구합니다. 예를 들어 바쁜 일이 있어서 내일 보고서를 아직 완성하지 못해서 불안을 느끼게 되면, 불안은 뇌가 위협을 감지할 때 생기는 감정이므로 에너지와 집중력을 불어넣어 주의를 한데 모으게 한다는 이점이 있습니다.

불안이란 감정은 피곤해도 지친 몸을 이끌고 밤을 새워가면서 보고서를 마무리 지을 수 있도록 해줍니다. 그런데 보고서를 완성해야 하는데 끝내지 못하고 잠이 들게 되면 불안하고 초조한 채로 잠을 청하게 됩니다. 밤을 새서 보고서를 작성해야 하는데 그냥 자는 경우 노르아드레날린, 코티졸 등이 소모되지 않고 몸에 남아 있기 때문에 혈압은 올라 있고, 호흡은 가쁘기에 잠도 제대로 못 자고 몸은 찌뿌둥한 상태가 되어서 다음 날을 맞이하는 것입니다. 이는 준비했는데 소비되지 않은 스트레스 호르몬이 보내는 경고입니다. 불안하면 그 일을 마저 끝내야 합니다.

감정은 우리에게 행동하기 위한 정보를 제공한다

늦은 밤 혼자 골목길을 걷고 있을 때 왠지 불안한 마음이 듭니다.
오싹하다고 느낍니다.
알지 못하는 적이 나타날 수 있으니 준비하라고, 감정이 미리 알려줍니다.

감정은 우리가 생각하는 것보다 더 빠르게 상황을 인지하고 먼저 반응할 수 있도록 합니다. 과거 수십 만 년 전부터 우리의 조상들이 생존을 위해서 위험한 상황에 빠르게 반응해야 했기 때문에 어떤 자극을 우리의 인지 기능이 인식하기도 전에 몸은 벌써 어떤 행동을 하고 있거나 아니면 어떤 행동을 하기 위한 준비를 하고 있는 것입니다. 예를 들어 늦은 밤 혼자 불 꺼진 골목길을 걷고 있을 때 왠지 모르게 불안한 마음이 듭니다. 갑자기 이상한 소리라도 들리면 오싹하다는 느낌이 들 것입니다. 이것은 혹시 모를 적의 공격에 대비하기 위해서 혈액을 굳게 하는 호르몬이 나오는 겁니다. 그러면 의식도 불안을 인지하게 되면서 어떠한 위험이 닥칠지를 예견하면서 대비하게 됩니다.

감정은 올바르게 해석되길 원합니다. 《당신의 감정이 당신에게 말하는 것》(메리 라미아, 카시오페아, 2015)에 보면 이런 대목이 있습니다.

"당신이 불안을 느낄 때에는 분노하거나 슬퍼하기보다는 무엇이 불안을 유발하는지 주의를 기울이라는 신호이고, 창피함을 느낄 때에도 슬퍼하거나 분노하기보다는 다음에 더 잘하겠다고 굳게 마음먹으라는 신호이며, 당신이 느끼는 외로움은 슬픔이나 우울함이 아니라 다른 사람에게 다가설 용기를 주는 신호이며. 흥미는 지금 자신에게 무언가를 시작할 때가 됐으니 지금 바로 시작하라는 신호입니다."

감정은 의사소통을 촉진한다

　감정은 지금 자신의 감정상태가 어떤지를 항상 몸을 통해서 외부로 표현하여 상대에게 알리는 기능을 갖고 있습니다. 예를 들어 어떤 일로 화가 나 있는 상태에서 그것을 숨기고 웃으면서 고객을 응대한다 해도 고객은 뭔가 이상한 느낌을 갖게 됩니다. 말은 환영한다고 했는데 화가 나 있던 상태라 몸은 닫혀 있고, 표정은 약간 일그러져 있다면 말과 행동이 일치하지 않기 때문에 고객은 불안해집니다.

　고객 또한 대놓고 감정표현을 하지 않아도 고객의 몸은 지금 어떤 감정상태인지를 우리에게 말하고 있습니다. 고객이 자신의 감정과 의도를 이야기하기 전에 고객의 몸짓언어를 읽고 미리 응대하면 무척 센스 있는 사람으로 인식될 수 있습니다. 행동이나 자세도 우리의 감정을 드러내고 있습니다. 몸이 열려 있고, 기져 있다면 자신감이 있고 지금 이 순간에 침여하고 있다는 뜻이지만, 몸이 닫혀 있고 작아져 있으면 뭔가 불안하거나 창피하여 숨을 곳을 찾고 있다는 뜻입니다. 인류는 언어가 만들어지기 전에 얼굴 표정과 손짓, 몸짓 등으로 상대방과 의사소통을 했기 때문에 아직도 본능적으로 표정, 자세, 행동 등으로 감정을 표현하고 있는 것입니다.

2. 다양한 감정인식과 공감 능력 높이기

나는 얼마나 감정적인가?

감정은 몇 가지가 있을까요?

감정의 탄생

큰 감정 탓에 작은 감정을 느끼기 어렵다

작은 감정이 필요한 이유

작은 감정은 구체적 행동을 하게 한다

430개의 감정의 창

감정 칵테일을 마셔라!

긍정감정을 만드는 방법

감정인식은 몸의 변화를 인식하는 것

감정 지각력을 향상시켜라

집중해야 공감할 수 있다

의도가 있는 행동을 할 때에만 공감이 된다

의미 있는 행동만 따라 한다

의미 있다고 생각하는 영역 넓히기

나는 얼마나 감정적인가?

지난 1주일 동안 느꼈던 감정을 1분간 모두 적어주세요!

1분이 지났습니다. 적은 내용이 7개 이상이면 감정이 풍부한 사람입니다. 교육 중에 이 질문을 하고 기술한 감정의 개수를 확인해보면 많은 사람들이 5개 이하의 감정만 기술했습니다. 왜 우리는 감정이 풍부하지 못할까요? 일단 사회 통념적으로 감정적이 된다면 무엇인가 잘못하는 것 같고 경솔한 사람으로 여겨지는 듯합니다. 그래서 자신의 감정을 표현하기에 주저하고 게다가 감정표현을 초등학교 생활 때부터 억압받아왔습니다. 또한 감정에 대해서 생각해보거나 학습해본 적이 거의 없습니다. 최근까지만 해도 감정이라는 것은 보이지 않는 것으로 우리가 관리하거나 학습할 수 있는 것이 아니라고 했었습니다. 하지만 지금은 감정에 대한 정의와 분석이 이루어져 있습니다. 감정적이 된다는 것이 사회 통념처럼 나쁜 것이 아닙니다. 오히려 우리의 삶을 더욱 풍부하게 하며, 행복감을 느끼게 해줍니다. 감정은 무의식적으로 일어날 수도 있지만 의식적으로 원하는 감정을 만들거나 원하지 않는 감정을 없앨 수도 있습니다.

감정은 몇 가지가 있을까요?

　크게는 기쁨, 슬픔, 불안, 혐오, 분노, 놀람 정도로 해서 6개 정도로 분류합니다. 하지만 분류하는 사람에 따라서 개수가 1000개까지도 이릅니다. 우리가 주로 사용하는 6개의 큰 감정 이외에도 작은 감정, 그리고 감정과 감정이 같이 섞인 복합 감정까지 세면 그 수가 계속 늘어납니다. 여러분에게 사탕 한 봉지를 선물할 것입니다. A브랜드는 한 가지 맛으로 된 100개의 사탕이 있고, B브랜드는 100가지 맛으로 100개가 있습니다. 여러분은 A와 B중 어떤 브랜드의 사탕을 선택하시겠습니까? 필자는 B를 선택할 것입니다. 한 가지 맛보다는 여러 가지 맛이 입을 즐겁고 풍요롭게 해주기 때문이 아닐까요.

　우리의 감정도 이렇게 다양한데 그중에 몇 가지만 사용하고 있다면 너무나 안타까운 일입니다. 자신의 감정을 다양하고 풍부하게 함으로써 우리의 삶 또한 행복하고 풍요롭게 만들 수 있습니다. 다양한 색깔과 맛의 사탕처럼 우리에게도 다양한 감정이 있음을 인식하고 그것들을 느껴보려 해야 합니다.

감정의 탄생

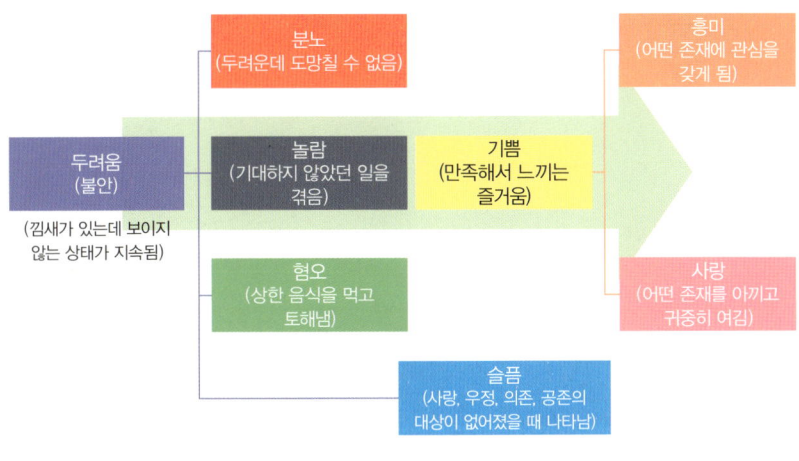

인류에게 가장 먼저 탄생한 감정은 두려움이었습니다. 인류의 기본적인 목적은 살아남아서 후세에 자신의 유전자를 남기는 것입니다. 포식자로부터 살아남기 위해서, 자연재해로부터 생존하기 위해서 또한 뱀이나 벌레 등의 유해 동물로부터 자신을 보호하기 위해서 생겼던 것이 두려움입니다. 불안은 두려움에서 변형된 애매한 상태로 포식자의 냄새는 나는데 보이지 않는 상태입니다. 두려움에서 분화해 생긴 감정이 분노입니다. 두려워서 도망치거나 숨어야 하는데 그럴 수 없을 경우 분노가 생기면서 오히려 맞서 싸울 수 있게 되었습니다. 인간은 기대하지 않았던 일이 발생하면 놀라게 되고 놀라면 생존하기 위해서 두려움과 비슷한 신체반응을 보입니다.

혐오는 상한 음식을 먹고 토해냄으로써 죽음을 면했을 때 그 기억을 오랫동안 잊어버리지 말라고 강한 감정으로 남아 있는 것입니다. 그리고 슬픔은 인간이 무리를 이루어 살아가면서 발생한 감정으로 사랑하고 의존하며 같이 생활했던 대상이 없어졌을 때 나타나는 감정으로 슬픔을 표현했습니다. 슬픔은 잃어버린 상대 대신에 또 다른 사람으로부터 위로받고 관계를 맺으면서 삶의 힘을 받게 해주는 역할을 했습니다.

 위험과 위협으로부터 벗어나서 생존에 대한 문제가 해결되고 나면 생활하고 번식하는 일이 중요한 과제로 떠오릅니다. 사냥을 통해 동물을 포획했을 때 우리 뇌에서는 너무 수고했다고 많은 양의 도파민을 선물로 줍니다. 즉 기쁨입니다. 또한 새로운 먹을 거리를 찾아야 하고 더 건강한 짝을 찾기 위해서 새로운 것에 관심을 갖게 하는 흥미라는 감정이 생겼으며, 가족이나 무리를 돌보기 위해서 이들을 아끼고 귀중히 여기는 사랑이라는 감정도 만들어진 것입니다. 그 어떤 감정이라도 전부 우리의 삶을 살아가는 데 꼭 필요합니다. 보다 더 풍요롭게 살기 위해서는 보다 많은 감정들을 활용할 필요가 있습니다.

큰 감정 탓에 작은 감정을 느끼기 어렵다

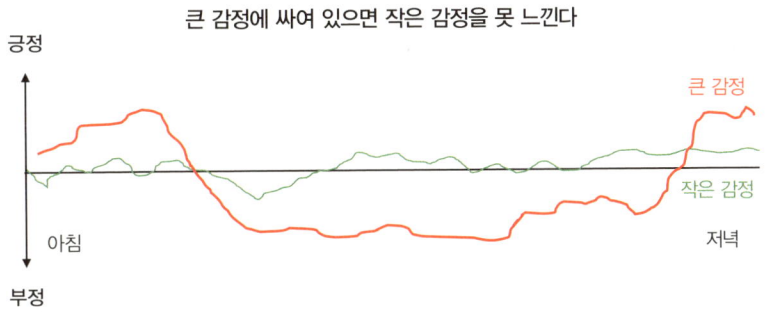

지난 2017년에 일어난 일들을 간단히 정리해보면 박근혜 구속, 삼성전자 이재용 구속, 촛불집회, 태극기 집회, 세월호 인양, 싸드 한반도 배치, 북한 미사일 발사, 핵실험 준비 중, 미 항공모함 3척 집결, 일본 자국민 한국여행 자제 경고, 김정은 제거 작전 연습, 북한 공습계획, 개인부채 1000조 돌파, 개인파산 속도 증가, 실업률, 명퇴 등 우리에게 직접적으로 영향을 미치는 일만 따져도 웬만한 사람들은 불안과 두려움에 지쳐버리기 쉬운 사회였습니다. 불안과 두려움이 강하다 보니 단조로움, 편안함, 행복함 등의 작은 감정들은 설 자리를 잃어버리고 있습니다.

이러한 큰 자극들이 큰 감정들을 일으켜서 시시각각으로 일어나는 작은 감정은 알아차리지 못합니다. 하루가 두려움과 불안으로 꽉 차 있으면 교감신경이 활성화되어 혈압이 오르고, 숨이 막히며, 입이 마르는 스트레스 상태를 거의 하루 종일 유지하는 것입니다.

작은 감정이 필요한 이유

행복한 사람은 소소한 즐거움을 여러 방식으로 자주 느끼는 사람입니다

감정이 지배하는 사회가 되다 보니 작은 감정에 대해 무시하거나 못 알아차리는 경우가 흔하게 일어납니다. 자신의 머리가 아프거나 속이 쓰리다는 것은 자신의 머리와 속을 돌봐주어야 한다는 뜻입니다. 많은 사람들이 아프거나 쓰린 것을 돌봐주기보다는 그 통증만 없애는 손쉬운 방법으로 진통제를 더 많이 활용합니다. 자신의 감정도 종종 자신에게 말을 걸 때가 있습니다. '나 지금 우울해', '나 지금 슬퍼', '나 지금 불안해, 두려워, 답답해'라고 말하지만 지금껏 감정의 이야기를 무시하고 살아왔습니다. 하지만 성공하는 사람들 중에는 자신의 감정을 잘 알아차리고 감정이 주는 정보를 해석해서 새로운 행동을 일으키는 힘으로 만들기도 하고, 상대방의 감정과 의도까지 알아차려서 상대에게 맞춰서 응대함으로써 상대방을 내편으로 만드는 능력을 갖고 있기도 합니다.

동료들과의 모임에서 맛난 음식을 주문하고 나서 "여기 음식은 너무 예쁘고 맛있어"라고 말하면서 사진을 찍어 SNS에 올리면서 연신 감탄사를 퍼붓는 친구에게, 이 모임을 주관한 사람은 상대의 감정표현에 너무 기뻤을 것이고 다음에도 이런 사람들과 계속 모임을 해야겠다는 생각이 들 것입니다. 우리는 "당신과 같이 있으니까 오늘은 너무 즐겁고 행복하다"라는 말을 하는 친구와 아무런 말을 하지 않는 친구 중에 누구와 더 자주 모임을 갖겠습니까? 당연히 자신의 감정을 잘 표현하는 사람일 것입니다. 우리는 상대방에게 자신의 긍정감정을 잘 표현하나요? 긍정감정을 스스로 자주 표현하는 사람이 고객의 긍정감정도 잘 느낄 수 있습니다.

필자도 이 책을 쓰면서 처음으로 긍정을 나타내는 감정단어들을 스마트폰에다 적어놓고 자주 보면서 SNS를 할 때마다 마무리에 "다은이를 만날 것을 생각하니 가슴이 두근거려", "재현이 면회를 갔다 오니 참 뿌듯합니다", "당신과 같이 벚꽃구경을 하니 다시 옛날로 돌아간 것 같고 날아다닐 것 같아"라고 식구들에게 적어 보내기 시작했습니다. 그랬더니 불과 한 달도 되지 않았는데 필자의 입에서 긍정적인 느낌을 나타내는 감정의 단어들이 나오기 시작하는 것이었습니다. 나이가 들어서 에스트로겐의 효과로 여성화되는 것일 수도 있지만 50년을 살아오면서 이런 말을 제 입으로 했던 기억은 처음이었습니다. 그리고 친구들로부터 얼굴도 훤해졌다는 소리도 듣고, 즐거운 일들이 더 많이 일어나는 느낌을 더 자주 받고 있습니다.

작은 감정은 구체적 행동을 하게 한다

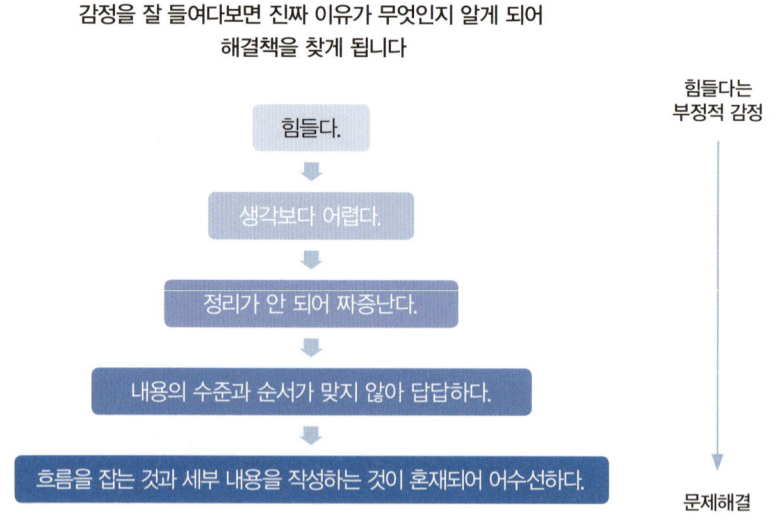

　작은 감정은 구체적 행동을 하게 합니다. 필자는 이번에 책을 쓰는 일이 이렇게 힘든지를 처음 알게 되었습니다. 그냥 강의 준비하듯이 쓰면 될 줄 알았는데 욕구, 감정 등 구체적이지 않고 최신 연구 분야라 학자마다 견해 차이를 보이고 있는 부분도 있어서 정리하기가 너무 힘이 들었습니다.

　힘들다는 부정감정이 나오면 상황을 타개하기 위해서 어떤 감정이 생겨서 힘든 상황에서 벗어나게 해줘야 하는데 너무 큰 감정이고 구체적이지 못하니까 그냥 좀 쉬어야지라는 행동이 먼저 튀어나와서 더욱 힘들었습니다. 이번 장에서 필자가 현재 느끼고 있는 힘들다는 것의 세부 감정은 무엇인지를 나눠서 정리해보니까 작은 감정들이 정리가 되고 그 작은 감정을 일으키는 문제가 파악되기 시작했습니다. 흐름과 세부 내용을 잡는 작업이 혼재되어서 어수선한 느낌이 필자를 힘들게 하는 것임을 깨달은 순간, 긴 터널을 지나 앞에 빛이 보이는 느낌이 들었습니다.

430개의 감정의 창

흥분

부정 영역 (1사분면 - 흥분/부정)	긍정 영역 (2사분면 - 흥분/긍정)

1사분면 (흥분·부정)

하늘이 무너지는　　　심장이 멎는 듯한
　　머리카락이 곤두서는　머리 뚜껑이 열리는　죽고 싶은
가슴이 찢어지는　배알이 꼬이는　간담이 서늘해지는
비참한　정신이 번쩍 드는　분통이 터지는　까무러지는　비통한
때려주고 싶은　얼어붙은　아찔한 등골이 오싹한　숨이 막히는
배신감을 느끼는　가슴이 저린　억장이 무너지는　참담한　속이 쓰린
　혐오스러운　복장이 터지는　다리가 후들거리는　아찔한
핏대가 서는　섬뜩한　격분한　뒤틀린　울화가 치미는　단절된
속이 부글거리는　끓어 오르는　소름끼치는　눈이 뒤집히는　서러운
　　애통한　애타는　안달복달하는　내동댕이 치고 싶은
　　역겨운　무서운　덜컥하는　눈물겨운
심통 나는　침통한　겁먹은　정 떨어지는　굳어버린　애간장이 타는
치가 떨리는　수치스런　조바심 나는　꺼림칙한　열 받은　구슬픈
속터지는　욱하는　화난　겁에 질린　진땀 나는　후회스러운
밥맛 떨어지는　안절부절못하는　손에 땀을 쥐게 하는　가슴이 미어지는
　미칠것 같은　중압감을 느끼는　눈물이 나는　서운한　막막한
정떨어진　전전긍긍하는　마음이 상한　목이 매는　암담한
못마땅한　짜증나는　압박감이 드는　미심쩍은　먹먹한　마비된
반감이 드는　빈정상한　처절한　짜증스러운　서글픈
뒤틀린　약오른　마음 졸이는　쩔쩔매는　코가 시큰한　떨리는
꺼림칙한　신경질 나는　오그라드는　주눅이 드는　서러운　울적한
　　까마득한　속 끓이는　황당한　긴장되는　희망이 없는　애석한
가증스러운　불행한　기가 막힌　부담스러운　거슬리는　위축된
　　신경이 날카로운　기분 상한　질린　조급한　고까운
　　　　　　속 끓이는

2사분면 (흥분·긍정)

놀라운　무아지경인　가슴이 터질 듯한
소리지르고 싶은　　하늘에 붕 뜨는 듯한
　　　　넋이 빠진　뿌듯한　가슴 벅찬
몸 둘 바를 모르는　몰입하는　기뻐 날뛰는
도취한　날아갈듯한　춤 추고 싶은　열중하는
힘이 넘치는　흥분되는　반한　가슴 뭉클한
귀가 번쩍 뜨이는　감격한　헌신적인
찜한　들뜬　힘찬　뛸 듯한　짜릿한　의기양양한
충동적인　당당한　황홀한　경이가　감격스러운
고양된　애뜻한　놀라운　마음을 뺏긴　만끽하는
신기한　자극 받은　신나는　우쭐한　흥겨운
　　　　마음이 끌리는　통쾌한
애착이 가는　안아주고 싶은　사랑이 넘치는
씩씩한　흠모하는　열렬한　믿음직스런
매력적인　활기찬　친밀한　소중한　열의가 애정적인
　　든든한　뭔가 이룬 듯한　열의가 생기는　애정적인
야릇한　기쁜　자랑스러운　자신만만한
확신하는　재미있는　살아있는　열정적인
희망을 느끼는　즐거운　쌈박한　의욕이 넘치는
살맛 나는　마음이 통하는　긍지를 느끼는　충만한

부정　　　　　　　　　　　　　　　　　　　　　　긍정

3사분면 (안정·부정)

뒤가 켕기는　숨이 막히는　아슬아슬한　찝찝한　허탈한
심통나는　속상한　난감한　안절부절못하는　거리감이 느껴지는
창자가 뒤틀린　손에 땀을 쥐게 하는　하늘이 노란　초조한　처량한
마음이 복잡한　꺼리는　울고 싶은　의구심이 드는　쓸쓸한
야속한　못마땅한　당황스러운　켕기는　샘나는　외로운
못마땅한　냉담한　심란한　조마조마한　무감각한　안타까운　냉담한
불편한　낙담한　거북한　걱정스러운　얼떨떨한　우울한
전전긍긍하는　수심에 찬　초조한　을씨년스러운　의기소침한
못마땅한　실망한　난처한　뒤숭숭한　조심스러운　외로운
　꼬인　조바심 나는　까다로운　허전한　울적한
　침울한　둔한　지겨운　앞이 안보이는　힘 없는　주눅 든
성가신　머쓱한　갑갑한　거북한　할 말을 잃은　풀이 죽은
이상한　생소한　얄미운　소심한　명해지는　기운이 없는
　겁먹은　당황스러운　엉거주춤한　찝찝한　마음이 닫힌
쪽 팔리는　의아한　민감한　눈치 보는　의욕없는　위축된
거슬리는　혼란스러운　고민되는　답답한　시무룩한　아쉬운
시운한　　　귀찮은　서먹서먹한　멍한　몸이 축 처지는
걱정스러운　부끄러운
눈치 보는　무안한　긴장된　아리송한　맥 빠진　우수에 젖은
　위축된　심심한　쑥스러운　조심스러운　의기 소침한
성가신　귀찮은　예민해진　얼떨떨한　겸연쩍은　피곤한
　　　　　　　창피한　조심스러운　　　　기운이 없는
부담스러운　고민되는　김빠진　무기력한　몽롱한
　　　　　　　　　기분이 쳐지는　기분이 가라앉는

4사분면 (안정·긍정)

살가운　후련한
관심 있는　마음이 열리는　친근한
　　　설레는　행복한　매혹된
확고한　마음이 쓰이는　자애로운　고마운
　사랑을 느끼는
궁금함을 느끼는　존경스러운　다정한　흥미로운
신선한　생생한　용기를 얻은　자부심을 느끼는
　　　　　　정겨운　상쾌한
감 잡은　기대하는　생기 있는　기분 좋은　반가운
침착한　부드러운　인정 많은　가까움을 느끼는
자유로운　개운한　정을 느끼는　마음에 드는
담담한　밝은　유유자적하는　흐뭇한
안정된　차분한　상냥한　흔쾌한
　한가로운　보기좋은　　감미로운　흔쾌한
　여유로운　느긋한　평온한　훈훈한
진정된　가벼움　　안락한　따뜻한
기장이 풀린　고요한　온화한　포근한
나른한　　안심되는
　마음이 놓이는　　기운이 나는
잔잔한
아늑한

안정

작은 감정을 알아야 하는데 어떻게 해야 하나를 생각하다가 제임스 러셀의 원형모델을 참조하여 먼저 긍정감정과 부정감정을 취합한 후 감정들이 인체를 가장 강하게 흥분시키는 것부터 거의 흥분을 시키지 않는 아주 미약한 감정까지 총 430여 개의 감정들을 4개의 창에 배치해보았습니다.

감정의 창을 만든 이유는 첫째 긍정감정을 읽어보고 각각의 감정들이 어떤 느낌인지 생각해보고 그 느낌을 느끼기 위해서입니다. 특히 긍정감정들이 우리의 행복과 대인관계 역량에 더욱 중요하므로 긍정감정 위주로 느껴보는 것을 권장합니다.

둘째, 우리가 느끼고 있는 감정이 무엇인지를 좀 더 쉽게 이름 붙일 수 있도록 4개의 창으로 나눠놓았습니다. 지금 우리의 감정이 긍정적이고 약간 흥분되어 있다고 생각이 들 때 그것이 어떤 감정인지를 이름 짓기 어려울 수가 있고, 이름을 짓기가 어려우면 그 감정을 해석하기도 어렵고 느끼기도 어려워집니다. 따라서 어떤 감정인지 정확하지는 않지만 다양한 감정 단어 중에서 가장 가깝게 표현된 감정을 찾아서 정의하고 정의된 감정과 현재 느낌을 연결해보면 조금 더 쉽게 더 많은 감정 단어와 느낌을 이해할 수 있습니다. 자신이 느낀 감정이 중간 정도 긍정적이면 2, 4상한의 중간에서 찾고 활동성이 강한 감정이면 2상한에서, 활동성이 약한 감정이면 4상한에서 적절한 단어를 찾아보시면 됩니다.

감정의 창에 배치한 감정들은 필자와 몇몇 서비스 강사 분들이 정리한 것이므로 이 감정이 다른 감정보다 더 긍정적일 수도 있고 또는 덜 활동적일 수도 있습니다. 감정은 개인의 감정 스타일에 따라 달라질 수 있으므로 개인별 해석에 따라 재배치하셔도 좋고, 자주 쓰는 감정 단어인데 감정의 창에 없다면 새롭게 추가하셔서 사용해주시면 됩니다.

감정 칵테일을 마셔라!

　술을 마신다고 하면 소주만, 그것도 하나의 브랜드만 찾아서 마시는 사람처럼 자신의 삶을 몇 가지 안 되는 감정만 가지고 사시는 분이 많이 있습니다. 왜 그럴까요? 감정은 자제해야 하고 표현하면 자신의 약점을 나타내는 것이고 자신의 못남을 표현하는 것이라고 귀에 못이 박히도록 들어왔기 때문입니다. 감정표현을 자제하는 것이 사회적 규범이라고도 할 수 있습니다. 앞에서 보셨듯이 기본 감정이 서로 겹치면 또 다른 감정이 생기고, 거기에 또 다른 감정을 넣으면 색다른 감정이 생기는 것입니다.

　다양한 맛을 즐기는 칵테일 애호가처럼 다양한 감정을 이해하기 위해서는 우리도 다양한 감정 칵테일을 경험해보아야 합니다. 삶의 행복도를 측정하는 기준 중에 개인이 느낄 수 있는 감정의 다양성도 중요합니다. 감정을 다양하게 느낀다는 것은 감정 종류만큼이나 다양한 경험이나 행동을 하고 있다는 뜻입니다. 우리에게 일어나는 어떤 느낌이나 감정에게 이름을 지어주는 순간부터 그 감정을 느낄 수 있게 됩니다. 감정에 직접 이름을 붙여도 되고, 앞에 제시한 감정의 창에 있는 감정들을 활용하셔도 좋습니다.

감정인식은 몸의 변화를 인식하는 것

감정을 느낄 만한 상황 제공　　　　감정측정　　　　어떤 감정을 느꼈는가?

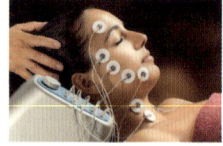

감정을 잘 인식하는 사람들
감정을 잘 느끼면
신체변화도 느낀다

감정을 잘 인식하지 못하는 사람들
감정을 못 느끼면
신체변화도 못 느낀다

　　《감정은 습관입니다》(박용철, 추수밭, 2013)에는 감정과 신체변화에 대한 내용이 나옵니다. "리차드 데이비드슨의 감정인식 실험에 대해 알아보겠습니다. 자신의 감정을 잘 인식하지 못하는 사람들을 대상으로 감정을 유발할 만한 상황을 만들어주고 어떤 감정이 드는지 물어보면서 동시에 의료장비로 그들의 몸에서 일어나는 변화를 조사했습니다. 조사결과 실험 참석자들은 별 감정을 느끼지 못했으며 자신의 몸에도 달라진 변화가 없다고 대답했습니다. 하지만 실제 그들의 심장 박동수와 피부 전도도는 크게 변했었습니다. 감정을 느끼지는 못했어도 몸에는 변화가 생겼는데, 이런 신체 증상의 변화를 느끼지 못했던 것입니다. 자기 마음에서 일어나는 작은 감정들의 변화를 잘 읽을 수 있다는 것은 몸에서 일어나는 변화를 얼마나 잘 인식하는가와 통합니다."

　　뇌는 마음에서 일어나는 여러 가지 감정 중에 중요하다고 생각하는 감정에만 집중합니다. 즉 자극적인 감정이나 습관이 된 감정에 더 큰 주의를 기울입니다. 앞으로는 신체감각을 느끼게 하는 연습을 통해 감각자극을 받아들이는 대상회가 발달하면, 자극이 큰 감정만이 아닌 단순하고 작은 감정들도 차분히 바라볼 수 있고 느낄 수 있을 것입니다.

감정 지각력을 향상시켜라

자기 신체의 움직임에 대해 알아차리는 훈련을 함으로써 감정에 대한 지각 능력을 향상할 수 있습니다. 신체는 우리에게 계속해서 이야기를 하고 있습니다. 하지만 평소에는 조그맣게 이야기하기 때문에 알아차리기 어렵습니다. 신체가 큰 소리를 낼 때는 아프거나 화가 날 때입니다. 아프다, 저리다, 쓰리다, 심장이 쿵쾅거린다 등으로 이런 때에는 생명의 뇌가 작동하기 때문에 신체가 내는 소리만 들릴 뿐 다른 것들은 들리지도 느껴지지도 않습니다.

자신의 신체가 내는 소리를 알아차리기 위해서는 자기 몸이 큰소리를 내기 전에 작은 소리를 들어주는 훈련을 해야 합니다. 필자가 하는 방법은 가만히 있을 때 규칙적인 움직임을 느낄 수 있는 횡경막의 움직임을 주시합니다(횡경막에 의해 호흡이 이루어지며 자신의 배가 나왔다 들어갔다 하는 것을 규칙적으로 느낄 수 있음). 횡경막에 집중하는 훈련을 한 덕에 가끔 찾아오는 잠 못 드는 밤에서 쉽게 벗어날 수도 있었습니다. 생각이 많거나 여러 생각이 일어날 때 생각을 없애고 잠을 청하기 위해서 1분에 60회 정도 들락거리는 횡경막에 집중하면, 다른 생각이 없어지고, 심장박동과 비슷한 평온한 리듬에 맞출 수 있기 때문에 쉽게 잠에 들 수 있습니다.

　음식을 맛나게 먹고 싶을 때는 오감을 충분히 활용해 맛보는 방법을 추천합니다. 먼저 음식의 모양, 색상 등을 자세히 보면서 눈으로 먹고, 멀리서부터 조금씩 음식에 다가가며 냄새를 맡으면서 코로 먹고, 입에 넣을 때의 음식의 질감, 온도를 느껴보고 혀로 음식을 이리저리 굴리면서 맛과 느낌을 느껴봅니다. 이런 훈련을 계속하다 보니 가끔가다 음식을 만든 사람과 재료를 만든 사람의 정성도 느껴지는 기분이 듭니다.

　이렇게 자기 신체의 감각을 지각하는 뇌 영역과 감정을 인지하는 뇌 영역이 뇌섬엽과 대상회입니다. 감정을 알아차린다는 것은 어떻게 보면 감정에 따른 자신의 신체변화를 지각하는 것입니다. 어떤 감정을 느꼈다는 것은 그 감정이 가지고 있는 신체반응을 알아차려서 감정을 지각하게 되는 것입니다.

　지금까지는 서비스 교육 하면 어떻게 해야 한다를 알려주는 방법 위주의 교육으로 진행되었습니다. 고객의 이야기에 경청을 잘해야 하므로 고객의 이야기에 공감하면서 고개를 끄덕이고, "아~, 그렇군요!" 등의 추임새도 넣으면서 들어야 한다고 배웠습니다. 그러나 현업에서 고객을 응대하면서 실행하려니 머리와 몸이 따로 놀고 있는 것을 우리 스스로도 느낄 것입니다.

　문제는 개인별로 상대의 감정을 읽고 표현하는 능력이 다른데도 기본 바탕이 되는 공감하는 능력은 알려주지 않고 그냥 고개를 끄덕이면서 추임새를 하기만 하면 된다고 하니, 하기도 쉽지가 않지만, 고객의 반응도 탐탁치 않은 때도 있습니다. 고객이 공감하는 것을 느끼기 위해서는 먼저 우리가 다양한 감정에 대해 알아야 하고, 그 감정을 인식할 수 있어야 하며 나아가서는 특정 감정을 잘 표현할 수 있어야 고객의 감정도 공감할 수 있고 공감하고 있다는 것을 표현할 수도 있습니다.

집중해야 공감할 수 있다

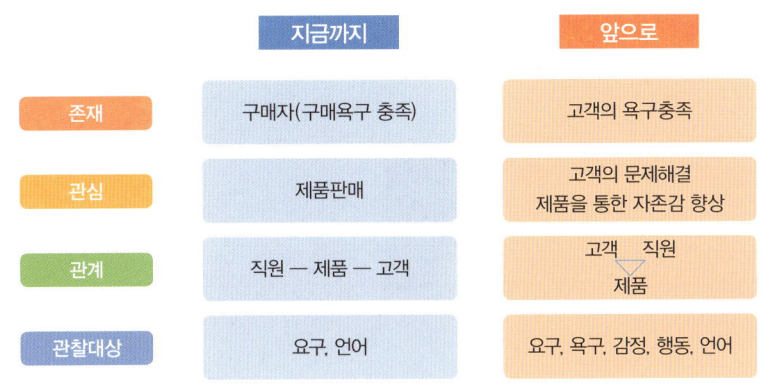

상대의 감정을 인식하기 위해서 감정이 무엇인지, 감정을 어떻게 알아차릴 수 있는지까지 알아보았습니다. 이제는 공감인식에서 가장 중요한 관찰과 집중에 대해 알아보겠습니다.

집중이 중요하다

컴컴한 골목길을 혼자 지나갈 때 갑자기 부스럭 소리가 난다면 우리의 몸과 마음은 모든 감각을 동원하여 소리가 어디서 났고, 어떤 소리고, 움직임은 무엇인지를 파악하기 위해서 집중하게 됩니다. 우리가 어떤 것에 집중한다는 것은 매우 중요한 순간이라고 우리의 뇌에 알려주는 것입니다. 만약 서비스 상황이라면 우리의 모든 감각기관은 고객의 몸짓, 표정, 행동, 말하는 톤, 말의 뜻을 파악하고 정리하려고 집중하게 되며, 집중의 대상이 인간이기 때문에 우리의 거울신경세포가 작동하여 고객의 말, 행동, 말하는 톤 등을 머릿속으로 따라 하면서 고객이 어떤 부분이 불편하고 어떤 것을 좋아하는지, 어떤 감정을 느끼고 있으며, 의도하는 것은 무엇인지를 파악할 수 있도록 해줍니다.

구매자의 요구충족에서 인간욕구 충족으로, 집중의 대상을 넓히자!

고객을 인간으로서 대접하려면 우리가 먼저 제품을 판매하는 사람이 아닌 고객을 진정으로 도와주고자 하는 사람이 되어야 합니다. 우리가 고객의 친구나 가족이라면 어떻게 응대하고 어떤 제품을 추천할 것인지를 생각해본다면 달라져야 할 부분들이 조금은 있을 것입니다.

고객의 요구뿐만 아니라 고객의 욕구까지 고려하여 관찰하고 응대해야 합니다. 혹시 목이 마르지는 않을까라는 생리적 욕구부터 시작하여 불편한 것은 없는지를 확인하여 안전의 욕구를 충족시키고, 편안하게 대화를 주고받을 수 있기 위해서 고객의 관심 사항을 파악하여 대화의 주체가 고객이 될 수 있도록 유도함으로써 사회적 욕구를 충족시켜 줍니다. 돈을 낼 때에는 고객이 피땀 흘려 모아온 돈을 사용하여 상품이나 서비스를 구매하는 것이기 때문에 이 부분에 대해 응당한 대우를 받으려 하고 있음을 인식하면서 고객응대를 하여 자기존중의 욕구를 충족시켜야 합니다.

고객에게 집중하고 관찰할 때 고객의 요구 사항과 언어뿐만 아니라 인간으로서의 욕구를 충족하기 위해 발생한 감정과 표정, 자세, 행동, 말의 톤까지도 관찰하여 고객이 원하는 것을 미리 먼저 알고 응대해 줄 수 있다면 고객의 만족감은 최고를 향하고 있을 것입니다.

의도가 있는 행동을 할 때에만 공감이 된다

```
상대가 의도 있는 → 나의 우측측두와 → 의도를 인식함 → 응대를 계획함
행동을 한다.      두정경계 활성화

특정 행동에
대한 나의 느낌

상대가 의도가 → 나의 공간/    → 의도를 인식 못함 → 응대 계획 없음
없는 행동을 한다.  시간 지각세포
               활성화
```

고객이 하는 말, 표정, 자세, 행동을 의식을 가지고 집중해서 보지 않으면 뇌는 그렇게 행동하는 것을 그냥 따라만 합니다. 그런데 고객이 의미 있는 행동을 하고 있다고 인식하는 순간, 의식을 집중할 때 활성화되는 우측측두와 두정경계라는 부위가 활성화되면서 고객의 말, 표정, 자세, 행동의 의도를 알아차리게 됩니다.

여러분은 고객의 어떤 행동이 의미 있다고 생각하여 의식을 가지고 관찰합니까? 주로 고객의 말과 말투, 그리고 일부 표정에 대해 의식을 가지고 관찰했을 것입니다. 그러면 고객이 주는 메시지의 일부를 놓치고 있을 수도 있습니다. 고객의 표정 중에서도 눈, 코, 입, 눈썹의 변화 등을 관찰하고, 몸통과 발, 그리고 손동작 등도 같이 종합적으로 관찰해야 고객이 말로 표현하지 않는 감정, 느낌, 기분 등을 알아차리고 공감할 수 있습니다.

의미 있는 행동만 따라 한다

손으로 눈 가리기　고개 옆으로 기울이기
코 찡긋하기　눈 깜박이기
눈 마주침　뒤로 물러나기
건들기　**웃음**　손으로 목 만지기
미소　고개 끄덕임　갸웃하기
다른 곳 시선　앞으로 다가옴
어깨 두드림　펴기　손 펴기
손목 잡기　가슴 펴기　악수　몸을 기울임
팔짱 끼기　뒷짐지기　주먹 쥐기　**인사**　시계를 봄
옮기기　움추리기
양손으로 비비기　손으로 코 만지기　발 꼬기
다리 떨기　발 방향　두 손 마주 잡기

위의 표에는 일반적으로 제품설명이나 고객과 상담 중에 발생하는 행동들을 적어놓은 것입니다. 총 33개의 행동을 표현한 단어들입니다. 우리가 의미있다고 생각하는 행동은 어떤 것들이며, 그 행동은 어떤 의미를 가지고 있을까요? 물론 위의 행동들은 상황과 경우에 따라 의미가 달라질 수 있습니다.

우리는 고객의 행동이 자신이 느끼기에 의미 있다고 여길 때에만 집중한 상태에서 상대를 따라 하면서 의도를 파악하기 때문에 상대가 하는 행동이 별 의미가 없다고 생각되거나, 의미가 있는 행동인데도 무시해버리면 상대의 감정과 의도를 알아차리지 못하게 되어 공감할 수 없게 됩니다. 내가 의식적으로 알아차려야 하는 것들이 상담 시 부담감으로 다가올 수 있습니다. 하지만 우리의 뇌는 불편한 것을 참지 못합니다. 그래서 일정 기간 동안 계속하게 되면 의식이 상대의 행동을 인식하고 평가하는 것이 아니라 무의식이 상대의 행동을 인식하고 평가하게 합니다. 무의식을 훈련시키기 위해서는 21일간의 연습은 꼭 필요합니다.

의미 있다고 생각하는 영역 넓히기

지금 당신의 고객은 어떤 상태입니까? 고객의 공감 유무를 정리해보았습니다. 처음 만나는 사람이라면 방문 시의 표정, 자세, 말투와 어느 특정 시점의 표정, 자세, 말투를 비교할 수 있어야 합니다. 먼저 제품이나 제품 설명서 그리고 나에게 흥미와 관심을 표현하고 있어야 합니다. 흥미와 관심을 갖게 되면 눈이 커지고, 동공이 확대됩니다. 눈이 커지는 것은 지각할 수 있지만 동공까지는 전문가가 아니면 지각하기 어렵습니다. 하지만 우리의 무의식은 이미 상대의 동공이 커졌는지를 알고 있다고 합니다. 또한 콧구멍도 조금 넓어지고, 입도 약간 벌려지게 됩니다. 음식을 받아들일 때 입을 벌리 듯이 상대를 받아들일 때 입을 벌리게 됩니다.

눈, 코, 입, 광대 등이 각각 어떻게 변했는지를 인식하기는 어렵습니다. 그래서 표정을 이루는 각각의 요소도 관찰하지만 주로 얼굴 전체가 풍기는 느낌을 가지고 종합적으로 고객의 감정을 읽을 수 있습니다. 그러며 조금 더 쉽게 고객의 감정에 공감할 수 있습니다.

3. 긍정감정을 만들고 미러링하기

나는 긍정적인가?
긍정감정의 효과: 문제해결력 향상 · 스트레스 해소 · 대인관계 능력 향상
빠른 감정조절도 가능하다
뇌는 한 번에 한 가지 생각만 할 수 있다
생각은 바뀌지만 감정은 아직 남아 있다
뇌가 생각하는 대로 감정이 만들어진다
생각이든 현실이든 같은 뇌 영역이 활성화된다
긍정감정 개발: 도파민이 다니는 길
        가장 행복했던 기억 세 가지
        자세가 감정을 만든다!
        장점 강화하기
        긍정주문
        계획과 보상
미러링이란?
미러링의 특징: 따라 하면 좋아한다
        감정은 공명한다
        상대방 행동의 의도 파악
        거울신경세포 발달로 공감 능력 향상
미러링할 때 주의할 점

나는 긍정적인가?

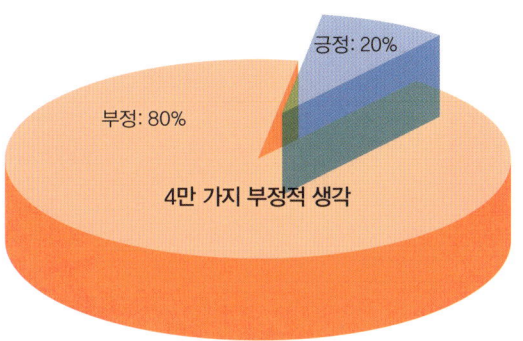

여러분은 하루에 몇 가지 생각을 하십니까? 조사결과 5만~6만 가지 생각을 한다고 합니다. 예전에 필자의 어머니가 하시던 말씀이 생각이 나네요. "오만 가지 생각이 다 든다." 어떻게 사람들은 하루에 오만 가지 생각을 하는지 알았을까요? 여러분은 5만 가지 생각 중에서 몇 퍼센트는 긍정적이고 몇 퍼센트는 부정적이라고 생각하십니까? 사람마다 다를 수 있는데요. 조사결과 생각의 80%는 부정적이고 20%는 긍정적이라고 합니다. 여러분도 일반적인 사람이라면 위의 수치와 비슷할 것입니다.

사람들은 왜 부정적인 생각을 긍정적인 생각보다 4배나 많이 할까요? 원시시대의 생존 환경으로 돌아가서 생각해보아야 합니다. 주변의 온갖 험악한 동물과 독충, 독풀들이 무성한 숲에서 인간에게 도움이 되고 좋은 일을 생각 하기에는 너무 많은 위협 요소가 있었기 때문입니다. 이런 상황 속에서 우리의 뇌는 편도체라는 위험, 불안 감지와 대응장치를 잘 진화시켜온 결과 오늘날 목숨을 잃을 만한 걱정과 불안 상황이 아닌데도 불구하고 마치 목숨을 잃을 것처럼 반응하고 있다는 것입니다.

긍정감정의 효과: 문제해결력 향상 · 스트레스 해소 · 대인관계 능력 향상

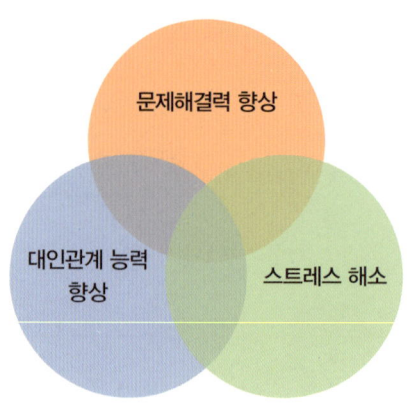

픽사에서 만든 '인사이드 아웃'이라는 만화영화를 기억하시나요? 우리의 감정을 기쁨이, 까칠이, 버럭이, 슬픔이, 소심이로 의인화하여 감정이 어떻게 생기고 작용을 하는지를 보여준 영화입니다. 그중에서도 기쁨이의 역할이 가장 많았던 것 같은데요. 과거에는 부정적인 감정들이 우리를 살아남을 수 있게 했다면 이제는 부정적인 감정보다는 긍정적인 감정 '기쁨이'가 제대로 된 역할을 하도록 해야 할 때입니다.

긍정감정의 효과는 무수히 많지만 여기서는 영업 서비스 직무를 수행하는 분들에게 중요한 것 위주로 정리했습니다. 먼저 유연한 사고와 확장적 사고를 할 수 있게 만들어주어서 문제해결력이 향상됩니다. 두 번째는 부정감정으로 얻게 된 스트레스를 줄일 수 있게 해줌으로써 건강증진에도 도움이 되며, 세 번째는 고객을 응대하고 만족시킬 수 있는 대인관계 능력이 향상됩니다.

문제해결력 향상

코넬대학교 심리학과 교수인 앨리스 아이젠은 카를 던커의 촛불문제(초와 성냥과 성냥갑, 압정을 활용해 초를 책상 벽에 세우는 문제)를 이용해서 긍정감정과 문제해결력의 관계를 밝혀냈습니다. 연구팀은 실험 참가자들을 두 그룹으로 나누어, A그룹에는 코미디 영화를, B그룹에는 수학 영화를 각각 5분간 보여준 후에 바로 약간의 창의력이 요구되는 촛불문제를 풀게 했습니다.

코미디 영화를 봐서 기분이 좋아진 A그룹은 75%가 해결책을 찾아냈고, 수학 영화를 본 B그룹은 20%만이 해결책을 찾아냈습니다. 기분이 좋은 사람들이 그렇지 않은 사람들보다 훨씬 더 유연하면서도 확장적인 사고를 갖고 있어서 창의적 문제해결력이 뛰어났습니다.

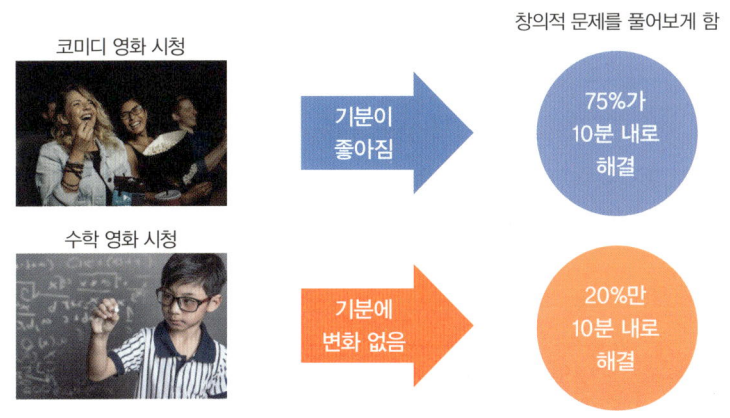

긍정적 정서의 유발만으로 문제해결에 큰 차이를 보임

스트레스 해소

《내 안의 긍정을 춤추게 하라》(바바라 프레드릭슨, 물푸레, 2015)에 보면 노스캐롤라이나 대학교 바바라 프레드릭슨 교수와 연구팀이 진행한 실험이 소개되어 있습니다. 이 실험에서 긍정적인 감정이 빠르게 스트레스를 해소한다는 증거를 찾았습니다. 연구팀은 실험 참가자들에게 1분간 연설 준비를 하고 나서 연설하는 것을 촬영하여 동료에게 평가받을 것이라는 높은 수준의 스트레스 상황을 연출했더니 예상하지 못한 숙제를 받은 참가자들은 당황했고 두려움과 불안을 느꼈습니다. 실험 참가자 모두가 혈압이 상승하고, 말초혈관이 수축하며, 심장 박동수가 증가했습니다.

순환계 수치가 정상으로 돌아오는 데 걸린 시간 실험

자극	갑자기 연설 취소 후	시간
1분간 연설 준비 후, 연설 촬영하고, 동료에게 평가받을 것이라고 고도의 스트레스 상황 연출 ↓ 혈압상승, 말초혈관 수축, 심박 박동수 증가	A: 온화하고 긍정적인 감정을 환기하는 즐거움을 느끼는 영상을 보여줌	20초
	B: 슬픔이라는 부정적인 감정을 환기하는 영상을 보여줌	40초
	C: 중립적인 영상을 보여줌	32초

잠시 후 갑자기 연설이 취소되었다고 이야기를 한 후 실험 참가자를 3그룹으로 나눠서 A그룹은 긍정적인 감정을 환기할 수 있는 영상을 보여주고, B그룹은 슬픈 감정을 환기할 수 있는 영상을 보여주었으며, C그룹은 감정을 환기하지 않을 중립적인 영상을 보여주었습니다. 그리고 얼마 만에 혈압, 심박수, 말초혈관 수축이 정상으로 돌아오는지를 측정했더니 A그룹은 20초, B그룹은 40초, C그룹은 32초가 걸렸습니다.

대인관계 능력 향상

《회복탄력성》(김주환, 위즈덤하우스, 2011)에서는 다음과 같이 긍정감정을 설명하고 있습니다.

"바바라 프레드릭슨에 따르면 긍정적 감정은 타인과 내가 하나되는 느낌을 강하게 해주는 원동력이라고 합니다. 기쁨, 흥미, 사랑 등의 긍정적 정서가 충만한 사람들은 주변 사람들과 자신을 일치시키는 느낌을 강하게 갖게 된다는 것입니다. 많은 연구들에서 긍정적 정서 수준이 높은 사람들이 사교 활동이 활발하며, 낯선 사람들과도 넓고 깊은 인간관계를 수월하게 맺는다는 사실을 발견했습니다.

  긍정적 정서를 가진 사람들은 단지 사람들을 쉽게 사귀는 것뿐만 아니라 보다 의미 있고 성공적인 인간관계로 발전해나가는 경향이 있다는 것도 밝혀졌습니다. 긍정적 감정을 유발시키면 사람들은 낯선 사람과 대화를 나누고 자신의 개인적인 정보를 털어놓게 될 확률이 훨씬 더 높은 것으로 나타났습니다."

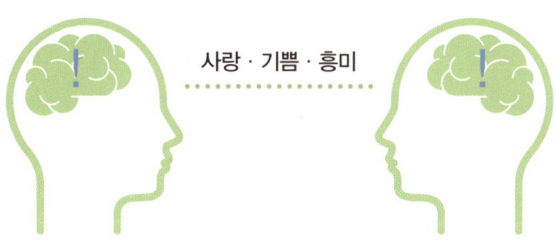

- 주변 사람과 자신을 일치하는 느낌을 강하게 갖습니다.
- 사람을 만나는 것을 좋아합니다.
- 자기 자신을 드러내어 이야기를 합니다.
- 긍정감정이 전달됩니다.

  여러분이 사랑, 기쁨, 흥미 등의 감정을 갖고 있으면 거울신경세포를 통해서 그것이 무의식적으로 고객에게 전달되어 고객이 매장에 들어서는 순간 긍정감정을 느끼게 됨으로써 고객과 보다 쉽게 가까워질 수 있습니다.

빠른 감정조절도 가능하다

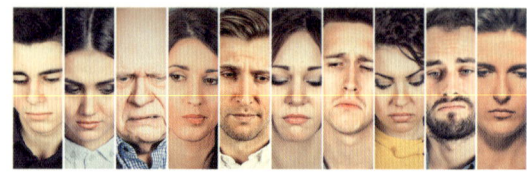

평온한 상태에 있다가 갑자기 이상한 소리를 들었다면 우리의 감정이 두려움이나 불안으로 순식간에 바뀝니다. 이런 감정들은 생존과 관련되어 있기 때문에 살아남기 위해서 감정은 더욱 빨리 바뀝니다. 하지만 부정감정에서 긍정감정으로의 변화는 생존과 관계가 없어지므로 아주 빨리 바뀌지는 않지만 그래도 쉽게 바뀝니다. 어렸을 때 "울다가 웃으면 엉덩이에 털 난대요"라며 놀리기도 했듯이 부정감정도 쉽게 긍정감정으로 바꿀 수 있습니다.

뇌는 한 번에 한 가지 생각만 할 수 있다

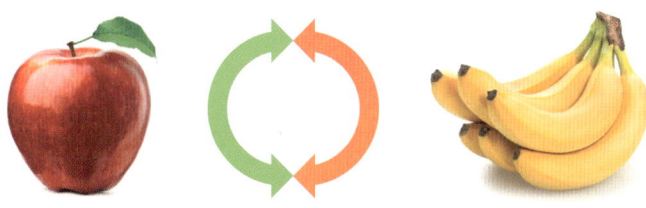

우리의 뇌는 한 번에 한 가지 생각만 할 수 있기 때문에 감정을 바꿀 수 있습니다. 여러분 앞에 빨간 사과 한 개가 있다고 생각해주세요. 사과가 잘 생각이 납니까? 네 그러면 이제는 바나나 한 송이를 생각해주세요. 역시 잘 생각이 되지요? 바나나를 생각했을 때 당신이 먼저 생각했던 사과는 어떻게 되었나요? 바나나를 생각하게 되면 사과를 같이 생각하지 않는 한 사과는 생각나지 않습니다.

생각이라는 것은 한 번에 한 가지만 할 수 있습니다. 어떤 분은 자신은 한 번에 여러 가지를 생각한다고 하는데 이것은 동시에 하는 것이 아니라 아주 짧은 시간에 순차적으로 생각한 것을 동시에 여러 가지 생각을 한다고 느끼는 것입니다. 사과를 기억하고 있던 뇌신경세포와 바나나를 기억하고 있던 뇌신경세포가 다르기 때문입니다. 우리는 이런 뇌의 특성을 이용해서 부정적인 감정을 생각하는 것을 멈추고, 기분 좋았던 생각을 함으로써 부정감정을 긍정감정으로 바꿀 수 있습니다. 물론 일정 부분 연습이 필요하기는 합니다.

생각은 바뀌지만 감정은 아직 남아 있다

기존의 호르몬이 없어지고 새로운 호르몬으로 바꾸는 데 최소 15초~15분 정도 걸립니다.

생각은 생각으로 끝나는 것일 수 있지만 감정은 행동(표정)으로 나타나기 때문에 호르몬의 변화가 있습니다. 따라서 붉은색의 부정적 감정이 있는데 이것을 없애기 위해서는 부정감정을 소모하는 행동을 하여 호르몬을 없애거나 감정적 행동을 자제하고 평온한 시간을 보낸다면 감정의 색이 점점 옅어지다가 없어집니다.

붉은색의 부정감정을 중화하려고 파란색의 긍정감정을 느끼게 한다면 보다 빨리 부정감정이 사라지게 될 것입니다. 얼마나 빨리 감정이 바뀌는지는 감정 농도 간의 관계에 달려 있습니다. 약한 부정감정을 갖고 있는데 강한 긍정감정이 생겼다면 바로 긍정감정으로 바뀌겠지만 강한 부정감정에 약한 긍정감정이 들어온다면 부정감정의 농도만 조금 약해집니다.

서울백병원 정신건강의학과 우종민 교수는 "욱하고 화가 날 때 급상승하는 '분노 호르몬'은 15초쯤에 정점을 찍고 조금씩 분해되기 시작해 15분이 지나면 거의 사라진다고 합니다. 따라서 자리를 피하는 것조차 힘들면 눈을 감고 천천히 심호흡 15번만 해도 혈압이 떨어지고 근육의 긴장이 풀리면서 화를 누그러뜨리는 데 도움이 된다"고 말했습니다(《프리미엄 조선》, 2015. 10. 1). 딱 15초만 잘 참아도 크게 후회할 일 없이 분노를 삼킬 수 있다는 뜻입니다.

뇌가 생각하는 대로 감정이 만들어진다

　KBS TV 스페셜 다큐멘터리에서 마음이라는 주제로 실험을 한 적이 있습니다. 실험 내용은 한 업체에서 새로운 우유를 개발했다고 연출을 한 후 소비자들에게 제품시음회를 가졌습니다. 그중 한 명은 실험자와 미리 각본을 짠 후 우유를 시음한 후에 속이 안 좋다고 했습니다. 다른 일반 실험 참가자들은 처음에는 우유가 고소하다, 담백하다라는 반응을 보였지만 실험자와 미리 약속한 시음자의 말을 듣더니 '이상한 냄새가 나는 것 같다', '맛이 이상하다'라는 혐오감을 나타냈습니다.

　이어서 또 다른 우유라고 하며 시음을 했는데 앞의 시음 때 안 좋은 반응을 한 시음자 때문에 이번 시음도 역시 비슷한 반응을 보였습니다. 이때 실험자와 미리 각본을 짠 한 실험 참가자가 우유를 마시고 나서 얼마 후에 구토를 했습니다. 그것을 본 다른 시음자 중 2명이 마신 우유에 대해 혐오감을 느끼며 바로 화장실로 가서 같이 구토를 했고, 이 중 한 명은 다음날 실험자를 찾아와서 두드러기가 났다고 하며 보여주었습니다. 신선한 우유를 먹었음에도 불구하고, 뇌가 생각하기에 상한 우유라는 생각이 혐오감을 만들어 두드러기까지 생기게 한 것입니다.

생각이든 현실이든 같은 뇌 영역이 활성화된다

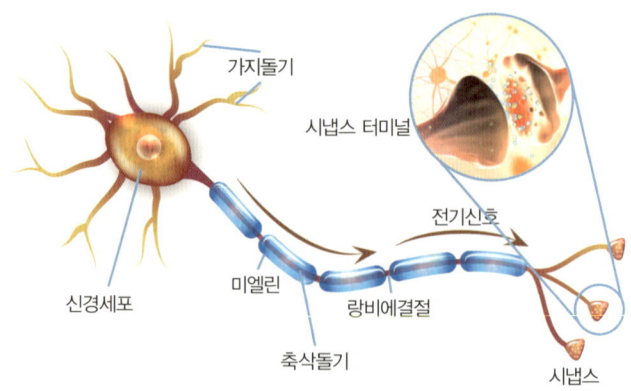

우리 뇌에는 1조 개의 신경세포가 있고 각 신경세포는 1만 개 정도의 시냅스를 가지고 있습니다. 하나의 신경세포에서 다른 신경세포와 연결이 되어 있는 부분을 시냅스라고 하는데 시냅스는 붙어 있는 것이 아니라 살짝 떨어져 있고 서로 화학물질을 분비하여 정보를 전달합니다. 또한 각각의 신경세포 내에서는 전기신호를 통해 정보를 전달합니다. 어떤 정보가 들어오든 뇌 신경세포는 전기와 화학물질을 주고받음으로써 정보를 전달하기 때문에 실제 현실이든 아니면 상상이나 생각이든 간에 뇌는 같은 반응을 일으키게 되는 것입니다.

또한 뇌는 자극의 종류별로 담당하고 있는 영역이 지정되어 있습니다. 외부 환경의 변화나 내부의 자극(생각, 신체감각)이 발생하면 뇌의 해당 부위가 활성화됩니다. 시각자극은 시각피질에서, 청각자극은 청각피질에서 담당하므로 이런 자극들이 우리가 상상하는 것이든 실제로 일어난 것이든 같은 영역에 전기신호와 화학물질을 보내서 활성화시킵니다. 따라서 레몬을 마셨든, 마시는 것을 상상하든 뇌에는 같은 과정을 통해 전달된 신호가 똑같은 영역을 활성화시켜서 우리의 입에서 침이 나오게 합니다.

긍정감정 개발

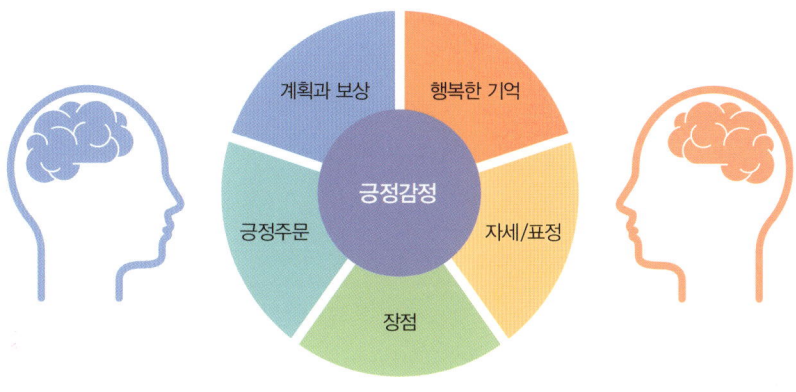

여러분은 하루를 어떤 감정으로 보내고 계십니까? 좋은 감정입니까, 아니면 좋지 않은 감정입니까? 하루를 좋은 감정으로 보내려면 감정의 뇌에 기분 좋은 감정을 만들어놓으면 됩니다. 그러려면 많은 분들이 기분 좋은 분위기/환경이 되어야 좋은 감정이 만들어지지 않느냐고 반문합니다. 당연히 기분 좋은 분위기에서 기분 좋은 감정이 만들어집니다. 그런데 외부의 환경이나 분위기는 우리가 조절할 수 있는 영향력이 거의 없습니다. 따라서 우리가 바꿀 수 있는 것은 우리 자신입니다.

우리는 과거의 행복했던 순간의 감정을 가져와서 현재의 감정에 영향을 주어서 기분 좋은 감정을 만들어낼 수 있습니다. 감정은 우리 몸을 통해 외부로 표현되는 것이기 때문에 신체의 근육들과 밀접히 연관되어 있으므로 몸의 근육들을 움직여서 기분 좋은 감정이나 자신감 있는 감정을 만들 수도 있습니다.

우리 스스로 "나를 사랑합니다", "나를 좋아합니다"라는 자기만의 주문을 만들어 외울 때 약간의 감정을 실어서 말하기만 해도 사랑하는 또는 좋아하는 감정이 발생합니다. 우리의 장점이 무엇인지를 찾아서 장점을 강화하는 일을 하면 보다 쉽게 즐거움과 만족감의 긍정감정을 느낄 수 있습니다. 지금껏 잘 못하고 있는 것을 잘하기 위해서 많은 노력과 비용을 들였다면 지금부터는 잘하고 있는 것을 조금 더 잘하도록 신경을 써서 힘을 기울인다면 긍정감정을 쉽게 느낄 뿐만 아니라 더 빨리 성공할 수도 있습니다.

마지막으로는 뇌는 너무 큰 계획은 부담스러워하기 때문에 주 단위 또는 하루 단위나 그것보다 작은 시간 단위의 계획을 세우게 되면 우리의 뇌는 도파민을 분비하여 기분을 좋게 하며, 계획을 달성했을 때 역시 도파민 분비라는 기쁨을 줍니다. 작은 성과를 거두었을 때 스스로에게 "나 참 잘했지", "나 멋지지", "너무 수고했어"라고 생각하거나 칭찬하게 되면 긍정감정이 더 강해집니다.

도파민이 다니는 길

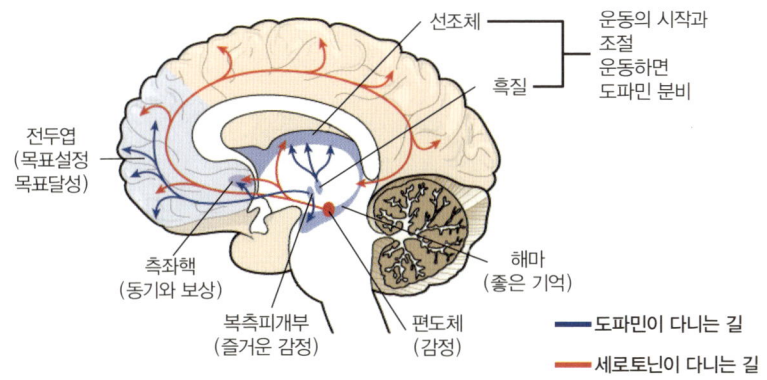

　우리가 기분이 좋다고 느끼게 되는 경우를 간단히 두 가지로 정리하면 도파민과 세로토닌이라는 신경전달물질이 분비되는 경우입니다. 도파민이 분비되면 좀 큰 기쁨을 느낄 수 있고 세로토닌은 아주 잔잔한 즐거움을 느끼게 해줍니다. 도파민이 우리의 뇌에서 어느 부위를 지나 다니는지를 알면 어느 경우에 도파민이 분비되는지 알 수 있습니다. 첫 번째는 기억을 담당하는 해마입니다. 기분 좋은 감정을 생각해낼 때 기분이 좋아지고, 기분이 좋아지면 또 다른 기분이 좋았던 기억이 살아나게 되어 더욱 기분이 좋아지게 됩니다. 두 번째는 복측피개부와 편도체인데 기쁘고 즐거운 감정을 느낄 때 도파민이 분비되며, 세 번째로는 선조체와 흑질로서 운동의 시작과 조절을 담당하는 곳으로 운동을 하게 되면 도파민이 분비됩니다. 마지막은 전두엽과 측좌핵으로 목표를 세우거나 달성했을 때 그리고 목표 달성에 대해 보상을 받았을 때 도파민이 분비되어 기분이 좋아집니다.
　지금부터 배우게 될 긍정감정을 활성화하는 활동은 도파민이 주로 다니는 곳을 자극하여 도파민을 분비하게 하며 기분이 좋아지게 하는 방법입니다.

긍정감정 개발: 가장 행복했던 기억 세 가지

행복한 순간이 있어야 긍정적인 생각이 이어집니다
행복했던 순간이 없다면 지금부터라도 만들면 됩니다

뇌는 우리에게 중요했던 순간들이 무엇인지 잘 정리해 저장해놓고 있습니다. 필자는 대학에 떨어지고 재수학원을 다닐 때의 모습이 아주 명확히 기억이 되고, 아내와 데이트하던 때와 결혼 초기의 행복했던 신혼생활이 기억에 남아 있습니다. 교육 담당자가 되어 중국사원 육성과정을 맡아서 교육을 개발하고 두 달간 중국과 한국을 오가며 교육을 실시했던 일 그리고 아이들을 키우면서 한없이 사랑스러운 아이들과 함께했던 일 등이 필자에게는 행복한 기억 영역입니다.

인생에서 발생한 모두를 다 기억해서 상상하는 것도 의미가 있지만 특정한 몇 가지 순간만 생각해도 기분이 많이 좋아집니다. 그래서 필자는 강의를 하면서 제가 가장 행복했던 순간을 찾아보았습니다. 뇌에게 물어봤더니 별 대답이 없어서 필자 스스로 정했습니다.

필자는 행복한 순간 세 가지를 정해놓고 있습니다. 첫째는 신혼 초에 아내가 임신을 해서 배가 남산만 해졌는데도 불구하고, 아침 일찍 테니스장에 와서 무거운 몸으로 뒤뚱뒤뚱 대면서 테니스 공을 주워주던 모습이 아직도 눈에 선합니다. 아내와 가끔 말다툼 할 때가 있지만 이런 모습을 떠올리면 더 이상 크게 말다툼이 번지지 않고 그냥 쉽게 좋은 감정으로 돌아갈 수 있습니다. 둘째는 필자의 아이가 한 살이 되었을 무렵, 어느 날 퇴근하고 돌아오는데 아빠하고 달려와서 품에 폭 안길 때를 생각하면 아직도 아빠미소가 절로 번집니다. 세 번째는 가족과 같이 미국으로 유학을 가서 처음으로 가족소풍을 나갔을 때입니다. 아이들이 뛰어노는 모습, 바비큐 하는 모습, 맛나게 먹는 모습 등과 어우러진 그 장소가 아직도 생생하게 떠오릅니다.

누구나 다 행복했던 순간은 있습니다. 하지만 그것을 정의하지 않았기 때문에 행복했던 순간을 이야기하라고 하면 머뭇거리기도 합니다. 정의를 한다는 것이 없는 것을 만들어내는 것이 아닙니다. 자기가 생각하기에 쉽게 좋은 감정이 드는 순간을 찾아서 정해놓으면 그것이 자신만의 행복했던 순간이 되는 것이고 이것을 몇 번 반복하여 생각해내면 우리의 뇌는 행복했던 순간이 어떤 때였는지를 자동적으로 떠올립니다.

행복했던 순간이 정해졌으면 가끔 가다 짜증나거나 우울할 때 행복했던 순간을 떠올려보면 뇌는 한 번에 한 가지 생각밖에 할 수 없기 때문에 웬만한 부정적인 감정과 스트레스는 쉽게 긍정적으로 바꿀 수 있습니다. 행복하다고 말하는 사람들은 행복한 모습이 어떤 모습인지 정확히 이야기할 수 있는 사람들입니다. 그들은 행복했던 시간에 대한 모습과 분위기, 연관된 사람, 배경, 심지어는 냄새까지도 맡아낼 수 있습니다. 반대로 행복하지 않다고 생각하는 사람들은 행복했던 기억이 없어서가 아니라 '이것이 행복이었구나'라고 스스로 뇌에게 정의해주지 않아서입니다. 많은 추억 중에서 이런 모습이 행복이었다라고 의식적으로라도 생각하는 것이 여러분의 행복을 더욱 키워줍니다.

여러분이 행복했던 때는 언제인가요? 세 가지를 지금 작성해주세요. 지금 안 하면 다시 할 기회가 거의 없습니다.

긍정감정 개발: 자세가 감정을 만든다!

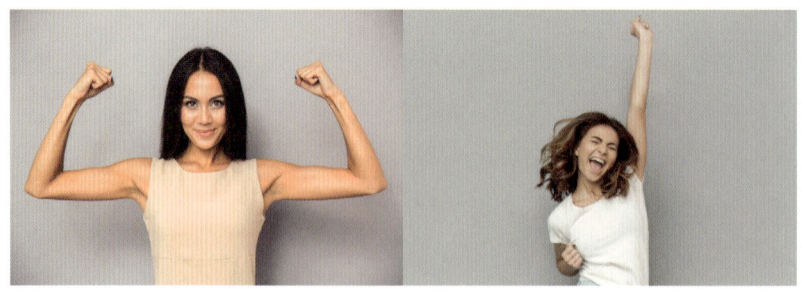

　여러분은 지금 어떤 자세로 이 책을 보고 계십니까? 웅크린 자세, 다리를 꼰 자세, 팔짱 낀 자세, 똑바로 앉아 있는 자세 등 다양할 것입니다. 그런데 여러분이 지금 취하고 있는 자세는 의도적으로 취한 자세인가요? 아마 아닐 것입니다. 그저 무의식적이거나 아니면 책을 읽고 있는 지금의 감정을 나타내고 있을 것입니다.

　자세에 조금만 신경을 쓴다면 스스로를 보다 즐겁고 자신감 있게 만들 수 있습니다. 동물의 세계에서는 자신을 크게 보이게 하여 힘과 능력을 과시함으로써 자신의 영역을 넓힙니다. 모든 동물에게 거의 똑같이 적용됩니다. 사람도 육체적인 경쟁에서 이겼을 때는 정상인이든 선천적으로 장님이든 모두 두 팔을 V자로 벌리고 턱은 위로 쳐들고서 하늘을 바라봅니다. 그 이전에 이런 행동을 본 적이 있든 없든 간에 똑같이 행동합니다. 동물이나 사람이나 똑같이 지배적인 표현을 하기 위해서 몸을 늘립니다. 승리의 쾌감, 자신감이 생기면 위와 같은 표정, 자세, 행동 등으로 자신의 감정을 표현합니다.

　그러면 지금 여러분의 감정은 그대로 두고 행동, 표정, 자세 등을 바꾸게 되면 어떻게 될까요? 우리의 감정은 행동, 표정, 자세에 따라 변화합니다. 행동을 조절하는 뇌의 시상하부와 대상회가 신체가 변하게 되면 변화된 행동이 갖고 있는 감정을 만들어냅니다. 승리의 몸짓, 자신감 있을 때 생기는 표정, 자세, 행동을 취하면 우리의 감정도 승리의 감정이 들고 자신감이 생깁니다.

자세가 바뀌면 감정도 바뀐다는 것을 하버드대학교 심리학 교수인 에이미 커디가 실험한 결과가 있습니다(참조 : TED, Your Body Language Shapes Who You Are. Amy Cuddy). MBA수업에서는 학생의 참여도가 성적에도 많은 차이를 만듭니다. 그래서 어떻게 하면 참여도를 높일까를 고민하다가 참여도가 높은 사람의 행동을 취해보면 그렇지 않은 사람들의 참여도도 높아질 것이라 가정했습니다. 그러면 무엇이 참여도가 높은 사람과 그렇지 않은 사람의 차이를 만드는 것일까를 고민하다가 호르몬에 초점을 맞추게 되었습니다.

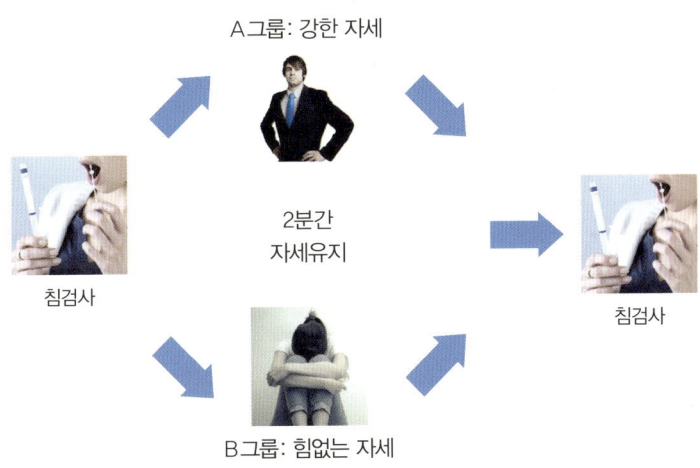

실제로 측정해본 결과 참여도가 높고 적극적인 사람은 테스토스테론 수치가 높고 스트레스 호르몬인 코티졸 수치가 낮았습니다. 참고로 테스토스테론은 집중력과 기억력을 높이며, 성욕을 증가시키고, 기분을 개선하고 무력감을 해소합니다. 또한 코티졸은 스트레스 호르몬의 한 종류입니다. 교감신경을 흥분시켜서 호흡을 빠르게 하고, 혈액을 골격근으로 많이 보내며 심박수와 혈압이 증가하고, 혈중 당 성분이 증가하며, 동공을 확대시켜서 만약의 사태에 대비하여 싸우거나 도망갈 준비를 확실히 해 둡니다.

그러면 적극적인 자세를 취하는 것이 실제로 호르몬의 수치에 영향을 주는지를 확인해보았습니다. 실험 참가자들을 무작위로 나누어서 실험 시작 전에 이들의 타액을 채취하여 호르몬 수치를 측정했고, 그룹을 둘로 나누어서 A그룹은 강한 자세(열린 자세)를 2분간 취하도록 했고, B그룹은 힘없는 자세(웅크린 자세)를 2분간 취하도록 한 후 다시 타액을 채취하여 호르몬 수치를 측정했습니다. 그리고 약간의 위험감수를 할 의도가 있는지를 설문을 통해 조사했습니다.

채취한 타액으로 호르몬 변화를 측정했더니 테스토스테론 수치는 열린 자세에서 20% 향상되었고, 닫힌 자세에서는 10% 감소했습니다. 열린 자세를 2분간 취하고 있기만 해도 자신감과 열정, 집중력을 높이고 기분이 좋아질 수 있습니다. 반면에 코티졸은 열린 자세에서는 25% 감소했고, 닫힌 자세에서는 15% 증가했습니다. 코티졸을 줄임으로써 심혈관계 질환이나 근골격계 질환으로부터 벗어날 수 있고, 나아가서 면역세포들이 활성화되어 신체의 면역 기능을 올려주기도 합니다. 단지 2분 동안만 열린 자세와 닫힌 자세를 취하고 있었는데 너무 많은 변화가 일어났습니다.

두 번째는 위험을 수용하는 태도를 알아보기 위해서 내기를 하는 게임을 해보겠냐고 물어보았습니다. 열린 자세를 취한 그룹에서는 87%가 내기를 해보겠다고 한 반면, 닫힌 자세를 취한 그룹은 60%만 내기를 해보겠다고 했습니다.

여러분들의 지금 자세는 어떤가요? 열린 자세인가요 아니면 닫힌 자세인가요?

긍정감정 개발: 장점 강화하기

누구나 자기 내면에는 자기도 잘 알지 못하는 거인이 있습니다. 안데르센의 동화 미운 오리 새끼에서도 유난히 크고 보기 싫게 태어난 미운 오리 새끼는 다른 오리들로부터 못생겼다고 구박을 받고 자라지만 나중에 자신이 백조임을 알게 되고 오리들이 부러워하는 백조의 무리에서 살게 됩니다. 우리도 내가 못 보았을 뿐인 자신만의 장점이 무엇인지 찾아 봅시다! 한두 개가 아니라 스무 개 정도 찾아봅시다.

나의 장점을 작성하는 데 도움을 주기 위해 몇 가지 질문들을 만들어보았습니다. 장점 작성에 참조하세요!

- 내가 가장 좋아하는 나의 모습은 무엇인가요?
- 다른 사람과 다른 나만의 특징은 무엇인가요?
- 친구들은 나의 어떤 면을 좋아하나요?
- 고객들이 나를 좋아하는 이유는 무엇인가요?
- 팀장이나 사장이 직원으로서 당신을 좋아하는 이유는 무엇인가요?
- 업무 측면에서 이룩한 최고의 성과는 무엇인가요?
- 당신의 어떤 특성이 최고의 성과를 만들었나요?

처음에는 찾기가 좀 힘들지 모르지만 일단 찾아놓고 보면 뿌듯한 느낌이 듭니다. 혹시 자신이 찾기 어렵다면 가족이나 친한 친구들에게 여러분의 장점이 무엇인지 물어보는 것도 좋은 방법입니다.

필자도 저의 장점 20개를 찾기가 쉽지 않았지만 처에게 물어보고 아이들에게 물어보고, 친구들에게 물어보았더니 필자도 잘 알지 못하는 장점들이 나왔습니다. 게다가 필자는 단점이라고 생각했는데 친구들이 보기에는 장점인 것도 있었습니다. 그래서 남보다 많이 갖고 있거나 좀 잘하는 것들을 필자의 장점으로 삼아서 좀 더 자주 활용하고 발전시키고 있습니다.

나의 장점을 써보세요!

나의 장점

긍정주문

- 나는 내가 좋다. 나는 내가 좋다. 나는 내가 정말 좋다.
- 나는 기분이 좋다. 나는 기분이 좋다. 나는 기분이 좋다.
- 나는 나를 사랑합니다. 나는 나를 사랑합니다. 나는 나를 사랑합니다.
- 나는 행복합니다. 나는 행복합니다. 나는 행복합니다.
- 나는 성공했습니다. 나는 인생의 승리자다.
- 나는 최고다. 나는 최고다. 나는 최고다.
- 나는 행복을 도와주는 사람이다. 나는 행복을 도와주는 사람이다.
- 나는 성공에 필요한 힘과 열의가 가득합니다.
- 이것은 내 책임입니다. 이것은 내 책임입니다. 이것은 내 책임입니다.
- 나는 건강합니다. 나는 건강합니다. 나는 건강합니다.
- 나는 매일, 매 순간 나의 꿈에 다가선다.
- 나는 결코 포기하지 않는 투사다.
- 나의 목표는 _____ 입니다. 나는 이 꿈을 달성하기 위해 최선을 다하는 중이다.
- 나는 크게 꿈꾸고, 크게 계획하고, 크게 모험하고, 결국은 크게 성공했습니다.

긍정주문은 나의 뇌에게 내가 원하고 바라는 것을 알려주는 것입니다. 자기에게 하는 긍정의 주문은 뇌가 거역할 수 없습니다. 특히 감정을 실어서 큰소리로 거울을 보면서 하면 더 효과가 있습니다. 그러나 내가 봐도 이성적으로 불가능하거나(나는 수퍼맨이다), 달성하기 어려운 주문(나는 올해 10억을 벌거다)을 하는 것은 진실성이 없기 때문에 신뢰하는 감정이 생기지 않고 효과가 없습니다. 이성의 뇌도 아니라고 생각하는데 감정의 뇌는 더더욱 믿을 리가 없습니다.

위에 예로 만들어놓은 긍정주문의 반은 감정에 대한 주문으로 해당 감정을 느꼈을 때의 기분이나 자세, 표정을 지으면서 하면 더욱 효과가 있습니다. 그리고 나머지는 반은 목표가 완성된 상태를 기준으로 했습니다. 목표를 달성하겠다라고 말하면 아직 달성되지 않은 상태를 다시 강조하는 것이고, 아직 달성되지 않은 상태의 감정이 생기게 됩니다. 상태와 감정이 일치하지 않으므로 감정의 뇌가 인식하기 어렵습니다.

따라서 달성된 상태의 모습을 그려보면서 그 감정을 가지고 긍정주문을 외워야 효과가 있습니다. 주문별로 감정을 실어서 큰 소리로 외우는 것이 좋습니다. 감정을 넣어서 이야기 할 때 진짜 그런 것이라고 감정의 뇌가 인식하며 또한 말하는 뇌와 듣는 뇌가 서로 다른 영역이기 때문에 소리 내어 말하면 말하는 뇌와 듣는 뇌 모두에게 전달되어 더욱 효과가 있습니다.

필자는 강의를 하러 차를 몰고 가는 도중에 "나는 내가 좋다", "나는 내가 정말 좋다"라는 나만의 긍정주문을 큰 소리로 외치면서 갑니다. 가끔은 룸미러로 미소를 짓고 있는 얼굴을 확인하기도 합니다. 주문을 외울 때 처음에는 말만 나오다가 이제는 자동적으로 좋아하는 감정과 미소가 머금어지는 것을 느끼게 되면서, 강의를 하는 것에 대한 두려움이 조금씩 없어지고 재미있게 할 수 있다는 자신감이 나오기 시작합니다.

긍정감정 개발 : 계획과 보상

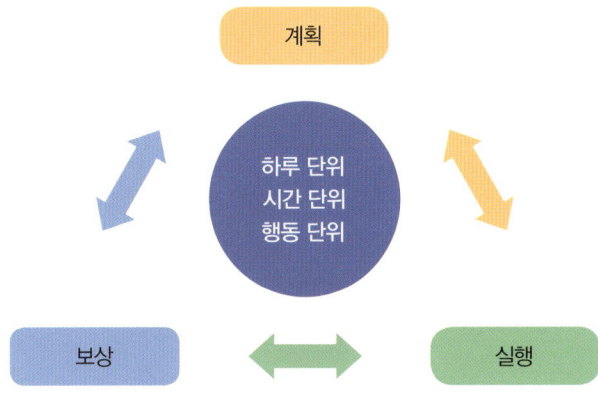

　마지막으로 도파민이 가장 많이 돌아다니는 영역 중에 하나가 대뇌 전두엽입니다. 전두엽이 하는 일이 무엇이었는지 기억이 나시나요? 주로 계획하고 실행하고, 판단하는 일을 합니다. 목표를 세울 때에는 새로운 것에 대한 도전을 하게 되는 것에 흥미와 재미를 느끼고, 그것을 수행하는 과정에서도 '목표를 달성하기 위해 지금 열심히 노력하고 있구나'라고 생각하며 힘든 것을 이겨낼 수 있도록 기쁨을 느끼게 하며, 그 일을 성공했을 때 돌아오는 자신과 타인으로부터의 인정을 받음으로써 도파민을 분비하여 강한 기쁨을 느끼게 합니다.

　연말이나 연초에 일년 계획을 세우면서 기분이 좋아지는 이유도 도파민이 작용하기 때문입니다. 하지만 인간의 뇌는 너무 큰 것, 먼 미래에 달성되는 것, 너무 고생해야 하는 것은 하지 않으려고 합니다. 작심삼일이라는 말도 뇌의 특성을 잘 표현한 것 같습니다. 따라서 계획은 가능하면 하루 단위 또는 시간 단위로 세우고 무엇이 되겠다기보다는 무엇을 하겠다는 행동, 즉 동사 위주로 세워야 실행에 옮기기가 좋으며 실행의 성공 여부를 판단해 스스로에게 보상을 주기도 쉽습니다.

미러링이란?

상대방과 똑같이 움직이고 그 사람의 입장이 되려고 하면
모방을 통해 그 사람이 어떤 감정인지
어떤 의도를 가지고 있는지 알 수 있습니다.

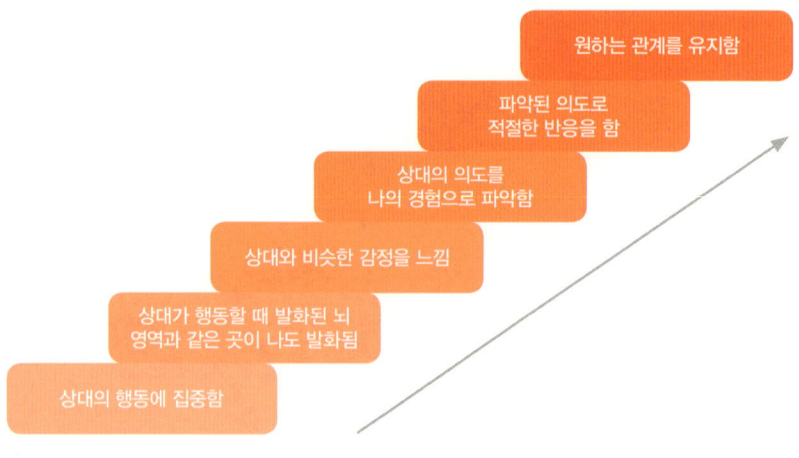

<u>우리는 모두</u> 모방자로 태어납니다. 상대를 모방하는 행위는 대개 의식적인 행동이 아니라 무의식적인 반응입니다. 과학자들은 어떤 감정(기쁨, 슬픔 등)을 경험하고 있거나 어떤 행동(하품, 미소)을 하고 있는 사람을 쳐다만 봐도, '거울신경세포(mirror neurons)'가 상대와 똑같은 감정이나 행동을 경험하게 된다고 합니다.

고객이 우리의 얼굴에서 긴장감을 본다면 고객 역시 그에 상응하는 긴장을 느끼게 됩니다. 그러나 우리가 친근한 미소나 강한 자신감을 발산한다면 고객은 우리에게 친근감이나 신뢰감을 갖게 될 수 있습니다. 거울신경세포는 상대방이 하는 것을 그대로 모방하여 어떤 감정과 의도를 가지고 있는지 판단하려 합니다. 우리가 아무 행동도 취하고 있지 않은데도 불구하고 상대방이 행동을 취할 때 활성화되는 뇌의 부위와, 바라만 보고 있는 나의 뇌의 똑같은 부위가 활성화됩니다.

이것은 원시시대에 집단을 이루어서 사는 것이 혼자 사는 것보다 외부의 적으로부터 살아남기가 훨씬 수월했기 때문에 동료들을 따라 하면서 동료의 감정과 의도를 파악하여 동료에게 맞춰주기 위해 자신은 어떻게 행동해야 하는지를 의식적 차원이 아닌 무의식적 차원에서 항상 생각하고 준비했기 때문입니다.

뇌의 특성이 이러하므로 고객의 기분을 좋게 하기 위해서는 내가 먼저 좋은 기분이 되어 있어야 합니다. 그냥 좋은 기분만으로는 조금 부족하고 고객도 내가 기분 좋다는 것을 느낄 수 있게 해주어야 합니다. 즉 외부로 감정표현을 해야 고객이 인지하여 기분이 좋아지기 시작하는 것입니다.

우리는 상대의 감정에 쉽게 전염될 수 있습니다. 또한 비슷한 감정표현을 해주면 친밀감을 느끼기 시작합니다. 하지만 부정감정은 굳이 상대를 따라 할 필요가 없습니다. 부정적인 감정은 상대를 설득하는 데 결코 도움이 되지 않습니다.

부정적인 고객을 응대할 때는 처음부터 너무 밝은 모습으로 대하면 상대와 감정의 부조화가 생기므로 약간 미소를 머금은 모습으로 응대하고 천천히 더 밝은 모습으로 바뀌어가는 것이 좋습니다. 여러분도 같이 근무하는 동료들에게 가끔 기분 좋게 웃음을 보내세요! 동료의 거울신경세포도 같이 반응하여 웃음이 만발하는 일터가 될 것입니다.

미러링의 특징

따라 하면 좋아합니다   감정은 공명합니다

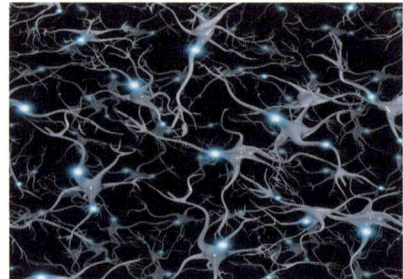

상대방 행동의 의도파악   거울신경세포 발달로 공감능력이 향상됩니다

미러링을 하게 되면 고객은 자신을 미러링을 하는 사람을 좋아하게 되며, 사람들은 타인의 감정에 무의식적으로 공명하게 됩니다. 거울신경세포는 상대의 감정을 읽어서 같은 감정을 느끼게 되고, 감정을 느끼는 근본 목적은 어떤 행동을 하려는지 상대의 의도를 파악하기 위함입니다.

상대방의 행동을 의식적으로 따라 하게 되면 거울신경세포가 발달하게 되어 보다 쉽게 상대의 감정과 의도를 파악할 수 있게 됩니다.

미러링의 특징1: 따라 하면 좋아한다

미러링 실험

사회심리학자들이 연인들이 자주 가는 카페에서 연인들 간에 주고받는 행동들을 관찰했더니 서로 따라 하는 듯한 모습이 눈에 많이 띄었습니다. 그래서 일대일로 처음 만나는 남녀들을 대상으로 실험을 했습니다.

A그룹에는 처음 만나는 사람에게 가급적이면 상대방이 알아차리지 못하는 수준에서 상대의 행동을 따라 하라고 지시를 했고, B그룹에서는 어떤 지시도 주지 않고 사람들을 만나게 했습니다. 만남 후에 상대에 대한 호감도를 조사했더니 A그룹에 참여하여 상대방을 따라 하도록 지시받은 사람들의 서로에 대한 호감도가 B그룹에 참여한 사람들의 호감도보다 훨씬 더 높게 나왔습니다.

그러면 왜 나를 따라 하는 상대에게 더 높은 호감도를 나타낼까요? 첫째는 나를 리더로 인정했다는 것입니다. 인간은 어려서는 부모를 따라 하면서 부모의 행동을 배우고 익혔으며, 청소년기에는 스타들의 스타일이나 말투 심지어 생김새까지 따라 합니다. 부모나 스타를 따라 하는 것은 상대방을 존경하고 있고 그렇게 되고 싶다는 것을 의미하므로, 부모나 스타의 입장에서는 자신의 행동을 따라 해주는 것을 무언의 칭찬으로 받아들입니다.

둘째는 비슷해지면 좋아진다는 것입니다. 엘리엇 아론슨과 대럴 린더는 이를 게인 이팩트(gain effect)라고 했는데 상대방을 처음 만났을 때에는 서로 공통되는 부분이 없었는데 만나서 이야기를 나누면서 상대방을 따라 하니까 서로의 행동이 비슷해지는 느낌을 갖게 됨으로써 호감을 느끼게 된다고 합니다.

셋째는 상대가 나를 따라 하는 것을 보면 옥시토신이라는 부모가 아이를 양육할 때 많이 나오는 호르몬이 나오면서 호감도와 신뢰감을 느낄 수 있게 됩니다.

부부가 오랜 세월 살다 보면 서로 닮는 경우가 많다고 합니다. 이것은 두 사람이 오랜 세월 동안 서로의 얼굴 표정을 흉내내느라 얼굴의 같은 부위 근육을 쓰다 보니 그 부위가 발달하고 변화하기 때문입니다. 얼굴이 비슷하지 않은 부부도 사진을 찍어보면 비슷하게 미소를 짓기 때문에 얼굴이 닮아 보입니다.

미러링의 특징2: 감정은 공명한다

여러분들은 옆에 있는 사람이 하품하는 것을 보고 자신도 모르게 하품을 하고 그 옆에 있는 사람들도 하품을 하는 것을 경험해본 적이 있을 것입니다. 또한 개그 콘서트 같은 오락 프로그램을 보면서 나에게는 별로 웃기지 않았는데도 불구하고 TV에서 나오는 방청객들의 웃음소리 또는 같이 보고 있는 가족이나 동료들의 웃음소리를 듣고 같이 웃게 되었던 경험이 있을 것입니다. 이런 현상들은 우리의 의지와 상관없이 자동적으로 일어납니다.

로버트 프로빈은 하품의 전염성이 워낙 강해서 다른 사람이 하품하는 것을 볼 필요도 없이 그저 입을 크게 벌리는 모습만 봐도 하품을 따라 하게 된다고 설명합니다. 하품하는 비디오를 본 사람들 중 약 50%의 사람들이 하품을 한다는 연구결과도 있습니다. 하품이 전염되는 것은 생리적으로 나타나는 현상이라기보다는 다른 사람들과 사회적 관계를 형성하고 반감을 사지 않기 위해 한다는 해석이 기정 사실입니다.

미러링의 특징3 : 상대방 행동의 의도 파악

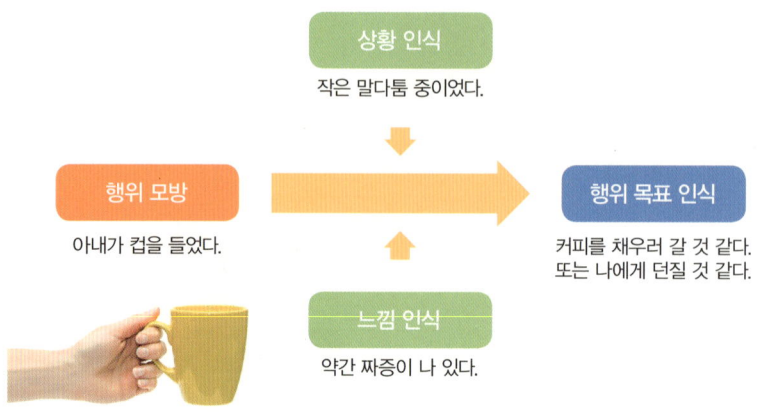

   필자는 우리 가족의 여름휴가 계획에 대해 식탁에 앉아서 아내와 말다툼을 하고 있었습니다. 이때 아내가 일어나서 컵을 잡았습니다. 아내는 무언가를 마시려는 것일까요? 아니면 그것을 설거지 통에 넣으려는 것일까요? 그것도 아니라면 혹시 나를 향해 던지려는 것일까요? 나는 많은 고민을 하지 않아도 아내가 어떤 행동을 할지 알고 있습니다.

   인간은 상대방이 특정 행동을 할 때 활성화되는 뇌의 영역과 똑같은 부위의 뇌가 활성화됨으로써 그런 행동을 왜 하는지, 그 행동 다음에는 어떤 행동을 할 것인지 의도를 예측할 수 있어서 상대에게 공감하여 좋은 대인관계를 유지할 수 있습니다. 거울신경세포의 역할은 상대방의 행위 모방이 아니라 상대방의 행위 목표에 대한 인식이라고 합니다. 자기 뇌 안에서 거울신경세포를 활성화시킴으로써 다른 사람들의 행위는 물론 그 행위의 목표까지 인식한다고 합니다.

미러링의 특징4: 거울신경세포 발달로 공감 능력 향상

자세 　 표정 　 행동 　 말 　 목소리

　　거울신경세포를 강화하는 데는 모방이 최고의 방법입니다. 그냥 타인의 표정과 행동을 따라 하는 것입니다. 의사소통에서도 단지 상대의 표정과 말을 따라 하는 것만으로도 훨씬 긍정적인 소통이 가능합니다.

　　필자는 결혼 초기에는 틈만 나면 부부싸움을 했었는데 요즈음은 별로 싸울 일도 없지만 아내의 말과 행동을 그냥 따라 하는 것만으로도 관계가 좋아지는 것을 느낍니다. 아내가 "모든 창문을 닫아 줄래요"라고 말하면 예전에는 "그래"라고만 했는데 지금은 "모든 창문 닫아~~" 라고 아내의 말을 반복해 말한 후에 행동을 합니다. 뿐만 아니라 소파에 앉아서 TV를 시청하다가도 아내는 종종 필자에게 고개를 돌리면서 눈을 마주치며 이야기를 하려 합니다. 그래서 아내가 고개를 돌리는 것이 느껴지면 억지로라도 같이 고개를 돌리고, 다리를 꼬면 같이 꼬고, 미소를 지으면 같이 짓고 있습니다. 이것도 처음에는 아주 의식적으로 해야 했고, 아내의 행동이 바뀐 것을 눈치 채는 것도 힘들었지만 몇 년을 거듭해서 하다 보니 아내의 행동이 바뀌는 것을 느낄 수 있고, 그러면 필자도 같이 행동을 바꾸고 있는 것을 느끼게 됩니다. 이런 행동이 부부관계도 좋아지게 만들고 있습니다.

미러링할 때 주의할 점

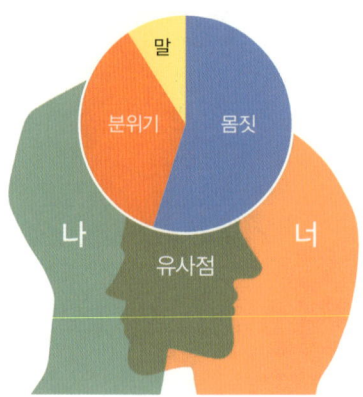

미러링을 할 때는 고객의 몸짓, 분위기, 언어를 잘 따라 하는 것이 중요하지만 고객에게 집중하지 않고 한두 가지만 따라 하다 보면 우리가 표현하고자 하는 부분들 사이에 부조화가 생기기 때문에 오히려 고객은 이상하게 생각할 수 있습니다.

미러링을 잘하기 위해서는 기본적인 연습이 필요합니다. 예를 들어 TV 드라마 등을 보면서 특정 인물을 따라 하는 연습을 해보는 것도 좋고 회사에서 진행하는 역할연기 시 동료와 협동을 통해 어떻게 고객을 따라 하는지 알아가면서 내가 표현하는 몸짓, 분위기, 말 전체를 볼 수 있는 능력을 갖출 수 있습니다. 몇 번의 연습만 있어도 고객에게 호기심을 갖고 집중만 한다면, 미러링은 인간이 가지고 있는 천부적인 능력이기 때문에 쉽게 습득하고 활용할 수 있습니다.

먼저 인간은 시각정보에 거의 70% 이상 의지하기 때문에 상대의 몸짓을 미러링하는 것이 공감에 가장 큰 영향을 미칩니다. 고객이 손을 아래위로 움직이면서 이야기를 한다면 우리도 손을 아래위로 움직이면서 이야기를 하면 되고, 고객의 움직임이 큰가 또는 작은가에 따라 움직임의 크기까지 따라 하면 더 좋습니다.

그런데 고객을 앞에 놓고 무작정 따라 하면 고객에게 따라 하는 것을 쉽게 들킬 수도 있기 때문에 약간의 시차를 두고 따라 하던지 비슷한 동작을 취하는 것으로도 미러링 효과를 얻을 수 있습니다. 특히 얼굴 표정은 고객의 감정상태를 표현하는 것이므로 더욱 주의를 기울여서 미러링 하는 것이 좋습니다. 하지만 닫혀 있는 몸동작은 미러링을 하지 말고 먼저 같이 닫혀 있는 몸동작을 취했다가 우리가 먼저 열린 자세를 취함으로써 우리는 닫힌 마음에서 열린 마음으로 바뀌었으니 고객도 마음을 열라는 의미의 몸짓언어를 보여주면 고객도 따라 할 가능성이 높습니다.

두 번째는 분위기입니다. 분위기는 목소리의 높이, 속도, 크기가 주로 영향을 미칩니다. 목소리가 빠른 사람은 느리게 말하는 사람에 대해 답답해 할 수 있고, 말이 느린 사람은 빠른 사람의 말에 따라가기 힘들다고 느끼기 때문에 경계를 할 수 있습니다. 따라서 고객의 목소리 속도보다 조금 빠르게, 조금 높게, 조금 크게 미러링하는 것이 좋습니다.

세 번째는 말입니다. 고객이 이야기한 내용 중에 특이한 단어나 사투리 그리고 중복해서 이야기하는 단어 등을 미러링하는 것은 둘만의 비밀을 공유하고 있다는 느낌을 줍니다.

제 4 장

몸짓이 먼저 말을 한다

1. 호감과 유능함은 무엇으로 평가할까?

무의식적으로 감정을 나타내는 몸짓언어

호감과 유능함은 무엇으로 평가할까?

호감을 주는 몸짓

유능한 느낌을 주는 몸짓

비호감과 무능한 느낌을 주는 몸짓

친절한 나를 무엇으로 보여줄까요?

무의식적으로 감정을 나타내는 몸짓언어

　우리는 일반적으로 자신도 잘 알아차리지 못하는 감정상태를 표정, 몸짓, 행동 등을 통해서 무의식적으로 표현하고 있습니다. 대화를 나눌 때 상대가 손으로 턱을 만지면서 듣고 있다면 상대의 말을 잘 듣고 있으며 지금은 중요한 결정을 해야 하기 때문에 열심히 생각 중이라는 뜻입니다. 비슷한 자세이지만 손으로 턱을 받치고 있다는 것은 지금 이야기를 나누는 데 지루함을 느끼고 있다는 의미일 수도 있고, 상대의 이야기가 너무 어려워서 듣고 있는 자신의 머리가 무거워져 손으로 받치고 있다는 표현일 수도 있습니다. 대화 시 이러한 행동을 의식적으로 하는 사람은 많지 않습니다. 말로는 하지 않지만 현재 자신의 내부에서 만들어진 감정을 무의식적으로 외부로 표현하고 있는 것입니다.

호감과 유능함은 무엇으로 평가할까?

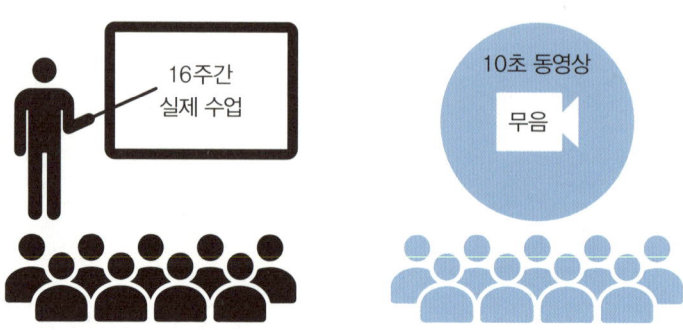

각 그룹의 교수 평가 결과는?

　호감과 유능함은 무엇으로 평가할까? 하버드대학교 날리니 엠바디 교수는 학생들을 모아놓고 대학 교수들의 강의를 10초짜리 동영상으로 음성은 제외하고 보여주면서 처음 보는 교수들의 호감도와 유능함을 평가하라고 했습니다. 놀랍게도 학생들이 평가한 결과는 실제로 그 교수들에게 한 학기 동안 강의를 들었던 학생 수백 명의 평가 결과와 거의 차이가 없었습니다.

　말하는 것은 한참을 들어야 잘하는지 못하는지 알 수 있지만 몸짓은 순간적으로 그 사람의 전체 모습을 보여주기 때문에 불과 10초 정도의 동영상만으로도 상대의 호감도와 유능함을 정확하게 평가할 수 있었습니다. 그러면 어떤 자세가 상대에게 호감과 유능함을 느끼게 하는 몸짓일까요?

호감을 주는 몸짓

미소	눈맞춤 (시선)	고개 끄덕이기	손바닥 보이기
몸통 방향	약간 벌린 다리	몸 앞으로 기울임	적당한 움직임
가까운 위치	커진 눈	약간 벌려진 입	올라간 눈썹
	손바닥 비비기	미러링	

호감을 주는 표정, 자세와 행동은, 한마디로 표현하면 상대를 향해서 열려 있어야 합니다. 표정에서는 미소를 지으면 고객에게 호감을 주며, 눈을 살짝 크게 뜨는 모습을 보여주거나, 입을 약간 벌리고 있는 것이 고객을 받아들이고 있다는 표정입니다.

자세도 마찬가지로 상대방을 향해서 열린 자세를 취하면 됩니다. 어깨부터 손, 다리를 몸에 딱 붙인 것보다는 약간 벌리고 있는 것이 고객을 받아들이고 있다는 느낌을 줍니다. 행동은 상대방 쪽으로 관심이 있어서 다가가고 있다는 느낌으로 한 발 앞으로 나가거나 상체를 고객 쪽으로 기울이는 것이 호감을 줍니다. 고객이 말을 할 때 고개를 끄떡여주면 고객의 존재와 말하는 내용을 인정하고 있다는 느낌을 줍니다. 고객과 적절히 눈을 맞추고 손바닥을 보여주는 것 또한 거짓없이 모든 것을 열어놓고 있다는 느낌을 주어 고객이 호감을 갖게 합니다.

유능한 느낌을 주는 몸짓

　자신의 유능함을 고객이 느끼게 하기 위해서는 열린 자세로 자신감을 표현하면 됩니다. 열린 자세에는 두 가지 의미가 있습니다. 첫째는 개가 주인에게 절대 복종을 의미하는 행동으로 배를 하늘로 보이게 드러누움으로써 자신의 약한 부분을 모두 다 노출했으니 뜻대로 하세요 하며, 항복하는 의미의 열린 자세가 있습니다. 또 하나는 격투기나 권투를 하면서 상대의 주먹 따위는 견딜 수 있어 하는 자신감을 내보이기 위해서 얼굴에서 가드를 내리면서 들어오라고 표현하는 것처럼, 상대를 이길 수 있다는 자신감을 뜻하는 열린 자세입니다. '호감을 주는 몸짓'에서의 열린 자세가 뜻하는 것은 나는 당신에게 항복한 것이라는 뜻이 강하지만, '유능한 느낌의 몸짓'에서 열린 자세는 당신은 나에게 적수가 안되니 언제든 공격해보라는 뜻이 강합니다.

　유능함을 나타낼 때는 손은 살짝 주먹을 쥐고 있거나, 팔꿈치를 살짝 꺾어서 팔꿈치와 같은 위치에 놓습니다. 손의 움직임은 말의 내용과 속도와 강약을 맞추어 몸통 안쪽보다는 약간 바깥쪽에서 움직이는 것이 자신감을 보이면서 유능함을 느낄 수 있게 합니다.

비호감과 무능한 느낌을 주는 몸짓

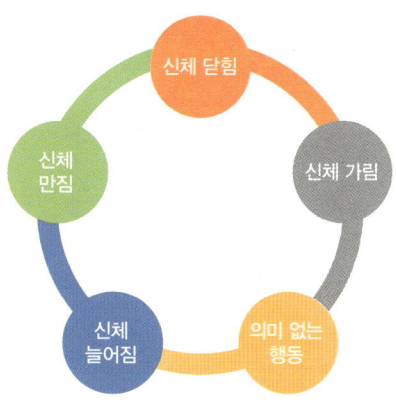

　비호감이나 무능함을 나타내는 표정, 자세, 행동은 무엇일까요? 첫째는 닫힌 자세, 즉 팔짱을 끼거나 다리를 꼬거나 발을 교차해놓는 자세입니다. 상대방과의 대화는 서로를 알아가자는 뜻인데 자신의 몸은 닫아놓고 대화를 하자고 하니 상대방이 어떻게 느끼겠습니까? 즉 뭔가 이상하다, 속이는 것 같다라는 느낌을 받습니다. 두 번째는 뒷짐을 지거나 손을 주머니에 넣거나, 팔짱을 껴서 몸의 주요 부분을 가리거나, 입을 가려서 말이 전달되는 것을 막는 듯한 느낌을 주는 것입니다.

　세 번째는 의미 없는 행동을 하는 것입니다. 손이나 볼펜 등을 만지작거리는 행동은 상대방이 의미 없는 곳에 집중하게 만듭니다. 네 번째는 늘어진 자세입니다. 어깨가 처져 있거나 팔이 늘어져 있는 공수자세 등은 맥 빠진 느낌을 주는 자세입니다. 마지막으로 인간의 뇌는 본능적으로 초조할 때는 자신을 만지는 것으로 불안을 잊으려 합니다. 하지만 이러한 만지작거리는 행동으로 자신의 불안한 느낌이 상대에게 전달되어 상대도 불안감을 느끼게 만듭니다.

친절한 나를 무엇으로 보여줄까요?

나는 따뜻한 사람입니다!

나는 친근한 사람입니다!

나는 유능한 사람입니다!

나는 믿음직한 사람입니다!

나는 호감 가는 사람입니다!

여러분은 고객에게 어떤 모습을 보여주고 있으며 고객은 여러분이 보여주는 모습을 그대로 보고 있을까요? 고객은 제품을 구매하기 전에 영업/서비스 직원에 대해 따뜻함, 친근감을 느껴야 합니다. 혹시 고객을 기다리기 위해 진열대 앞에 서 있는 우리의 모습이 어떤지 돌아본 적이 있으십니까?

필자가 가족과 같이 쇼핑을 가게 되면 필자는 쇼핑을 하기보다는 그냥 같이 돌아다닙니다. 필자의 직업이 서비스 강사라 직원들이 어떤 자세로 대기하고 있으며, 대화를 할 때는 어떤 자세로 하는가에 관심이 많아서 서너 발자국 떨어진 곳에서 이야기를 들으면서 표정과 자세를 살펴볼 기회가 많습니다. 흔히 말하는 '미스터리 쇼핑'을 하기에 아주 좋은 기회입니다. 어떤 말을 어떤 자세로 하는지와 그때의 아내와 딸의 분위기는 어떠한지를 살펴봅니다.

해당 매장에 들어갈지 말지를 결정짓는 첫인상을 좌우하는 대기 자세는 거의 모든 매장이 필자에게 좋은 평가를 받지 못합니다. 고객이 매장에 눈길을 주는데도 직원들은 고개를 숙이고 무엇인가를 하는 분들이 많습니다. 자신의 매장에 관심이 있는 고객에 대한 최소한의 예의는 매장을 쳐다보는 고객에게 간단히 목례를 하여 자신은 친절한 사람임을 알려줘야 합니다. 사람들은 고정되어 있는 사람이나 상품에게는 관심이 없습니다. 하지만 뭔가 움직이는 것을 느끼면 자동적으로 눈길을 주게 되어 있습니다. 고객은 누군가 목례를 하거나 눈을 약간 높이 치켜 뜬다거나 미소를 보낸 것 등을 거의 무의식적으로 알아차립니다.

그러면 무의식은 자동적으로 이런 몸짓언어를 해석해서 의식에게 알려줍니다. '이 매장은 안전하고 친절한 곳이야!', '물건들도 좋은 것 같아', '한번 들어가볼까!'

여러분은 무엇으로 친절하다는 것을 고객에게 알려주고 있습니까? 고객접점별로 따뜻하게 맞이하고, 친근하게 고객과 관계를 형성하며, 유능하게 설명하고, 믿음직하게 제안하고, 호감이 가도록 배웅하는, 이 모든 과정을 통틀어서 친절하게 응대해야 합니다.

따뜻하게 맞이한다는 것은 미소를 지으면서 열린 표정과 자세로 고객을 응대하는 것이고, 친근하게 관계형성을 하는 것은 상대에 대해 알고 있는 영역이 많아지고 공통 관심사가 넓어지고, 상대에 맞춰주는 것입니다. 유능하게 설명한다는 것은 표정과 행동이 열려 있으며, 행동이 너무 크지도 작지도 않고 적당하며, 손은 배꼽 위에서 약간 벌어져 있으며, 중요성을 강조할 때 시선을 더욱 많이 맞추는 것을 말합니다. 믿음직하다는 것은 최종적으로 나타나는 결과 품질로 지속적으로 믿음직함을 유지하기 위해서는 말과 자세, 행동, 분위기가 서로 잘 어울리고 어벽이나 머뭇거림 등의 말실수가 없어야 합니다. 호감 가는 배웅을 위해서는 열린 자세와 미소를 유지하며 고객의 행동을 미리링하는 것이 좋습니다.

2. 몸짓언어 읽기, 몸짓언어 표현하기

몸짓언어의 여섯 가지 중요성 : 빠른 판단
　　　　　　　　　　　동일한 판단기준
　　　　　　　　　　　속마음을 표현한다
　　　　　　　　　　　감정표현
　　　　　　　　　　　원인과 결과의 법칙
　　　　　　　　　　　자신의 몸짓을 잘 못 본다
당신의 몸짓언어는 안전한가요?
몸짓언어 수준 진단 : 대기와 인사
　　　　　　　　　　공감대 형성과 설명
　　　　　　　　　　구매권유와 배웅
부정적 몸짓언어 세 가지
몸짓언어의 신체변화
몸짓언어 정확히 읽기

몸짓언어의 여섯 가지 중요성

빠른 판단

동일한 판단기준

속마음을 표현한다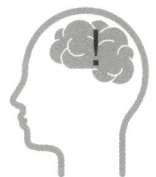

감정표현

원인과 결과의 법칙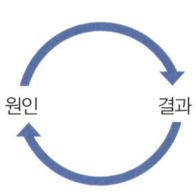

자신의 몸짓을 잘 못 본다

인류가 언어를 사용하기 훨씬 이전부터 상대방에게 의사를 전달하기 위한 방법으로 몸짓언어가 있었습니다. 몸짓언어는 동료들에게 위험을 알려서 종족을 보호하거나 종족 내에서 높은 지위를 차지하기 위해 경쟁할 때 실제적으로 싸우지 않고도 상대보다 강함을 표현하는 방법이었습니다.

빠른 판단

몸짓언어는 빠른 판단과 행동이 필요했던 인류 진화의 초기부터 발달해왔기 때문에 주로 감정의 뇌에서 표현하고 인식합니다. 감정의 뇌는 상대방에 대한 느낌이 구체적으로 왜 그런지 바로 설명할 수는 없지만 막연히 좋은 사람, 좋지 않은 사람을 구분할 수 있습니다. 그리고 잠시 후에 이성의 뇌는 이것이 사실인지 아닌지 자신의 논리적이고 이성적인 경험에 근거하여 감정의 뇌가 판단한 것을 강화하는 방향으로 증거를 찾아 확신을 갖게 됩니다(감정의 뇌가 결정한 것을 이성의 뇌가 바꾸는 경우는 거의 없습니다).

동일한 판단기준

몸짓언어는 인류 진화의 긴 시간 동안 만들어졌기 때문에 대부분 세계적으로 동일합니다. 개인의 이성적인 판단이나 의식적으로 만들어내는 몸짓언어도 있지만 대부분의 몸짓언어는 무의식적으로 표현되고 인식되기 때문에 같은 몸짓언어는 같은 의미로 해석됩니다.

속마음을 표현한다

같은 맥락에서 몸짓언어는 감정의 뇌에서 표현되기 때문에 거짓말을 하지 못합니다. 하지만 요즘은 몸짓언어도 배워서 거짓말을 할 수 있는 사람들이 생기고 있기는 합니다. 하지만 뇌에서 가까운 얼굴 부위에서는 거짓 표정을 만들 수 있지만, 손, 몸통, 다리 순으로 뇌에서 멀리 떨어져 있는 부위는 거짓행동을 하기가 어려워집니다. 사람들이 거짓말이나 과장하는 말을 하게 되면 말은 그럴싸하지만 비언어적 표현인 몸짓언어는 거짓말을 못하기 때문에 말하는 내용과 상반된 표현을 하기도 합니다. 그래서 말하는 내용과 비언어적 표현이 일치되지 않으면 의심을 사게 됩니다.

감정표현

우리는 말로써 감정을 표현할 수 있습니다. 하지만 언어를 사용하기 이전부터 인류는 몸짓을 통하여 감정을 표현했기 때문에 아직도 몸짓을 통해 감정을 표현하고 있습니다. 미국 드라마 'Lie to me'를 보면 주인공은 범죄와 관련된 사람들이 거짓을 감추면서 인터뷰를 할 때 상대의 미세동작을 포착하여 거짓말을 하는지, 어떤 감정으로 말을 하는지를 파악하고 있습니다. 우리가 하는 비언어적 표현은 감정의 뇌에서 거의 무의식적으로 표현되는 것이므로 이야기를 나눌 때 속마음은 어떤 경로를 통해서든 겉으로 표현되고 있습니다.

원인과 결과의 법칙

우리가 열린 표정과 자세를 취하게 되면 상대에게 이야기할 때 숨기거나 거짓말을 할 가능성이 훨씬 줄어듭니다. 열린 표정이나 자세는 상대에게도 열린 마음을 갖게 하지만 자기 스스로도 열린 마음으로 상대에게 접근할 수 있도록 해줍니다. 몸과 마음은 마음이 열리면 몸도 열리고, 반대로 몸이 열리면 마음도 열리는 서로 원인과 결과를 주고받는 관계에 있습니다.

자신의 몸짓을 잘 못 본다

마지막으로는 우리는 현재 감정을 비언어적 표현을 통해 상대에게 너무 노골적으로 노출하고 있을 수도 있습니다.

싫어하는 사람과 어쩔 수 없이 관계를 유지하기 위해서 만날 때 상대가 자신의 싫어하는 감정을 어떻게든 지각하게 된다면 큰 낭패를 볼 수 있기 때문에 자신이 지금 어떤 표정과 몸짓을 하고 있는지 살펴봄으로써 인식하게 되고, 인식하게 되면 자신이 원하는 표정과 몸짓으로 바꿀 수 있습니다. 자신의 표정과 몸짓을 자주 읽다 보면 거울신경세포와 연합운동신경, 전두엽 등이 발달하여 상대의 표정과 몸짓의 변화와 그것이 의미하는 감정도 읽을 수 있게 됩니다.

몸짓언어의 중요성 : 빠른 판단

0.2초 : 무의식이 결정하는 시간
4초 : 인식이 첫인상을 형성한다
4분 : 첫인상이 지속된다

여러분이 백화점에서 옷을 사려고 할 때 선택 기준은 무엇인가요? 많은 사람들이 꼽는 첫 번째 요소는 브랜드입니다. 브랜드에는 스타일, 가치, 가격이나 서비스 정도, 어느 곳이나 동일한 제품이나 품질, 선호도 등 많은 것들이 내포되어 있습니다. 그래서 먼저 낯익은 브랜드를 둘러봅니다. 하지만 원하는 것을 찾지 못했다면 모르는 브랜드의 매장 중에서 선택해야 하는데 그 기준은 제품의 진열 상태와 종업원의 대기 자세입니다.

매장 안으로 들어가면서 종업원의 용모와 복장, 자세, 표정 등을 살펴보고서 제품이나 서비스를 구매할지 말지를 결정하게 됩니다. 직원의 대기나 응대 자세를 보고 좋다 나쁘다를 판단하는 데 무의식은 0.2초보다 짧게 걸립니다. 그리고 첫 번째 판단을 지지해줄 구체적인 자료를 파악하여 첫인상을 형성하는 데 4초 정도 걸립니다. 그 4초 내에 형성되었던 첫인상이 최소한 4분은 지속됩니다. 그러면 그 이후에 바뀔까요? 거의 바뀌지 않습니다. 우리의 뇌는 보고 싶은 것만 봅니다. 뇌의 판단이 틀릴 수도 있지만 그렇게 되면 다음의 판단을 믿지 못하게 되어 어떻게 행동할지 모호해지기 때문에 처음 판단을 뒷받침해 줄 수 있는 정보만 더 잘 보이게 되고 그러면 더욱더 첫 번째 판단이 맞았다는 확신이 듭니다.

몸짓언어의 중요성 : 동일한 판단기준

　당신은 마른 사람과 뚱뚱한 사람의 행동 특성을 일반적으로 어떻게 설명합니까? 뚱뚱한 사람에 대한 일반적인 느낌으로는 여유롭다, 자유분방하다, 개방적이다, 마음씨가 좋다, 다른 사람과 잘 어울린다, 두리뭉실하다, 편안하다, 푸근하다 등을 이야기합니다. 마른 사람에 대한 일반적 느낌으로는 까다롭다, 차갑다, 말수가 적다, 잘 삐친다, 신경질적이다 등을 말하고 있습니다. 이런 느낌은 나만의 느낌이 아니라 전 세계적으로 거의 동일한 느낌을 이야기합니다.

　뚱뚱한 사람은 어떻고 홀쭉한 사람은 어떻다는 것을 부모나 선생님 또는 동료로부터 배운 것이 아니라 그냥 우리의 몸속에 남아 있는 유전자들이 전해주는 생존과 번식을 위한 중요한 정보입니다.

몸짓언어의 중요성 : 속마음을 표현한다

　몇 장의 사진을 보면서 어떤 속마음인지 알아보겠습니다. 첫 번째 사진은 어린아이가 엄마에서 혼이 나고 있습니다. 아이가 엄마의 말을 잘 받아들이고 있나요? 아이는 자신의 팔로 몸을 감싸안음으로써 야단치는 엄마로부터 자신을 방어하고 있는 동시에 야단을 맞는 자신을 위안하고 있는 것입니다.
　그러면 두 번째 사진의 여자아이 표정과 자세는 어떤 의미일까요? 입을 가린다는 것은 지금 거짓말을 하고 있는데 그것을 숨기려고 하는 것이고, 뭔가 잘못한 행동을 애교로서 모면해보려 하고 있습니다.
　세 번째 그림에서 손으로 입을 가린다는 것은 주로 거짓말을 할 때 거짓말 하는 것을 보이지 않기 위한 행동입니다. 이렇듯 사람들은 자신도 모르게 자기의 속마음(감정)을 표현하고 있습니다.

몸짓언어의 중요성 : 속마음을 표현한다

몸짓과 말이 다르면 어떤 것을 더 믿을까요?

전 매우 소심한 사람입니다!

우리의 몸짓이 말이나 말투와 어울리지 않게 표현되었다면 상대방은 우리를 어떻게 생각할까요? 가장 먼저 이 사람은 믿을 수 없다고 생각합니다. 자신도 모르게, 말하면서 표현된 실수가 자신을 믿지 못하는 사람으로 만들어버리는 것입니다. 감정의 뇌는 몸짓, 표정, 말투 등으로 상대를 판단하고, 이성의 뇌는 상대의 말에 초점을 맞춰서 판단을 하는데 두 개의 메시지가 다르다면 말과 몸짓 중 어떤 것을 더 믿을까요? 몸짓과 말이 다르면 말을 의심을 하면서 당연히 몸짓을 믿습니다. 생존을 위해선 항상 감정의 뇌가 이성의 뇌보다 우선권을 갖고 있기 때문입니다.

몸짓언어의 중요성 : 감정표현

자세를 보면 표정과 감정이 보인다!

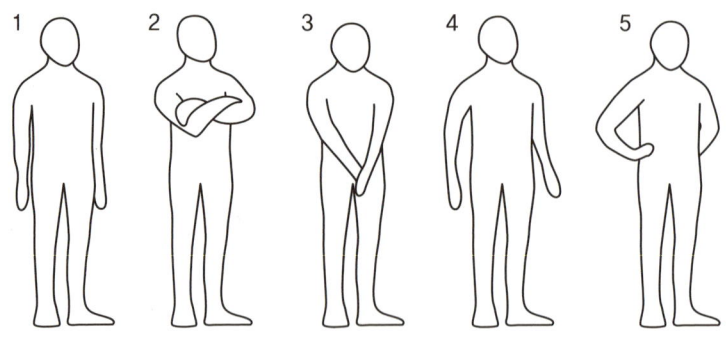

자세는 현재 내가 느끼고 있는 감정표현입니다.

1번부터 5번까지 자세만 있고 글과 표정이 없는 그림입니다. 각각 어떤 감정이고 왜 그런지 답을 해봐주시겠습니까?

1번은 기본적인 자세입니다.

2번은 팔짱을 높게 끼고 턱을 들고 있습니다. 높은 팔짱을 낀다는 것은 자신의 강인함이나 높은 지위를 과시하는 것입니다. 그리고 턱을 들고 있다는 것은 자신의 중요한 부분인 목을 열어놓고 있는 자세로 너는 나의 상대가 안되니 중요한 목을 열어놓을 수 있어라는 우월함의 표현입니다. 낮게 팔짱을 끼면 상대로부터 자신을 방어한다는 의미가 더 많습니다.

3번은 주로 많이 하는 대기 자세 중의 하나로 손으로 바지 지퍼를 가리고 있는 자세입니다. 여러분은 3번 자세에서 어떤 감정이 느껴지시나요? 그렇죠. 뭔가 잘못한 것 같고, 수줍어 하는 것도 같으며 왠지 자신감이 없어 보이는 느낌이 듭니다.

4번은 1번의 기준 자세보다 어깨를 더 펴고 팔과 다리도 더 넓게 벌리고 있습니다. 신체 영역이 더 넓어졌다는 것은 더 힘이 세고, 자신감이 있다는 표현으로 여유 있게 상대방의 공격도 받아들일 수 있다는 표현입니다. 하지만 너무 많이 벌리고 있다면 너무 과도한 힘을 과시하고 있는 것이라 상대에게 부담감을 줄 수 있습니다.

동물들이 상대와 경쟁하거나 싸우려 할 때 자신의 몸을 크게 만드는 것을 예전에 했던 TV 프로그램 '동물의 왕국' 등을 통해서 많이 보셨을 것입니다. 5번 자세 역시 팔을 허리에 올리면서 자신의 신체 영역을 넓게 만들었습니다. 4번 자세보다 더 적극적으로 넓게 만들었습니다. 이 자세는 상대에게 분노를 알리면서 싸우려 할 때 자기가 더 크고 힘이 세다는 것을 알려주는 것입니다. 이렇게 우리는 신체 자세만 보고도 그 사람의 감정상태를 충분히 판단할 수 있습니다.

몸짓언어의 중요성 : 원인과 결과의 법칙

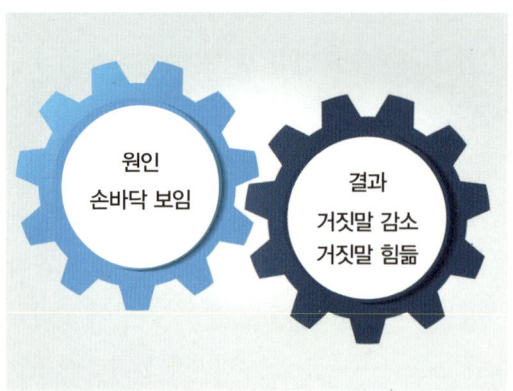

- 열린 행동을 하면 상대도 진실을 말해야 한다는 압력을 받고 속마음을 더 털어놓게 된다.
- 열린 행동을 보고 친밀감을 느끼고, 관계가 좋아진다.

고객과 상담을 할 때나 혹은 친구들과 모임을 갖고 있을 때 손바닥을 위로 하여 상대에게 보여주는 열린 행동을 자주하면 거짓말을 하게 될 가능성도 줄어들게 됩니다. 일반적으로 사람들은 손바닥을 위로 하여 상대에게 보여주고 있을 때 거짓말을 하기 어렵습니다. 또한 상대와 이야기를 할 때 솔직하게 마음을 터놓고 말하는 사람의 표정과 태도가 열려 있을 가능성이 매우 높습니다.

열린 자세로 손바닥을 보이면서 상담을 하다 보면 고객의 거울신경세포가 반응하여 고객도 자세를 열고 손바닥을 위쪽으로 하게 되며, 따라서 고객도 진심으로 마음을 열고 솔직하게 이야기를 하게 됩니다.

우리의 몸을 움직이게 하는 뇌의 시상하부와 느낌을 관장하는 대상회와 해마와 시상은 가까이 붙어 있기 때문에 감정을 느끼면 그것이 곧바로 표정, 행동, 자세를 통해서 나타납니다. 우리의 몸을 열린 상태로 하고 이야기를 하게 되면 솔직해져서 거짓말을 하기 어렵습니다.

몸짓언어의 중요성 : 자신의 몸짓을 잘 못 본다

여러분은 팔짱을 낄 때 왼손이 위로 올라갑니까? 아니면 오른손이 위로 올라갑니까? 대부분의 사람들은 자신이 직접 해보기 전까지는 잘 모릅니다. 지금 당장 해보겠습니까? 이제는 어느 손이 위로 올라가는지 알게 되었습니다. 그러면 손의 위치를 바꿔볼까요? 잘 되나요? 많이 어색하게 느껴질 것입니다.

이처럼 자신이 지금 어떤 표정과 자세를 취하고 있으며 또한 어떤 행동을 하는지 잘 모르는 경우가 많습니다. 특히 고객과 함께 있을 때 어떤 표정과 태도 그리고 행동을 했는지에 따라 고객은 나에게 호감과 유능함을 느끼기도 하지만 비호감과 무능함을 느낄 수도 있습니다.

이럴 때는 역할연기를 통한 연습이 큰 도움이 됩니다. 여러분이 어떤 표정과 태도와 행동을 하는지를 회사에서 교육 중에 해보는 억힐연기를 통해서 동료와 서로 관찰자가 되어 피드백해주는 것입니다. 자신이 어떤 부분에서 어떤 표정과 자세와 행동을 했는지를 알게 되면 향후에 있을 고객 응대에서 자신의 행동을 스스로 알아차리게 되면서 표정, 태도, 행동의 수정이 가능하게 됩니다.

당신의 몸짓언어는 안전한가요?

　역할연기가 아니라도 가족이나 친구들과 대화를 나누면서 자신이 어떤 표정과 태도와 행동을 하는지를 스스로 몇 번 관찰해보고 부적절한 몸짓언어를 알아차리고, 바꾸는 행동을 하게 되면 무의식적으로 부적절하게 표현되었던 몸짓언어를 없애거나 적절한 표현으로 바꿀 수 있습니다. 그러나 자신이 절대로 의식적으로 지각하지 못하기 때문에 절대 바꾸지 못하는 것도 있습니다. 'Lie to me'라는 미국 드라마에 나오는 0.5초 미만의 미세표정은 무의식이 짧은 시간에 표현하는 것이기 때문에 의식이 알아차리지 못합니다. 고객의 무의식은 이런 미세표정을 알아차릴 수는 있지만 어떤 표정인지 의식적으로 말로 표현하기는 어렵습니다.

　그러므로 고객을 대할 때 마음을 항상 바르게 가져야 합니다. 마음속으로 '저 손님은 구매하지 않을 것 같으니 세심한 응대를 할 필요는 없겠다'라고 생각하고 응대한다면 고객도 대충 응대받고 있다는 것을 느껴서 절대 구매하지 않게 됩니다. 이처럼 고객을 만날 때는 나의 마음부터 바로잡고 응대해야 합니다.

몸짓언어 수준 진단1 : 대기와 인사

	몸짓언어	A	B	C
대기	서 있을 때 두발의 위치	두 발을 약간 벌리고	차렷 자세	두발을 교차하여
	서 있을 때 두 팔의 위치	손을 허벅지에서 바깥으로 5cm 정도 벌려서	엄지를 배꼽까지 올린 공수 자세	거시기까지 처진 공수 자세
	서 있을 때 허리	약간 뒤로 넘기고 있다.	곧게 펴고 있다.	약간 앞으로 구부린다.
	시선	머리를 약간 쳐들고 약간 위를 본다.	똑바로 앞을 본다	머리를 약간 숙이고 땅바닥을 본다.
	가슴	가슴을 앞으로 약간 내민다.	편안하게 서 있는다.	약간 구부정하게 숙인다.
인사	발 위치	한발 앞으로 내밀면서 인사	발을 약간 벌리고 인사	발을 모으고 인사
	고객을 맞이할 때 몸통의 방향	고객과 일치되게 움직임	고개만 따라가고 배꼽은 따라가지 않음	시선만 움직임
	허리 굽힘	허리를 굽혀서 인사	목을 구부려서 인사	눈으로만 인사
	옷 매무새	옷의 매무새를 갖추는 것을 보이고서 인사	옷 매무새를 갖춘 후에 인사	옷 매무새는 신경 쓰지 않고 인사
	눈	눈썹을 약간 위로 올리며 눈을 크게 뜨고 눈맞춤을 하면서 인사	눈을 크게 뜨고 눈맞춤을 하면서 인사	눈맞춤을 하면서 인사
	악수할 때	손바닥이 비스듬히 위로 향한다.	손을 수직으로 세운다	손바닥이 아래로 향한다.
	표정	미소를 지으면서 인사한다.	미소를 지으면서 인사한다.	무표정하게 인사한다.

당신의 몸짓언어는 어떤 말을 하고 있는지 진단해보겠습니다. 접점별 고객응대 시 본인의 모습을 살펴보고 가장 많이 취하고 있는 자세에 O를 해주시기 바랍니다. 대기 자세에서는 어떤 모습을 고객에게 보여주어야 할까요? 자신감 있는 자세, 단정한 자세, 부드러운 자세입니다. 위의 표에서 A는 주로 적극성이 있어 보이는 자세를 나타내는 것이고, B는 주로 단정한 자세를 표현하며, C는 소극적인 자세를 표현합니다. 인사 자세에서는 A가 가장 적극적이면서도 공손한 인사를 나타내고 B는 평범한 인사이고, C는 좋지 않은 인사입니다.

몸짓언어 수준 진단2 : 공감대 형성과 설명

	몸짓언어	A	B	C
공감대 형성	앉아 있을 때 다리 위치	두 발바닥을 모두 바닥에 디딘다.	두 발의 발목을 교차한다.	다리를 꼰다.
	경청할 때 눈맞춤	눈썹과 코끝이 이루는 삼각형을 쳐다본다.	얼굴 전체를 쳐다본다.	시선을 맞추기보다 입 아래를 주로 쳐다본다.
	경청할 때 고개를 끄덕이는 속도	천천히 3번 정도 끄덕인다.	천천히 2번 정도 끄덕인다.	빠르게 3번 이상 끄덕이거나 끄덕임이 거의 없다.
	앉아 있을 때 팔과 손의 위치	11자로 손바닥이 위로 향하게 놓는다	11자로 손바닥이 아래로 향하게 놓는다.	탁자 위에 팔을 포개 놓거나 손을 탁자 아래 놓는다.
	경청할 때 몸의 기울기	허리를 펴서 5도 정도 앞으로 기울인다.	허리를 약간 웅크려서 앞으로 기울인다.	몸을 웅크리고 고개를 들어서 대화한다.
	입	입을 약간 벌리고 있다.	입을 꼭 다물고 있다.	입술을 깨물거나 손으로 입을 가리고 있다.
설명	몸의 위치	고객의 오른쪽에 45도 방향에 위치한다.	고객과 정면으로 마주보게 위치한다.	고객의 뒤나 옆에 일자로 위치한다.
	손의 위치	두 손 모두 허리 위에서 말하는 것을 손짓으로 부연하여 표현한다.	한 손은 허리 위에 한 손은 허리 아래에 놓고 한 손으로 손짓하여 부연한다.	손짓을 통해 부연 설명하지 않는다.
	시선 처리	제품과 고객에게 골고루 시선을 준다.	고객 위주로 시선을 준다.	제품 위주로 시선을 준다.
	대화 거리	0.7 ~ 1.2m 이내	0.7m 이내	1.2m 이상

공감대 형성 단계에서 우리는 고객에게 편안하다, 잘 듣고 있다는 표현을 많이 해야 합니다. 위의 표에서 A는 적극적이면서 공손함을 나타내는 표현이고, B는 A보다 조금 소극적이고 방어적인 자세이며, C는 좋지 않은 자세입니다.

설명할 때는, 제품에 대해 잘 알고 있다는 것을 몸짓언어로 표현하면 자신감이 느껴지지만 너무 과도하면 고객이 부담감을 느낄 수 있으므로 적절하게 표현해야 합니다. A는 적당한 자신감을 표현하고 있으며 B는 좀 과도한 자신감을 보이고 있으며, C는 자신감이 없음을 보여줍니다.

몸짓언어 수준 진단3 : 구매권유와 배웅

	몸짓언어	A	B	C
구매권유	구매권유 직전에 손 위치	한 손으로 턱을 감싸면서 깊이 생각하는 모습을 보인다.	한 손으로 이마를 만지면서 생각하는 모습을 보인다.	한 손으로 코를 만지작거리며 생각하는 모습을 보인다.
	구매권유 시 손의 위치	한 손을 가슴에 얹고서 구매를 권유한다.	두 손을 가슴 높이에서 손바닥을 위로 향하게 펴 보이며 구매를 권유한다.	두 손을 가슴 높이에서 주먹을 쥐고 구매를 권유한다.
	시선	고객의 눈을 바라보며 구매권유한 후에는 눈을 맞추지 않는다.	고객의 눈을 바라보며 구매권유한 후에 답이 있을 때까지 눈을 맞추려 한다.	고객의 눈을 바라보지 않고 구매권유를 한 후 눈을 맞추지 않고 답을 기다린다.
	고객과의 거리	설명 시보다 좀 더 가까이 다가간다.	설명 시와 같은 거리를 유지한다.	설명 시보다 약간 먼 거리를 유지한다.
배웅	배웅인사	허리를 굽히면서 천천히 내려가고 올라온다.	허리를 굽히면서 빨리 내리고 천천히 올라온다.	가볍게 목례만 한다.
	시선	고객을 매장 문 앞까지 배웅하며 시야에서 벗어날 때까지 바라본다.	고객이 시야에서 벗어날 때까지 바라본다.	고객이 매장 문을 나갈 때까지 바라본다.
	고객이 안 보이기 직전에	발끝을 들고, 손을 들어서 인사한다.	손을 들어서 인사한다.	고개만으로 인사한다.

구매권유 단계에서 고객에게 보여줘야 할 것은 믿음직함입니다. 진심 어린 표현을 살짝 함으로써 믿음직한 모습을 더 강조할 수 있습니다. A는 약간의 자신감과 배려감을 표현하며, 나도 어떤 것을 권유해야 할지 고민하고 있고 솔직하게 결정하여 추천하고 있음을 표현합니다. B는 고객을 배려하고 있음을 보여주지만 강도가 A보다 조금 떨어지며 C는 직질하지 않은 행동입니다.

배웅 시에는 고객의 방문이나 구매에 감사하는 태도를 보이기 위해서 인사의 속도와 시선의 길이를 가급적 길게 함으로써 이별의 아쉬움과 고마움을 표현합니다.

부정적 몸짓언어 세 가지

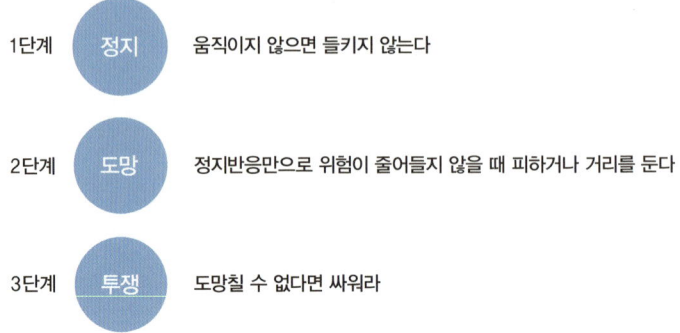

인류가 지난 180만 년 동안 위험이나 스트레스가 있을 때 성공적으로 대처해온 방법은 바로 정지하거나 도망가거나 아니면 싸우는 것이었습니다. 먼저 불안하거나 불편하게 되면 하던 말이나 눈맞춤을 적게 하게 되며, 몸의 움직임이 멈추거나 줄어들게 됩니다. 멈추는 것만으로 위험이나 불안을 극복할 수 없을 때에는 몸을 뒤로 기울이든지 상대방과 사이에 가방을 놓기도 하면서 그곳으로부터 피하거나 거리를 두려고 합니다.

도망 칠 수 없으면 싸워야 했습니다. 그럴 때는 몸을 크게 보이게 하여 상대를 위협하는 행동부터 했습니다. 그런 이유로 지금도 싸울 때는 먼저 눈을 크게 뜬다든지, 목소리를 크게 한다든지, 몸을 크게 하든지, 손동작이 커지면서 상대를 제압하려는 행동을 합니다.

고객과 대화 시 고객의 움직임이 줄어들며 뒤로 물러나거나 방어하는 자세를 취한다면 지금 불안하거나 불편한 상태를 벗어나고 싶은데 바로 끝내기가 미안할 때 주로 하는 행동입니다. 이런 행동은 우리도 하지 말아야 하지만 상대가 이런 행동을 한다면 즉시 알아차리고 대화의 주제나 장소를 바꾸는 것이 좋습니다.

몸짓언어의 신체변화

우리 몸의 기본 자세가 어떤 것인지 알고 난 후에는 네 가지 신체유형으로 자신과 상대의 감정상태를 확인해볼 수 있습니다.

신체 커짐

우리의 몸이 커지는 경우는 싸울 준비를 할 경우입니다. 때로는 손을 높이 들거나 넓게 벌리면서 몸을 크게 만들어서 상대방보다 자신을 크게 보이게 하여 실제로 싸우지 않고 싸움을 끝내기도 합니다. 싸움에 이겼을 때도 승리를 만끽하기 위해서 온몸을 크게 벌려서 자신이 이겼다는 것을 다른 사람들에게 과시하는 행동을 합니다.

신체 열림

몸을 열었다는 것은 상대를 받아들이겠다는 의미가 강합니다. 하지만 받아들이는 이유는 두 가지로 나뉩니다. 상대방보다 우위에 있어서 몸의 중요 부분을 열어놓아도 아무 문제가 없다고 생각하여 열어놓는 경우가 있습니다. 또는 상대방에게 항복했다는 의미로 상대가 어떠한 처분을 하든지 전부 받아들이겠다는 의미로 신체의 중요 부분을 열어놓는 경우입니다. 서로 다른 의미로 신체를 열지만 두 경우 모두 상대를 받아들이겠다는 의미는 동일합니다.

신체 닫힘

춥거나 불안하거나 현재 상태를 피하고 싶거나, 지루할 때 주로 나타나는 행동입니다. 상대가 공격할까 불안하기 때문에 자신의 중요한 부위를 움츠려서 줄어들게 하거나 가리는 자세를 취하게 됩니다. 상대가 마땅치 않거나 지루함을 느낄 때 도망가야 하는데 갈 수가 없으니까 몸을 닫거나 상대방과의 거리를 멀리 하거나 혹은 몸의 중심(배꼽의 위치)을 상대와 다른 방향으로 돌리는 행동을 합니다.

신체 만짐

신체를 만지는 것은 주로 지루하거나 불안하여 자신을 위로하는 것으로 외로움이나 지루함을 이겨내야 하는데 다른 사람이 위로해주지 않을 때 자신의 목, 얼굴, 머리카락, 손 등을 만지기도 합니다. 외로움이나 슬픔을 이겨내기 위해서는 자신의 팔이나 손, 허벅지 등을 만져서 위로합니다. 반면에 마음에 없는 이야기를 하거나 거짓말 등을 하여 불안을 느끼게 되면 귀, 목, 코, 눈 등을 만지거나 가리기도 합니다. 지루함을 느낄 때는 자신의 손이나 다른 물건 등을 만짐으로써 지루함에서 벗어나려고 합니다.

몸짓언어 정확히 읽기

1. 각각의 몸짓을 하나의 집합체로 읽어라

2. 말과 행동이 일치하는가를 살펴라

3. 상황 안에서 몸짓언어를 읽어라

4. 표준행동과 변화행동을 구별하여 읽어라

몸짓언어(보디랭귀지) 전문가인 앨런 피즈와 바바라 피즈는 몸짓언어를 읽는 방법을 세 가지로 설명하는데, 필자는 여기에 표준행동과 변화행동을 구별하여 읽을 것을 더하고 싶습니다.

규칙 1. 각각의 몸짓을 하나의 집합체로 묶어서 읽어라

몸짓언어를 제대로 알아차리지 못하는 사람이 가장 쉽게 저지르는 실수는 각각의 몸짓을 다른 몸짓이나 상황과 따로 떼어내서 읽는 것입니다.

입으로 구사하는 언어와 마찬가지로 몸짓언어에도 단어와 문장과 문장 부호가 있습니다. 각각의 몸짓은 하나의 단어로 볼 수 있고, 이 단어는 여러 뜻을 가질 수 있습니다. 예를 들어 영어에 dressing이라는 단어의 뜻은 옷 입기, 음식에 뿌리는 소스, 상처에 감는 붕대, 비료 등 적어도 열 가지에 이릅니다.

단어는 문장 속에 들어가 다른 단어들과 어우러졌을 때 비로서 그 상황에 맞는 뜻을 갖게 됩니다. 상대의 감정상태를 잘 읽을 줄 아는 사람이란 몸짓언어 한 동작, 한 동작을 따로 떼어보기보다는 전체적인 상황과 맥락 속에서 읽을 줄 알고 그것이 상대가 입으로 표현한 언어와 같은 것인가를 제대로 비교할 줄 아는 사람입니다.

규칙 2. 말과 행동이 일치하는가를 살펴라

비언어적 신호는 언어 신호에 비해 그 영향력이 다섯 배에 달하며, 말과 행동이 일치하지 않는 사람과 대화를 하는 경우 언어를 통해 주고받은 내용에 상관없이 비언어적 신호를 더 선호합니다.

규칙 3. 상황 안에서 몸짓언어를 읽어라

몸짓언어는 그것이 어떤 상황 안에서 이루어지는지를 해석해야 합니다. 예를 들어 갑자기 추워진 어느 아침, 출근하여 팀 회의를 하려고 모였는데 모두 팔짱을 끼고 다리를 꼬고 앉아 있다면 이런 자세는 부정감정을 나타내는 몸짓언어일까요? 상황을 고려했을 때 이는 방어적인 자세가 아니라 단지 날씨가 춥기 때문에 취하는 자세라고 보아야 할 것입니다.

규칙 4. 표준행동과 변화행동을 구별하여 읽어라

상대를 처음 만났을 때, 관계가 시작되는 그 시점에서부터 상대의 표정, 자세, 행동을 알아차리고 나서, 이후 특정 시점의 표정, 자세, 행동을 비교하여 보면 상대방이 관심을 보이고 있는지 아니면 지루해 하거나 불편해 하는지를 판단할 수 있습니다. 이럴 경우 대화의 주제를 바꾸거나 혹은 자신의 행동이나 표정을 점검해보고 내가 먼저 열린 자세를 취하며 분위기를 풀어주어 상대를 열린 자세로 만들어야 합니다.

3. 열고웃눈몸
(열린 자세, 고개 끄덕임, 웃음, 눈맞춤, 몸 맞추고 기울이기)

열고웃눈몸: 다섯 가지 설득력 있는 몸짓언어

어떤 모습이 가장 열려 있는 자세일까?

열린 자세와 닫힌 자세의 의미

열린 자세: 몸 · 팔 · 손

고개 끄덕이기로 협력과 동의를 이끌어내라

웃음의 의미와 힘

눈맞춤은 이렇게

몸의 방향을 맞추고 기울이는 이유

열고웃눈몸의 기본을 강화하라

몸짓언이를 잘히겨면

열고웃눈몸: 다섯 가지 설득력 있는 몸짓언어

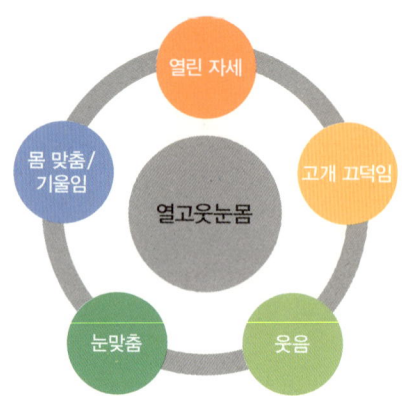

상대방에게 따뜻함, 친근감, 유능함, 믿음직함, 호감을 줄 수 있는 다섯 가지 설득력 있는 몸짓언어가 있습니다. 자세의 앞 글자를 따서 '열고웃눈몸'이라고 부릅니다. 먼저 가장 기본적인 것으로 상대를 받아들이겠다는 의도가 있는 열린 자세이고, 다음은 상대가 이야기하고 있는 것을 듣고 있거나 받아들이고 있다는 것을 표현하는 고객 끄덕임입니다.

세 번째는 당신을 공격할 의사가 없으며 당신에게 호감이 있다는 것을 표현하는 웃음이며, 네 번째는 상대의 존재 자체를 인정하고 그 이야기에 관심을 나타내는 눈맞춤입니다. 마지막은 몸의 중심을 상대방 쪽으로 향하여 몸통을 기울이는 행동으로 상대의 이야기에 관심이 있음을 표현합니다. 다섯 가지 몸짓언어를 같이 사용하면 상대를 설득 하는 데 더욱 강력한 효과가 있습니다.

어떤 모습이 가장 열려 있는 자세일까요?

열린 자세

우리는 긍정적이고 당신에게 관심이 있고 당신의 이야기를 들을 준비가 되어 있다는 것을 보여주고 느끼게 하기 위해 기본적으로 해야 할 일은 자세를 열어놓는 것입니다. 우리의 몸에서 열어놓을 수 있는 것은 크게 몸통, 팔, 다리 세 부분입니다.

몸통은 가슴을 펴고 허리를 곧게 하며 양팔을 자연스럽게 아래를 향하게 내려놓은 자세가 기본적인 열려 있는 몸통자세입니다. 열린 몸통은 주로 걷고 있는 남성 혹은 여성들이 마주 오는 또래의 이성을 보았을 때 주로 취해지는 자세로 자신의 가슴을 내밀고 배를 집어넣으며 허리를 곧게 펴서 더 커 보이고, 건강해 보이게 하여 이성에게 매력을 느끼게끔 하려는 자세입니다. 열린 자세는 이성뿐 아니라 동성 간에도 호감을 줄 수 있습니다.

그다음은 팔과 손의 자세입니다. 고객을 맞이할 때 보통 공수자세 또는 약간 다리를 벌리고 양손을 바지재봉선 쯤에 자연스럽게 놓는 열린 자세를 합니다. 그리고 설명을 할 때에는 팔이 허리 띠 위로 올라오고 손바닥이 고객에게 보이게끔 하며, 책상에 앉아서 대화를 나누거나 계약서를 쓸 때에는 양손으로 자신의 몸을 가로막지 않게 합니다.

손바닥을 위로 보이게 하는 자세는 지금 거짓말을 하고 있지 않으며, 고객의 마음을 충분히 이해하려 노력하며, 우리가 가진 모든 것을 보여주고 있다는 것을 느끼게 합니다.

필자는 강의를 할 때 한 손에는 10년째 쓰고 있는 무선 마우스를 쥐고 있습니다. 손에 익은 물건을 쥐고 있으면 마음이 편해지며, 손의 위치도 자연스럽게 가슴 높이에서 움직이게 됩니다. 이처럼 작은 소품 하나가 마음을 편안하게 하고 손 동작을 자연스럽게 할 수 있습니다. 여러분도 카탈로그나, 수첩 등을 한 손에 들고 있으면 손이 아래로 내려가서 주머니로 들어가거나 뒷짐을 지거나 늘어진 공수자세를 취할 우려를 자연스럽게 벗어날 수 있습니다.

마지막은 발의 위치입니다. 필자도 강의를 할 때 스스로를 보면 가끔 짝다리로 서 있는 경우를 발견하곤 합니다. 그럴 때의 내 감정상태를 살펴보면 하루 강의가 7시간이 넘어갈 때 또는 왠지 모르게 강의가 잘 풀리지 않을 때 입니다. 짝다리로 서 있는 다리의 방향을 보면 주로 강의실 문을 향하고 있어서 다시 한 번 몸은 속마음을 그대로 표현하고 있다는 것을 절실히 느끼곤 합니다. 다시 마음을 고쳐 먹고 바른 자세로 돌아오면 신기하게도 조금 더 힘이 나고 강의가 다시 잘 풀리는 느낌을 갖게 됩니다. 여러분도 감정상태를 바꾸고 싶으면 일단 시도해보십시오.

열린 자세와 닫힌 자세의 의미

열린 자세	닫힌 자세
1. 나는 강하다. 상대가 공격해 와도 막을 자신이 있다. 목 동맥, 가슴 부위를 노출한다. 움직임이 크다. 손에 감춘 것이 없다. 2. 나는 당신을 믿는다. 당신은 나를 공격하지 않을 것이다. 무기 없이 당신을 상대한다. 당신을 받아들일 준비가 되었다. 가까이 와도 부담되지 않는다.	1. 나는 약하다. 상대의 눈에 띄지 않으려고 움직이지 않는다. 공격에 대비해 작게 만든다. 도망가려고 몸이 돌아섰다. 주요 부위를 가린다(거시기, 가슴, 목). 2. 나는 당신을 못 믿는다. 상대로부터 피한다(멀어진다). 언제 공격할지 불안하여 몸을 움츠린다. 중요 부위를 가린다. 몸의 방향을 상대와 다른 방향으로 튼다. 불안하여 심박수가 올라간다. 싸울 준비를 한다.

열린 자세에는 두 가지 의미가 동시에 들어가 있습니다. 하나는 나는 강하니까 몸을 열어놓아도 상대가 공격할 수도 없고, 공격을 한다고 해도 다 막아낼 수 있다는 의미가 있습니다. 다른 하나는 나는 당신에게 상대가 되지 않아서 당신을 믿는다는 뜻입니다. 당신에게 복종한다는 의미로 가장 약한 부분인 목, 가슴, 배 등을 열어 보이는 것입니다. 강하다는 것을 나타내는 열린 자세에는 가슴을 올리고 배를 집어넣으며 손을 차려 자세에서 약간 밖으로 벌리고, 다리도 넓게 벌려서 복종한다는 열린 자세보다 몸을 더 크게 만드는 경향이 있습니다. 복종한다는 것을 나타내는 열린 자세는 자연스러운 자세에서 손과 발을 약간씩 벌리고 있는 상태로 몸을 크게 만들지 않습니다. 열린 자세에는 두 가지 의미가 있기 때문에 어떤 말과 표정을 짓느냐에 따라 자신감이 있어 보일 수도 있고 친근감을 나타내는 복종의 의미를 나타낼 수도 있습니다. 고객응대 시에, 친근감을 주어야 할 때와 자신감을 보여주어야 할 때, 또는 신뢰감을 보여주어야 할 때 등 거의 모든 고객접점에서 열린 자세는 효과적인 메시지를 전달합니다.

열린 자세 : 몸

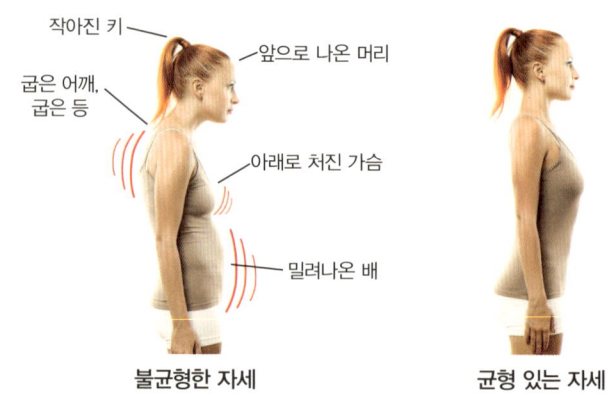

불균형한 자세 / 균형 있는 자세

　우리의 표정, 자세, 행동은 현재 감정을 표현하거나 어떤 목표나 목적을 달성하기 위해 만들어지는 것입니다. 열린 자세, 호감 가는 자세, 유능한 자세 등을 하고 있으면 불과 2분도 되지 않아 열린 마음이 생기고, 호감을 느끼게 되며, 자신이 유능하다는 느낌을 갖게 된다는 것을 하버드대학교 교수인 에이미 커디는 실험으로 증명했습니다.
　우리가 고객에 대해 어떤 느낌이나 생각을 하고 있느냐에 따라 표정, 자세, 행동이 그대로 고객에게 비춰집니다. 자신이 어떤 표정, 자세 행동을 하고 있는지를 스스로 알아차리지 못하는 사람들은 말로는 고객을 위해서 최선을 다한다고 하지만 표정, 자세, 행동의 일부가 최선을 다하고 있지 않다는 모습을 보여주게 되기도 합니다. 이때 고객은 말과 행동이 다른 상대의 모습을 인지하면서 경계하거나 의심스럽다는 느낌을 갖게 됩니다.
　실제로 열린 자세와 닫힌 자세를 비교해보니 키도 커지고 어깨도 펴지고 배도 들어간 것이 멋지다는 느낌을 갖게 합니다. 반면에 우리들이 편히 앉아 있거나 서 있는 자세를 보면 몸은 굽어 있고 왠지 기운 없고, 자신감이 없어 보입니다.

열린 자세: 팔

고객 앞에 설 때 여러분 팔의 위치가 어디 있는지 잘 알고 계신가요? 비즈니스 매너에 따르면 고객을 맞이하거나 대기할 때 남자는 차려 자세에서 다리를 약간 벌리고 있는 자세가 좋고 여자는 공수자세가 좋습니다. 또한 설명을 할 때는 팔을 가슴 앞까지 올려서 적당한 손짓을 섞어가면서 설명하게 되면 고객의 설명 이해도를 높여주고 유능하다고 보여질 가능성이 높습니다.

자신의 팔이 어느 위치에 있는가도 중요하지만 실제로 적당한 위치에서 적절히 움직이는 것이 훨씬 중요합니다. 고객응대 시나 친지들과 대화를 할 때 자신의 팔이 어디 있는지를 한두 번 정도 생각하고 나서 행동수정을 하게 되면 그 이후에는 팔이 주머니에 들어가 있거나 팔짱을 끼거나 뒷짐을 지고 있는 등의 자세를 취하는 것을 쉽게 알아차리게 되이 행동수정이 가능합니다. 행동수정을 자주 하다 보면 길지 않은 시간 내에 부적절한 손의 자세가 무의식적으로 교정됩니다.

열린 자세: 손

　상대방에게 손바닥을 보인다는 것은 과거부터 무기가 없어서 상대를 해칠 의도가 없으며, 내가 가진 모든 것을 숨김없이 보여주어서 상대방을 받아들이겠다는 의미를 가지고 있습니다. 선서를 할 때 손바닥을 보여주는 자세를 취하는 것도 같은 뜻입니다. 하지만 손바닥을 보여주거나 흔들거나 마주치면서 상대의 시선을 피하게 되면 오히려 의심을 사게 될 수 있으니 조심해야 합니다.
　한편 지나치게 손바닥을 숨기는 것은 무엇인가 감추고 있거나 불안하다는 것을 나타냅니다. 아이들이 거짓말을 할 때 자기의 손을 뒤로 숨기거나 주머니에 집어넣는 경우를 흔히 볼 수 있습니다.
　손바닥을 보여주는 자세와 대비되는 손등을 위로 하는 자세와 주먹을 쥐는 자세는 상대를 압도하려는 자세로 공격적인 의미가 있어서 상대가 그 변화를 쉽게 인식하여 긴장을 하게 될 수 있으므로 우리의 손바닥이 어디를 향하고 있는지, 언제 어떤 방법으로 손바닥을 고객에게 보여주어서 우리의 속마음을 이해하도록 해야 하는지를 알고 표현해야 합니다.

고개 끄덕이기로 협력과 동의를 이끌어내라

고개 끄덕이기는 복종을 의미하는 허리를 굽히는 인사에서 유래했습니다. 따라서 고개 끄덕이기는 상대로부터 협력과 동의를 이끌어내는 데 유용합니다. 고개 끄덕이기를 천천히 2~3번 정도 하면 관심이 있다는 뜻이 됩니다. 하지만 빠르게 3번 정도를 끄덕이게 되면 당신의 이야기는 충분히 들었으니 이제는 내가 이야기할 차례라는 뜻입니다.

미국의 심리학자 마타라초는 대화 시 고개를 끄덕이는 것이 어떤 효과가 있는지를 알아보기 위해 면접 장면에서 면접관에게 고개를 적극적으로 끄덕이도록 했더니 피면접자가 더 많은 말을 한다는 사실을 증명했습니다.

여성은 이야기를 듣고 있다는 의미로 고개를 끄덕이지만, 남성이 고개를 끄덕이는 것은 상대의 말에 동의하고 있다는 의미가 강합니다. 남자들도 자주 고개 끄덕이기 연습을 하여 듣고 있다는 의미로 고개를 끄덕이기 시작하면 상대로부터 더 많은 호감을 얻어낼 수 있습니다.

웃음의 의미와 힘

앨런 피즈와 바바라 피즈가 쓴 《보디랭귀지》에 나오는 설명입니다.
"미소는 두려움이나 복종을 표현하는 행동에서 유래했습니다. 유인원은 두려움을 느끼면 아래턱을 내려서 이를 보이게 하고 입꼬리가 뒤로 당겨지는데 이 표정은 사람이 미소를 지을 때의 표정과 유사합니다. 미소를 짓는 것은 자신이 위협이 되지 않으며, 또한 자신을 친구로 받아들여 달라는 뜻을 전달하기 위해서입니다."

미소와 웃음은 전염성이 있습니다. 진정한 미소는 입꼬리가 뒤쪽으로 당겨지면서 약간 올라가며, 광대도 같이 살짝 올라가고, 눈꼬리에 주름이 대칭적으로 만들어집니다. 그러나 입꼬리만 위로 올라가 있다든지, 입꼬리와 눈꼬리가 비대칭인 경우는 거짓말로 '나는 너를 좋아해'라고 말하는 것입니다. 그러면 언제 미소를 보이는 것이 가장 좋을까요? 고객과 처음 만나서 명함을 나누면서 악수를 하는 순간 활짝 핀 미소를 보여주면 고객은 마치 자신과 자신의 이름 때문에 그렇게 활짝 핀 미소를 지은 것으로 느끼게 됩니다.

눈맞춤은 이렇게

눈맞춤은 갓난아이들이 엄마로부터 자신의 존재를 인정받기 위해서 처음 시도하는 중요한 행동이었습니다. 이 세상에 처음 나온 아이들은 눈 앞 30cm 정도밖에 볼 수가 없지만 그래도 엄마의 눈을 찾아서 맞추는 노력을 함으로써 자신에게 먹을 것을 주고 보호해줄 절대자에게 잘 보임으로써 생존을 확보하려 합니다. 엄마는 눈맞춤을 통해 아이의 존재를 인정하고 있다는 모습을 보여줌으로써 아이에게 안정감을 느끼게 하여 서로 간의 애정을 깊이 만들어갑니다. 눈맞춤을 한다는 것은 상대에 대해 관심이 있고 친해지고 싶다는 표현입니다. 하지만 눈을 오래 맞추고 있으면 상대가 위협적으로 느낄 수 있기 때문에 조심해야 합니다. 또한 눈 주위의 근육들은 내 것인데도 불구하고 내 마음대로 움직일 수 없는 불수의근으로 이루어졌기 때문에 자신의 감정이 가깃없이 표현되는 곳이기도 합니다.

미국의 캘리먼과 루이스가 진행한 눈맞춤의 효과에 대한 실험에서 처음 보는 남녀 간에 미팅을 할 때 A그룹에게는 상대의 눈을 2분간 바라보게 했고, B그룹에게는 아무 지시도 하지 않은 후에 미팅이 끝나고 각 그룹별로 상대에 대한 호감도를 물어보았습니다. A그룹의 호감도가 B그룹의 호감도보다 높게 나왔으며 눈맞춤을 많이 한 상대방에게 다정하면서도 적극적인 사람이라는 반응을 보였습니다. 반대로 눈맞춤을 적게 한 그룹에서는 상대를 소극적이고 냉정한 사람이라고 평가했습니다.

눈맞춤 할 때 주의할 점

처음 만나는 사람에게 첫 20초 동안은 눈을 자주 맞추는 것이 상대에게 강한 이미지를 줄 수 있습니다. 눈을 자주 마주치는 사람은 당당하고 자신감이 넘치며, 상대에게 관심과 호감을 가지고 있는 듯이 보입니다. 상대와 눈을 맞출 때에는 보통 4초에 한 번 정도는 다른 곳으로 돌려야 합니다. 4초 이상 상대와 눈을 맞추고 있으면 상대는 위협으로 느끼게 됩니다. 두 사람이 처음 만나 시선을 교환할 때 일반적으로 지위가 낮은 사람이 먼저 시선을 피하는 것이 좋습니다. 처음 보는 고객과 눈을 오랫동안 맞춘다는 것은 상대를 지배하겠다는 표현일 수도 있습니다.

시선을 돌릴 때는 고개를 돌리기보다는 눈동자를 옆으로 천천히 돌리는 것이 좋으며 눈동자는 대화와 관계된 곳으로 시선을 돌리거나 또는 상대가 말하는 것을 생각하는 척하면서 시선을 돌리거나, 고개를 끄덕이며 시선을 돌리는 것이 자연스럽게 보입니다. 대화와 관계된 물건이 시선 아래쪽에 없는데 시선을 아래로 돌리면 부끄러워하거나 혹은 비굴해 보일 수 있으니 주의하셔야 합니다.

몸의 방향을 맞추고, 몸을 기울이는 이유

사람에게는 상대와의 관계 정도에 따라 허용되는 사적인 거리가 있습니다. 가까운 사이일수록 서로 간의 거리가 좁아지고, 처음 만나는 사람일수록 거리는 멀어집니다. 대화를 나누다가 상대방에게 가까이 다가간다는 것은 상대에게 관심이 있고, 친구로 사귀고 싶다는 의미입니다. 내가 상대방 쪽으로 몸을 기울일 때 상대방도 내 쪽으로 몸을 기울여주거나 살짝 다가선다면 서로 충분히 공감하고 있다는 의미입니다. 반대로 상대의 사적인 공간에 들어갈 때 몸을 뒤로 빼거나 팔짱을 끼거나 혹은 가방이나 쿠션 등을 자신의 앞쪽으로 옮긴다면 상대방은 아직 관심이 덜하고 친구로 사귀고 싶은 생각도 들지 않았다는 의미입니다.

몸을 작게 만들고 고개를 숙이면서 몸을 앞으로 기울이는 것은 슬픔이나 불안함을 나타내는 행동입니다. 몸을 뒤로 빼는 것은 나는 너에게 졌다는 표현으로 상대의 말을 잘 모르겠는 경우, 자신이 없거나 불안한 경우에 주로 사용합니다.

배꼽의 방향은 상대에 대한 흥미를 나타낸다

배꼽의 방향은 상대에 대한 흥미도를 나타내는 척도입니다. 배꼽의 방향이 어디인지에 따라 상대가 대화에 참여하고 있는지 아니면 참여하는 척만 하고 있는지를 알 수 있습니다. 위의 그림에서 세 명의 남녀가 대화를 나누고 있습니다. 여자는 짙은색의 슈트를 입은 사람과 대화를 하고 있지만 속마음은 옅은색의 슈트를 입은 사람에게로 향하고 있습니다. 이런 사실을 감정의 뇌는 알고 있기 때문에 우리가 배꼽을 맞추고 있는 사람은 배꼽을 맞추고 있지 않은 사람보다 우리에게 더 친근감을 느낍니다.

열고웃눈몸의 기본을 강화하라

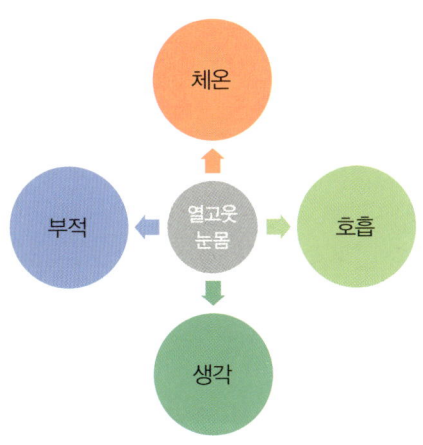

열고웃눈몸이라는 고객응대의 기본을 강화하기 위해서는 일상적으로 관리해야 할 네 가지 요소가 있습니다.

체온을 올리면 몸짓도 열리고 커진다

사람들이 의욕이 높고 몸에 힘이 들어가 있는 것처럼 느끼게 되는 것은 체온이 올라가 있을 때입니다. 반대로 맥 빠지고 졸릴 때는 몸에 힘이 빠져 있으며 몸의 온도 또한 내려가 있습니다. 산책이나 걷기 등의 가벼운 운동을 하게 되면 체온이 올라가고 아침에 출근할 때 좀 빠르게 걷는 것도 좋은 방법입니다.

자신의 호흡을 바라보라

이번 고객에게는 꼭 판매를 해야지 하고 생각하는 순간 긴장을 하게 되어 낮고 빠른 호흡을 하게 됩니다. 이럴 때 내가 호흡을 잘 못하고 있다는 것을 자각하고 심호흡을 2번 정도만 해줘도 긴장이 풀립니다. 심호흡은 4

초 정도를 코로 숨을 들이 마시고 난 후 입으로 4초 정도 천천히 내쉬면 됩니다. 2번 정도의 심호흡만으로도 사람들의 뇌파가 긴장하는 뇌파에서 안정적인 뇌파로 변하게 됩니다.

고객을 친구로 생각하라

고객을 처음 만날 때는 약간의 두려움으로 긴장하게 됩니다. 긴장을 하게 되면 말과 행동이 부자연스러워 보일 수 있습니다. 어떤 고객을 만나든지 내게 편한 친구 또는 든든한 의지가 되는 가족의 이미지를 떠올리면서 그 사람과 만나서 이야기하듯 대화를 나눈다면 훨씬 자연스럽고 자신감 있는 자세가 될 것입니다. 예전에 라디오 DJ로 아주 유명한 분이 있었는데, 이 분은 방송을 할 때 좋아하는 친구나 애인, 가족 등의 사진을 번갈아 붙여놓고 이 사람들과 대화를 나누듯이 이야기를 했다고 합니다. 그의 방송은 자연스럽고 푸근하다는 평을 받으며 많은 인기를 누렸습니다.

나만의 부적을 만들어라

사람들의 소지품을 보면 어떤 사람은 가족사진이나 애인사진을, 어떤 사람은 스토리가 있는 볼펜이나 지갑 등을 가지고 있습니다. 그 이유 중에 하나는 긴장감이나 스트레스를 줄여주기 때문입니다. 소지품을 보거나 만지거리면서 좋았던 감정을 불러올 수 있기 때문입니다.

몸짓언어를 잘하려면

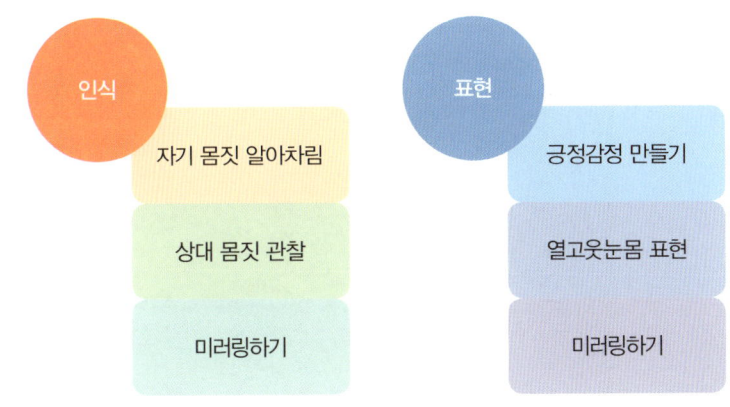

몸짓언어는 자신의 진심과 감정을 전달하여 상대를 설득하거나 공감하게 하는 핵심입니다. 인간은 본능적으로 몸짓언어를 아주 잘 인식하고 표현할 수 있는 능력을 가지고 있습니다. 그러나 오늘날은 휴대폰의 등장으로 대인관계 횟수가 줄어들고 있고, 상대에게 자신의 속마음을 솔직히 털어놓으면 문제가 발생할 수 있는 사회에서 살아가고 있기 때문에 인간의 타고난 능력이 저하되고 있습니다. 몸짓언어 능력을 회복하려면 어느 정도 의식을 가지고 자신과 상대의 몸짓언어를 인식하고 표현하는 훈련이 필요합니다.

첫째, 자기 자신이 어떤 몸짓을 하고 있는지 알아차리는 것부터 해야 합니다. 먼저 몸짓언어를 인식하는 일입니다. 필자는 허리를 구부정하게 앉는 버릇이 있어서 언젠가 허리를 펴야겠다고 마음을 먹고 앉아 있을 때마다 허리가 어떤 자세를 하고 있는지를 확인해보았습니다. 처음에는 항상 구부정하게 있어서 의식을 갖고 허리를 펴야지라고 생각하며 허리를 폈는데도 불구하고 조금 있다 또 의식을 가지고 보면 계속해서 구부정한 허리를 인식하게 되었습니다. 그러나 허리 펴기를 3개월 넘게 하자 변화가 생겼습니다. 일하다가도 문득 필자의 허리를 확인하곤 했는데 한 50% 정도는 허리를 펴고 있었습니다. 이처럼 나의 몸짓언어는 어떤지 항상 관심을 가져야 합니다.

두 번째는 상대의 몸짓을 살펴보는 것입니다. 가장 쉬운 방법은 TV를 보면서 어느 특정인의 자세와 감정을 확인해보는 것입니다. 언젠가 TV에서 경제 전문가 역할로 나온 사람이 허리와 고개를 뒤로 기대어 앉아서 이야기를 하는 모습을 보았습니다. 많이 건방져 보였었는데 얼마 후 다시 그 프로그램을 보니 그 자리에 다른 사람이 앉아 있었습니다. 누구나 느끼는 것은 비슷한 것 같습니다.

이제 자신과 타인의 몸짓을 인식하기가 어느 정도 되었으면 몸짓을 표현해볼 차례입니다. 몸짓은 속 감정에서 나오기 때문에 상대를 만나기 전에 자신의 감정을 긍정감정으로 만들어야 합니다. 긍정감정을 만드는 것은 앞에서 설명드렸듯이 행복한 순간을 생각하고, 긍정주문을 외우는 것 등으로 가능합니다.

상대와 몇 번 만났었다면 상대방에 대해 좋은 점들을 생각하고 처음 만나는 사람이면 그 사람이 웃는 모습을 생각해보거나 혹은 오늘 만남에 좋은 결과가 있을 거라고 상상을 하게 되면 긍정감정이 만들어집니다. 긍정감정이 만들어지면 몸짓언어도 열고웃눈몸의 표정과 자세가 나오게 되지만 혹시 습관적으로 행해지던 나쁜 표정이나 자세가 있을 수도 있으니 자신이 의식적으로 열고웃눈몸을 표현해볼 필요도 있습니다.

　또한 상대에게 미러링을 해봄으로써 몸짓언어를 인식하고 표현하기가 수월해집니다. 우리의 뇌에는 자신의 신체 움직임을 느끼고 통제할 수 있는 대상회라는 부위가 있어서 몸짓언어에 대해 인식하고 표현하는 것을 의식적으로 하게 되면 대상회 부위가 발달하여 몸짓언어에 대한 인식과 표현력이 강화됩니다. 일정 기간 후에는 굳이 의식하지 않더라도 무의식적으로 인식하고 표현할 수 있게 됩니다.

제 2 부

감정의 뇌를 터치하는 접점별 노하우

제2부를 시작하며

고객의 접점별 욕구와 감정을 만족시켜라

서비스 브레인이 해야 할 일

1부에서는 새로운 서비스 행동모델에 대해 인간의 욕구가 무엇이고 감정은 어떤 기능과 역할을 하며 그 감정이 발생할 때 어떤 행동이 나타나는지에 대해 각 주제별로 구체적으로 설명했습니다. 2부에서는 아무리 좋은 이론도 당장 사용할 수 있게 해야 한다는 생각으로 고객접점별로 고객의 욕구는 무엇이고 그래서 어떤 감정을 느끼기를 바라고 있으며 이 감정을 느낄 수 있게 하기 위해서 어떤 감정행동과 서비스 행동을 해야 하는지를 나눠서 정리하였습니다.

또한 매장을 방문하는 고객을 맞이해서 배웅하기까지 크게 5개의 감정접점을 따뜻한 고객맞이, 친근한 공감대 형성, 유능한 제품설명, 믿음직한 구매제안, 호감 가는 고객배웅 단계로 정의했습니다. 각 단계별로 고객만족을 위해 꼭 충족시켜야 하는 안전의 욕구, 사회적 욕구, 자아존중의 욕구가 있습니다. 그리고 고객의 욕구를 충족시키기 위해서 충족되어야 하는 단계별 대표 감정을 정의하고 각 감정접점별로 해당되는 감정을 고객이 느끼게 할 수 있도록 하는 감정행동을 구성했습니다.

따뜻한 고객맞이를 위해서는 따뜻함을 느낄 수 있는 생각을 하고, 자세를 취하며, 따뜻함을 전해줄 수 있는 환경을 만드는 것부터 시작합니다. 친근함을 느끼게 하기 위해서 고객에게 호기심을 갖고 유사성을 느끼도록 하며, 고객이 원하는 것을 알아가면서, 나에 대해서도 자연스럽게 이야기를 하면서 고객을 인정하는 행동을 합니다. 유능한 제품설명을 위해서는 먼저 고객이 요구한 내용 위주로 제품에 대한 전문성을 가지고 쉽게 설명합니다. 믿음직한 구매제안 시 발생하는 돈 내는 고통을 줄이기 위해 고객이 무엇인가 돌려받을 수 있도록 합니다. 구매 후의 만족감을 느낄 수 있는 간접 구매제안을 하고, 그래도 구매제안을 거절할 때는 구매제안을 거절한 고객의 감정을 인정한 후에 대화를 통해 거절에 대응하는 것이 좋습니다. 호감 가는 고객배웅을 하기 위해 상호성과 유사성, 친숙함을 느끼게 하면서 구매의 기쁨을 강화하고 불안을 최소화하여 서비스 제공자에게 호감을 갖게 하는 방법까지 설명했습니다.

감정접점별로 각 감정의 의미와 고객에게 해당 감정을 느끼게 할 수 있는 방법과 서비스 행동을 B.M.W.S, 즉 몸짓(Body), 분위기(Mood), 말

(Word), 환경(Surroundings)으로 나눠서 구체적으로 살펴보았습니다. 각 접점별로 어떤 감정목표를 갖고 어떤 서비스 행동을 해야 하는지 알게 됨으로써 중간목표 관리가 가능해 고객별로 차별화된 응대를 할 수 있습니다.

구매 시 다섯 가지 불안 요소

서비스 제공자가 유념해야 할 부분이 또 있습니다. 바로 고객접점별로 다섯 가지 불안 요소를 해소해주는 것입니다. 고객은 따뜻함, 친근함, 유능함, 믿음직함, 호감을 느끼게 되면 만족감을 느끼면서 제품이나 서비스를 구매하거나 고객 만족도평가에 높은 점수를 주게 됩니다.

하지만 고객이 어느 한 접점에서 서비스 제공자의 행동 실수 하나로 불안하게 되면 고객의 감정은 불안하거나 불편하거나 불확실함을 느끼게 되어 다른 곳에서 제품이나 서비스를 구매하거나 좋지 않은 서비스 점수를 줄 수 있습니다. 그러므로 각 감정접점별로 긍정감정을 올리는 것 못지않게 적확한 서비스 행동으로 부정감정을 빨리 해소할 수 있어야 합니다.

가장 먼저 발생할 수 있는 불안 요소는 모르는 장소, 낯선 매장에 들어서면서 느낄 수 있는 것으로 오감을 자극하는 모든 정보가 중요합니다. 고객들은 매장의 정리정돈, 청결, 간판, 제품전시, 광고문구, 냄새, 촉감, 소음 등을 보고 듣고 느끼면서 제품의 품질을 연상하기 때문입니다.

다음은 서비스 제공자에 대한 불안 요소를 해결해야 합니다. 고객의 감정의 뇌는 서비스 제공자가 맞이하는 자세, 표정, 인사말 등을 통해 적이 아닌 것으로 1차 확인은 했지만 아직도 어떤 사람인지 확실치는 않다고 느낍니다. 그래서 지식과 경험을 고객과 공유하고 있는 친구라는 느낌을 받을 수 있도록 질문과 대화를 통해서 서로가 알고 있는 지식이나 경험에 대해 이야기를 나누면서 친근감을 느낄 수 있도록 해야 합니다.

다음은 제품에 대한 불안으로 원하는 제품이 있는지, 어떠한 기능이 있고, 필요한 기능은 무엇인지, 경쟁제품보다 더 좋은 것인지 아닌지 등 고객이 제품에 대해 갖고 있는 불안 요소가 무엇인지를 파악해야 합니다. 몇 가지 핵심적인 질문을 통해 그것을 알아낸 후에 고객의 문제나 관심사항을 제품으로 어떻게 풀어줄 수 있는지를 이해하기 쉽도록 보여주고 설명해주면 불안 요소가 줄어듭니다.

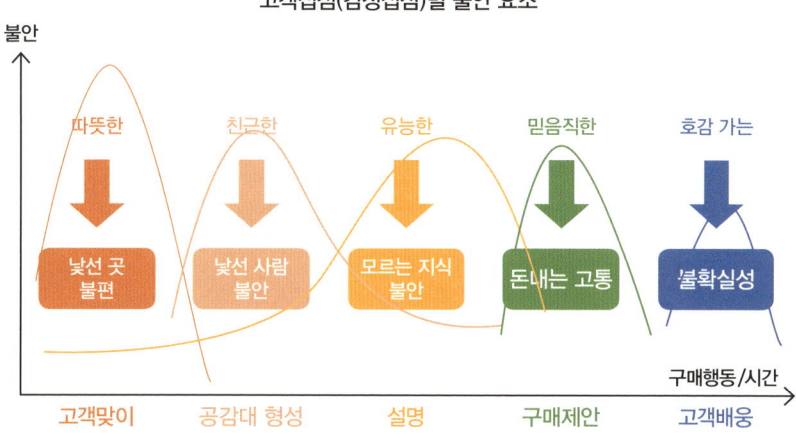

고객이 제품을 구매하고자 할 때 느끼는 감정은 돈을 내야 하는 고통입니다. 모든 인간은 자기가 가지고 있는 것을 남에게 주는 것에 대해 아깝게 생각하며, 특히 돈을 낼 때에는 우리가 다쳤을 때 통증을 느끼는 부위와 똑같은 뇌 부위가 활성화되어 돈을 내는 것을 아픔으로까지 인식합니다. 고객의 돈을 내는 아픔을 줄여줄 수 있는 방법을 찾아 제공했을 때에만 고객은 돈을 지불하고 구매를 하게 됩니다.

마지막으로 고객은 제품을 구매한 후 집으로 돌아갈 때 이 제품을 진짜로 잘 샀는지 아닌지 살짝 불안해지기 시작합니다. 같이 비교했던 다른 제품의 좋은 점이 갑자기 생각나기도 하고, 이 제품을 잘 사용하지 못하거나 고장이 났을 때 어떻게 해야 할지 등에 대한 불안이 나타날 수도 있기 때문에 판매자가 책임지겠다라는 말을 하거나 먼저 제품을 구입한 고객들의 사용후기들을 쉽게 접촉할 수 있도록 해주는 것이 좋습니다.

제 5 장

1단계: 따뜻한 고객맞이

1. 따뜻한 고객맞이 단계의 고객 욕구와 감정

따뜻한 고객맞이란?
따뜻한 고객맞이 단계에서 고객이 원하는 것
안전의 욕구
첫인상 효과
첫인상도 바꿀 수 있다
따뜻한 첫인상을 만드는 법

따뜻한 고객맞이란?

따뜻한 : 감정, 태도, 분위기 따위가 정답고 포근하다.
맞이 : 오는 고객을 예의로 받아들이다.
따뜻한 고객맞이 : 감정, 태도, 분위기 따위가 정답고 포근하게,
오는 고객을 예의로 받아들인다!

따뜻한 고객맞이는 왜 하는 것이고 목적이 무엇이며 어떻게 하는 것일까요? 먼저 '따뜻한' 이란 단어를 정리하면 감정, 태도, 분위기 따위가 정답고 포근한 것이고 '맞이'는 오는 고객을 예의로 받아들인다는 뜻입니다. '따뜻한 고객맞이'는 감정, 태도, 분위기 따위가 정답고 포근하게, 오는 고객을 예의로 받아들인다는 의미입니다.

따뜻한 고객맞이를 하는 목적은 무엇일까요? 인간은 낯선 곳이나 낯선 사람을 만나게 되면 기본적으로 장소나 사람이 안전한가를 먼저 판단합니다. 180만 년 전부터 인류를 생존할 수 있게 해주었던 경험이 유전자에 고스란히 남아 있기 때문에 항상 안전한지 그렇지 않은지를 최우신적으로 판단합니다. 그러므로 처음 방문하는 고객이 안전함을 느끼고 나아가서 따뜻한 감정까지 느낄 수 있도록 하여 마음 놓고 제품이나 서비스를 구매할 수 있도록 해야 합니다. 매장에 들어설 때 처음으로 느낀 고객의 감정은 구매로 이어질지 아니면 바로 다른 매장으로 이동할지를 결정하는 아주 중요한 지점입니다.

따뜻한 고객맞이 단계에서 고객이 원하는 것

우리가 쇼핑하러 갈 때 맞이 단계에서 바라는 것은 무엇인가요? 고객 설문조사에서는 "내가 온 것을 알아봐주고 반갑게 인사를 하며, 많은 고객이 있더라도 항상 내가 먼저 응대를 받았으면 좋겠다. 매장은 잘 정리되어 있고, 서비스 제공자는 마치 친구라도 온 것처럼 부담스럽지 않은 친근함을 나타냈으면 좋겠다"라고 답하고 있습니다. 고객도 인간이기 때문에 새로운 매장을 방문할 때는 안전에 대한 욕구가 강하게 나타납니다. '내가 원하는 제품이 있을까?', '호갱이 되는 것은 아닌가?', '이 매장을 잘 들어온 것일까?', '혹시 물건을 사지 않는다고 뭐라 하지는 않을까?' 등 많은 불안감을 가질 수 있습니다.

안전의 욕구

물리적·정서적 위험으로부터 자신을 보호하려는 욕구

물리적 안전: 위생, 청결, 소음, 정리정돈, 질병예방, 법규준수, 미세먼지, 오존, 개인공간, 건강

정서적 안전: 쉬운, 익숙함, 순서, 일관성, 예측가능성, 확실성, 변화회피

안전의 욕구는 사느냐 죽느냐의 문제이기 때문에 신체의 모든 기관이 혼연일체가 되어서 안전한지 아닌지를 순간적으로 파악하고 혹시라도 불안한 것이 보이면 그것을 제거하거나 회피하기 위해서 모든 노력을 기울입니다. 맞이 단계에서 안전의 욕구가 충족되지 않았다면 고객은 구매를 포기하고 다른 매장으로 향하거나 그 매장 이외에 대안이 없으면 찜찜한 기분으로 구매를 합니다.

일례로 깨끗한 식당을 원했지만 이 동네에서 지금 이 시간에 문을 연 식당이 지저분한 식당밖에 없다면 어쩔 수 없이 배고픔을 채워야 하기 때문에 깨끗함이라는 안전의 욕구가 충족되지 않았더라도 배고픔이라는 생리적 욕구가 더 강하므로 식사를 하는 것입니다.

안전의 욕구는 물리적, 정서적 욕구로 나뉠 수 있습니다. 어떤 매장에 갔는데 매장이 지저분하고 정리정돈이 잘 되어 있지 않다면 물리적 안전 욕구로 인해 구매를 포기할 가능성이 높습니다. 매장에 들어왔는데, 아무도 알은 채를 하지 않거나 고객이 많아서 기다리고 있는데 얼마나 기다려야 할지 등에 대해 말해주지 않는다면, 정서적 안전의 문제로 인해 불안을 느낄 수 있습니다. 고객의 안전을 확보하기 위해서 물리적 안전뿐만 아니라 정서적 안전까지도 관리되고 있을 때 고객은 안전함을 느끼고 다음 서비스 단계로 나아가려고 할 것입니다.

첫인상 효과

첫인상 효과 실험

A	B
1. 지적이다.	1. 질투심이 많다.
2. 근면하다.	2. 고집스럽다.
3. 충동적이다	3. 충동적이다.
4. 고집스럽다.	4. 근면하다.
5. 질투심이 많다.	5. 지적이다.

첫인상 효과를 알아내기 위해 솔로몬 애쉬가 다음과 같은 실험을 진행했습니다. 우선 실험 참가자들에게 A와 B 두 사람의 성격에 대한 정보를 차례대로 알려주었습니다. A는 지적이다, 근면하다, 충동적이다, 고집스럽다, 질투심이 많다. B는 질투심이 많다, 고집스럽다, 충동적이다, 근면하다, 지적이다. 그런 다음 실험 참가자들에게 A와 B에 대한 느낌을 물어본 결과, 사람들은 A에게는 대부분 호감을 느낀 반면 B에 대해서는 비호감을 나타냈습니다. 잘 보면 아시겠지만 A와 B에게 주어진 정보는 순서만 바꿨을 뿐이고 같은 정보를 제공했는데 대다수 사람들이 느끼는 호감도는 너무 크게 달라졌습니다. A에게는 '지적이다', '근면하다'라는 긍정적인 말이 첫인상 효과를 일으켰고, B에게는 '질투심이 많다', '고집스럽다'라는 부정적인 말이 첫인상 효과를 일으킨 것입니다. 상대에 대한 첫인상이 좋은 쪽으로 생겼다면 그가 행동하는 거의 모든 것이 좋은 것으로 비춰지며, 혹시 나쁜 모습을 보이더라도 그것은 상대가 실수를 했을 것으로 미뤄 짐작하여, 상대에 대한 판단을 바꾸려 하지 않으려 합니다. 자신의 판단이 잘못됐다는 것을 자주 인식하게 되면 쉽게 판단을 할 수 없고, 판단을 하더라도 믿을 수 없게 되어 인간의 생존에 큰 걸림돌이 됩니다. 그러므로 인간은 자신의 첫 판단을 믿고 그 판단을 일관성 있게 유지하려는 경향이 강합니다.

첫인상도 바꿀 수 있다

나의 첫인상은?

용기 있는, 배려심 있는, 창의적인, 겸손한, 지혜로운, 공정한, 이해심이 있는, 절제하는, 소신 있는, 화합하는, 공감하는, 의리 있는, 예의 바른, 도전하는, 유머스러운, 편안한, 존중하는, 여유로운, 성실한, 진실된, 믿음이 가는, 열정이 있는, 현실적인, 논리적인, 섬세한, 끈기가 있는, 추진력 있는, 다정한, 참을성 있는, 개척적인, 표현력 있는, 정확한, 흥미진진한, 기꺼이 하는, 대담한, 정교한, 착한, 논쟁을 좋아하는, 활기 있는, 주저하는, 공손한, 꼼꼼한, 절제하는, 사교적인, 분석적인, 느긋한, 유려한, 친절한, 강력한, 독립적인, 정돈된, 평판이 좋은, 쾌활한, 솔직한, 참을성 없는, 진지한, 친근한, 의존적인, 변덕스러운, 경쟁심 있는, 자발적인, 포용력 있는, 전통적인, 이끌어가는, 친절한, 엄격한, 지도력 있는, 설득력 있는, 겸손한, 논리적인, 온화한, 신중한, 차분한, 예측할 수 없는, 결단성 있는, 고집 있는, 완벽한, 절제된, 신중한, 인심 좋은, 변화가 많은, 수줍음 타는, 느긋한, 체계적인, 의지가 강한, 말주변이 좋은, 호의적인, 빈틈없는, 절제력 있는, 밀어붙이는, 놀기 좋아하는, 참신한, 모험적인, 성실한, 공격적인, 유능한, 매력적인, 열정적인, 상냥한, 독립심 강한, 낙관적인, 동정심이 많은, 충동적인, 느린, 비판적인, 일관성 있는, 영향력 있는, 생기 있는, 두려움을 모르는, 단호한, 미루는, 감성적인, 충성스러운, 사려 깊은, 희생적인, 이해심 많은, 설득력 있는, 강력한

나는 고객에게 어떤 첫인상을 주려고 합니까? 위의 첫인상 리스트에서 찾아봐주세요. 그리고 나의 어떤 말, 표정, 자세, 태도가 첫인상을 만들고 있는지 생각해보세요?

또한 나는 지금까지 나의 인상에 대해 동료나 고객으로부터 어떤 말을 많이 들어왔습니까? 위의 첫인상 리스트에서 찾아보세요. 잘 모르겠다면 당신의 동료 3명 정도에게 위의 첫인상 리스트를 주고 각각 세 가지씩을 찾아 달라고 부탁하시면 다른 사람들에게 보이는 자신의 인상을 좀 더 쉽게 알 수 있을 것입니다. 여러분이 보여주고 싶은 첫인상과 동료나 고객이 말해주는 첫인상이 일치한다면 여러분은 자신의 이미지 메이킹에 성공한 사람입니다. 반면에 그렇지 않다면 어떻게 자신의 첫인상을 원하는 인상으로 바꿀 수 있을지 생각해보고 바꿔나가야 합니다. 본성은 바뀌지 않지만 연극배우가 무대에서 연극을 할 때 배역의 이미지를 만들고 행동을 하듯이 우리도 원하는 이미지에 맞춰서 모습을 변화시킬 수 있습니다.

따뜻한 첫인상을 만드는 법

생각

따뜻한 첫인상

환경

자세

　따뜻한 고객맞이에서 고객이 따뜻함을 느낄 수 있도록 하기 위해서는 우리의 감정이 따뜻해야 합니다. 감정은 거울신경세포를 통해 상대에게 전이가 되어 상대도 우리와 같은 감정을 느낀다고 했습니다. 따뜻한 감정은 우리의 따뜻한 생각, 자세, 주변 환경을 통해 만들 수 있습니다. 첫째, 언제 따뜻한 감정이 생겼었는지 생각해보고 그 생각을 구체화시켜주세요. 어떤 상황이었고, 누가 있었고, 여러분은 어떤 표정과 행동을 하고 있는지를 생각해보세요. 우리의 뇌는 현실과 생각을 구분하지 못하기 때문에 따뜻한 감정을 느꼈던 상황을 기억 속에서 불러낼 수 있다면 우리의 뇌는 그때의 행동, 느낌, 감정 등을 거의 느낄 수 있습니다. 그리고 따뜻했던 상황에 대한 생각을 자주하게 된다면 느낌, 감정, 행동 등에 대한 기억이 또렷해지게 되면서 더욱 따뜻한 느낌을 확실하게 느낄 수 있게 됩니다.

　필자의 딸이 2살 무렵에 파란색 니트에 하얀색으로 다이아몬드 무늬가 있는 옷을 입고, 필자가 퇴근해 들어갈 때 두 손을 옆으로 벌리며 아빠~ 하고 뛰어와서 필자의 품에 와락 안기는 모습이 아직도 눈에 선하며 이때를 생각하면 따뜻함을 느끼며, 이 순간을 반복적으로 생각하다 보니 생각하는 장면과 느낌이 더욱 생생해지면서 따뜻한 느낌도 강해지는 것을 느낍니다. 영업을 하러 누군가를 만나러 갈 때에 하는 몇 가지 생각 중에 하나로 이와 같은 생각을 하고 고객을 만나면 고객도 따뜻하게 대해주는 것 같이 느껴집니다.

두 번째는 자신의 신체를 활용해서 따뜻한 느낌을 만들어보는 것입니다. 허리를 펴고 신체의 부위를 열어서 편안한 자세를 취하고, 따뜻하고 달콤한 커피를 마시고 있으며, 앉는 의자의 방석은 푹신하고 따뜻하게 데워져 있고, 호흡은 천천히 깊게 균일하게 하면서 첫 번째의 따뜻한 생각을 한다면 더욱더 따뜻한 느낌을 느낄 수 있습니다.

처음 만나는 고객을 만나러 갈 때에는 살짝 소심해지면서 긴장을 하게 되는 경우가 많습니다. 이때 필자는 '나는 내가 좋다'라는 주문을 진짜 내가 좋은 것 같은 느낌을 가지면서 수퍼맨 자세를 하고서 차의 룸미러를 보면서 큰 소리로 말하면 왠지 모르게 자신감이 생기는 것 같고 기분도 좋아지는 것을 느끼게 됩니다.

세 번째로 매장의 주변 환경을 따뜻함을 느낄 수 있게 만드는 것이 좋습니다. 필자가 감정 서비스 교육을 진행할 때 강의장에 오감을 통해서 따뜻함을 느낄 수 있도록 화병에 꽃을 꽂아놓고, 향초를 세 군데 켰으며, 교육 시작 전에는 따뜻한 사진들을 슬라이드 쇼로 보여주면서 발라드 음악을 틀어놓았습니다. 또한 부드러운 천으로 만들어진 노리개를 만질 수 있도록 했으며, 간식거리도 따뜻하고 달콤한 코코아 등을 준비해서 교육을 진행했더니 '신선한 느낌의 교육이다', '처음부터 뭔가 기대를 불러일으킨 교육이다'라는 평가를 받았습니다. 오감을 자극할 수 있는 몇 가지 준비물이 사람들의 감정의 뇌를 자극하여 좋은 첫인상을 줄 수 있었던 것 같습니다.

그러나 매장의 환경을 바꾸기 어렵다면 나만을 위한 따뜻함을 줄 수 있는 오감을 활용하는 것도 좋습니다. 행복하고 따뜻한 감정이 남아 있는 핸드폰 속의 사진들을 살짝 들춰보면서 그때의 감정을 느껴본다든지 아니면 자연의 향기가 나는 향수나 좋아하는 오일 냄새 등을 맡으면 따뜻한 기분으로 전환될 수도 있으며 달콤한 초콜릿이나 좋아하는 사탕을 먹기도 하며, 따뜻한 차나 달콤한 커피를 마시면서 지금의 기분을 따뜻하게 만들 수 있습니다. 이 모든 것을 동시에 한다면 더욱 따뜻한 감정을 강하게 느끼게 될 것입니다.

2. 따뜻한 고객맞이를 위한 서비스 행동 BMWS

따뜻한 고객맞이를 위한 서비스 행동

BMWS 열고웃눈몸은 기본이다

움직여야 알아차린다!

무관심은 수동공격이다!

따뜻한 분위기를 만드는 법

인간애가 담긴 인사말!

소개말 : 들은 것이 곧 신뢰가 된다

몸짓 · 분위기 · 말을 일치하라

따뜻함은 오감으로 느낀다

보는 것이 믿는 것이다!

후각은 가장 원초적인 감각이다

차가운 음료는 마음까지 차갑게 만든다

청각에 호소하라

맛이 달수록 판단도 달다

서비스 다시보기

따뜻한 고객맞이를 위한 서비스 행동

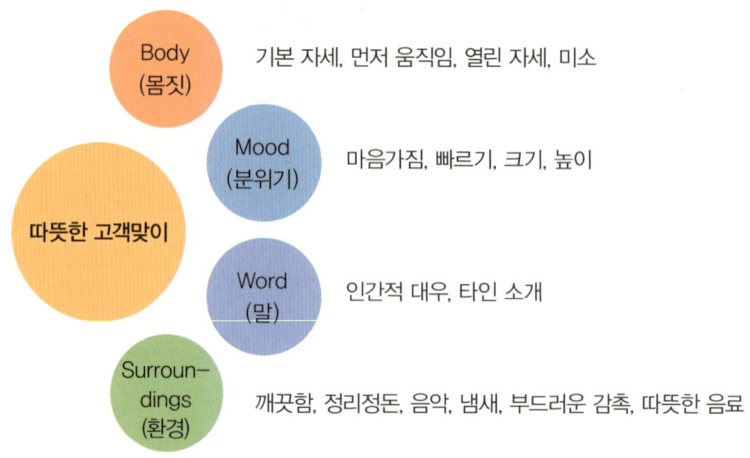

고객을 따뜻하게 맞이하기 위해서 열고웃눈몸의 기본 자세만 취해도 충분할 수 있습니다. 이제는 열고웃눈몸 자세 정도는 일반화되어 거의 모든 영업/서비스 교육에서 다루어지며, 대부분 기업의 영업/서비스 매뉴얼에 나와 있습니다. 지금부터 경쟁자들보다 반 발짝만 앞서가기 위한 중요한 따뜻한 고객맞이 방법을 알아보겠습니다.

먼저 고객이 매장 앞을 지나가거나 혹은 매장으로 들어온다고 하면 우리는 어떠한 상황에서도 고객을 인지하고 있음을 고객이 알아보거나 들을 수 있도록 해야 합니다. 예를 들어 눈을 맞추거나, 몸통을 고객 방향으로 돌리거나, 옷 매무새를 고치거나, 한 발 앞으로 내미는 자세를 취하거나, 고개를 끄덕이는 등 고객이 알아보거나 들을 수 있도록 해야 고객은 자신의 존재가 인정되었음을 인식하여 불안한 마음이 줄어들고 자신의 존재가 인정받았다는 기쁜 마음이 생깁니다.

따뜻한 고객맞이 BMWS 열고웃눈몸은 기본이다

　고객에게 따뜻함, 친근감, 유능함, 믿음직함, 호감을 줄 수 있는 강력한 몸짓으로 '열고웃눈몸'이 있습니다. 열린 자세, 고개 끄덕임, 웃음, 눈맞춤, 몸 방향 맞추고 기울이기입니다. 이러한 다섯 가지 몸짓은 동시에 같이 사용했을 때에 더욱 강력한 효과가 있습니다. 열고웃눈몸 자세는 고객에게만 따뜻함, 친근감, 유능함, 신뢰감, 호감을 주는 것이 아니라 모든 사람들에게 똑같은 느낌을 줍니다. 열고웃눈몸 자세는 인류가 탄생하고 언어 기능이 발달하기 전에 서로 모여 살기 시작하면서 몸짓으로 의사소통을 해오던 경험이 우리의 유전자 속에 남아 있기 때문에 대인관계에서 신뢰를 얻을 수 있는 강력한 자세입니다.

따뜻한 고객맞이 BMWS 움직여야 알아차린다!

고객이 매장을 구경하면서 지나가거나 아니면 매장에 들어오거나 어느 경우이든 고객을 인지하고 있음을 먼저 표시해서 고객이 이를 알아차릴 수 있도록 해야 합니다. 아마도 가장 알아차리기 쉬울 때가 고객과 처음으로 눈이 마주쳤을 때일 것입니다. 이때 목례를 하든지, 미소를 보이든지, 한 발 앞으로 내밀든지, 옷 매무새를 바르게 하는 행동을 하든지 아니면 손을 흔들어서 맞이 하든지 간에 고객보다 먼저 고객을 인지하고 준비하고 있음을 알 수 있도록 해야 합니다.

여러분이 거지에게 말을 걸어본 적이 있나요? 동물의 세계이든 인간의 세계이든 약한 자 또는 원하는 것이 있는 자가 먼저 복종하거나 친근한 모습을 보입니다. 서양에서 서로 알지 못하는 사람끼리도 지나치다 눈이 마주치면 서로 '하이!' 하면서 미소를 보내고 지나가는 것이 일상입니다. 서로에게 자신의 약한 모습을 보여줌으로써 나는 너를 공격하지 않겠다는 표시를 하고 있는 것입니다.

따뜻한 고객맞이 BMWS 무관심은 수동공격이다!

우리가 먼저 고객의 존재를 인정하는 표현을 하지 않으면 고객은 어떤 느낌이 들까요? 경우에 따라서는 수동공격을 받고 있다고 느낄 수 있습니다. 수동공격이란 표면적으로는 공격성이 드러나지 않지만 지연하기, 무응답, 무표정, 게으름 피우기, 눈 마주치지 않기 등으로 수동공격을 당한 고객은 불쾌감 또는 불안감을 느낄 수 있으므로 항상 고객보다 먼저 고객의 존재를 인정하고 있다는 표현을 해야 합니다.

고객맞이에서 고객의 존재를 인정하는 방법은 인사입니다. 인간은 인사를 통하여 사회적 위계 관계를 확인하려고 합니다. 또한 인사와 인정 등이 먹혀드는 이유는 세로토닌의 작용입니다. 한 연구에서 인사나 인정을 받는 우두머리 침팬지가 일반 침팬지에 비해 2배나 많은 세로토닌이 흐른다고 합니다. 세로토닌 수치가 높으면 행복감과 만족감을 느낍니다. 고객에게 인사를 하는 것은 고객이 나보다 위에 있다는 것을 표시함으로써 고객의 행복감과 만족감을 살짝 올려주는 효과가 있습니다.

따뜻한 고객맞이 BMWS 따뜻한 분위기를 만드는 법

구분	몸동작	목소리
속도	조금 빠르게	조금 빠르게
크기	조금 크게	조금 크게
변화의 폭	약간 크게	약간 크게
높이		조금 높게
깊이		조금 깊게(뒷부분)
거리	차츰 가까이	

따뜻한 무드를 만드는 데 가장 중요한 요소가 서비스 제공자의 감정입니다. 고객을 맞이하는 데 먹고살 수 있게 해줘서 고맙고, 우리 매장을 방문해줘서 반갑고, 새로운 사람을 보게 되어서 기쁘고, 같이 시간을 보내게 되어 즐겁겠다라는 생각이 만들어지면, 이 생각에 따라 고맙고, 반갑고, 기쁘고, 즐겁다는 감정이 생깁니다. 이런 감정은 자연스럽게 몸짓(Body), 분위기(Mood), 말(Word), 환경(Surroundings)으로 나타나게 됩니다.

고객을 맞이하는 기본 생각과 감정이 만들어지면 자연스럽게 나타날 몸동작과 목소리는 어떻게 변할까요? 먼저 따뜻함을 전달하기 위해서는 몸동작과 목소리의 속도가 약간 빨라집니다. 반가운 사람을 빨리 만나보고 싶다는 뜻이 담겨 있습니다. 몸동작과 목소리의 빠르기는 좋은 고객을 만난다는 흥분으로 크기와 높이가 약간 높아지게 됩니다. 열린 자세와 표정으로 약간 빠르고 조금 큰 몸동작과 목소리를 보여주면 고객의 거울신경세포도 같이 작동을 하여 기분 좋은 느낌을 갖기 시작합니다.

따뜻한 고객맞이 BMWS 인간애가 담긴 인사말!

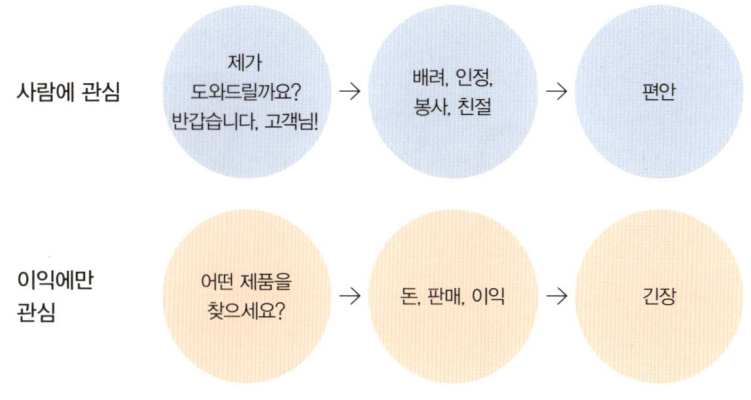

안녕하세요? 반갑습니다! 어떤 제품을 찾으세요? 무엇을 도와드릴까요? 여러 종류의 인사말이 있는데 여러분은 어떻게 인사하시나요? 따뜻한 고객맞이가 되기 위해서 우리는 인사를 할 때, 고객인 당신을 만나게 되어 진짜 반갑고, 기쁘고, 당신에게 우리가 뭔가 해줄 수 있다는 것이 행복하다는 마음가짐으로 인사해야 합니다.

제품이나 서비스에 관련된 인사말보다는 사람에 관련된 표현을 한다면 고객은 따뜻함을 느낄 것입니다. 골프장에 갔을 때 가장 처음 만나는 사람은 대체로 골프 백을 내려주는 분들입니다. 이분들이 관심을 사람에게 보이는지 아니면 골프 백에 보이는지에 따라 좋은 골프장과 보통 골프장으로 나뉩니다. 좋은 골프장은 먼저 고객들에게 인사를 하고 발렛 여부를 물어본 후에 골프 백을 내리지만 그렇지 않은 곳에서는 트렁크 쪽으로 이동하여 골프백만 내리는 것을 볼 때는 아쉬움이 생깁니다.

따뜻한 고객맞이 BMWS **소개말 : 들은 것이 곧 신뢰가 된다**

고객이 제품에 문제가 있거나 궁금한 점이 있을 때 매장을 방문하여 안내에 접수하고 전문가를 만나서 제품을 점검하거나 수리를 진행하는 서비스가 진행되기도 합니다. 고객은 서비스 매장에 들어오면서 오감을 활용하여 서비스 받기 좋은 곳인지 아닌지를 무의식적으로 판단하고 있을 것이며, 안내직원과 상담을 하면서 이 매장에서 하는 서비스의 질에 대해 판단을 한 후에 제품/서비스를 구매할 것인지를 결정합니다.

하지만 서비스 매장에 대한 대안이 없어서 다른 곳을 가기보다는 지금 방문한 곳에서 서비스를 받아야만 하고, 고객이 가진 제품 서비스에 대한 정보의 양과 질이 서비스 직원보다 절대적으로 떨어질 때에는 고객은 서비스 직원을 신뢰하고 싶어 합니다. 그때 안내 직원이 서비스 전문가를 올해의 판매왕, 명장, A급 기술력, 과장, 최고의 기술력, 올해의 서비스 엔지니어 등 전문성을 나타내는 단어를 사용하여 소개한다면 고객은 직원을 만나기도 전에 믿음이 생겨나기 시작하며, 소개받은 서비스 직원이 잘하는 부분들이 더욱 두드러져 보이기 시작합니다.

따뜻한 고객맞이 BMWS 몸짓 · 분위기 · 말을 일치하라

우리가 흔히 방문하는 매장에서 서비스 제공자들이 인사를 하는데 왠지 영혼이 없어 보이면서 기분이 좋지 않은 것은 무슨 이유에서일까요? 필자가 자주 가는 식당에는 젊은 세대의 서비스 제공자 여러 명이 고객을 맞이하거나 서비스를 제공합니다. 고객이 식당에 들어가면 서비스를 제공하지 않는 전원이 "반갑습니다! OOO입니다"라며 아주 크고 우렁차게 인사를 합니다. 그 인사를 받는 필자나 필자의 가족들은 기분 좋게 받아들이기보다는 왠지 모를 불편함을 느끼게 됩니다.

인사를 단체로 하니까 격식이 있어야 하기 때문에 따뜻한 느낌이나 반가운 느낌을 받을 수 가 없게 됩니다. 또한 얼굴을 보면 무뚝뚝한 표정으로 눈길도 주지 않고 그냥 반갑다라고 하니 말과 표정 그리고 눈길이 서로 일치하지 않았기 때문에 우리의 뇌는 혼란스러워지게 되어 기분이 좋지 않게 되는 것입니다. 이런 인사가 고객만족과 재방문을 유도하기 위한 것이었다면 한 명의 서비스 제공자에게 고객맞이부터 좌석안내까지를 담당하게 하는 것이 더 좋은 방법이 아닐까요?

따뜻한 고객맞이 BMWS 따뜻함은 오감으로 느낀다

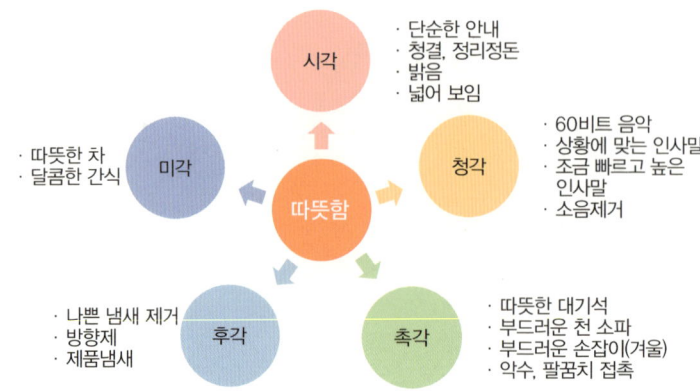

시각은 인간의 감각 가운데 가장 중요한 것으로 인간은 눈으로 봄으로써 세상을 이해하려 했기 때문에 시각자극과 일치하지 않는 다른 감각의 정보는 무시하는 경향이 있습니다. 한편 후각신경은 기억과 감정을 담당하는 해마와 편도체와 아주 가깝게 붙어 있기 때문에 좋지 않은 냄새가 날 경우 불쾌한 감정과 기억을 떠올리게 하여 시각정보가 좋을 경우에도 불구하고 후각정보가 우세한 기능을 담당합니다. 또한 사람들은 태어나서 처음 맛보는 모유에 대한 기억이 강하기 때문에 달콤하고 부드러우며 따뜻한 음식을 좋아합니다. 그리고 엄마 뱃속에서 들었던 심장박동 소리가 태아를 진정시켜주었기 때문에 심장박동수와 비슷한 리듬의 배경음악을 듣게 되면 편안함을 느끼게 됩니다. 우리가 매장을 꾸미거나 자신의 모습을 표현할 때 오감자극들이 동일한 의미를 줄 수 있다면 고객은 제품이나 서비스에 더 좋은 느낌을 강하게 갖게 될 것입니다.

따뜻한 고객맞이 BMWS 보는 것이 믿는 것이다!

깨끗하고 잘 정리된 외관

시각은 오감 중에서 가장 우월한 감각으로 매장을 평가하거나 사람을 평가할 때 가장 큰 영향을 미칩니다. 고객들이 방문해야 하는 매장에 적이 숨어 있을 수 있거나 잘 보이지 않아서 안전함을 판단하기 어렵다면 그 매장에 들어가는 것에 불안감을 느낄 수 있으므로, 대부분의 매장은 밝고 넓어 보이며, 정리정돈이 잘 되어 있어야 합니다.

또한 사람이 제품을 사용하고 있는 모습을 상상할 수 있도록 사진이나 동영상 등을 볼 수 있게 하면 그것을 보는 고객의 거울신경세포가 작동하여 마치 제품을 사용하는 듯한 느낌을 받을 수 있습니다. 제품이나 서비스의 안내나 가격표 등은 쉽고 단순하여 잘 알아볼 수 있도록 만들어져 있고, 제품이 손에 닿는 곳에 있어서 쉽게 접근할 수 있다면 고객은 편안함을 느끼게 됩니다.

따뜻한 고객맞이 BMWS 후각은 가장 원초적인 감각이다

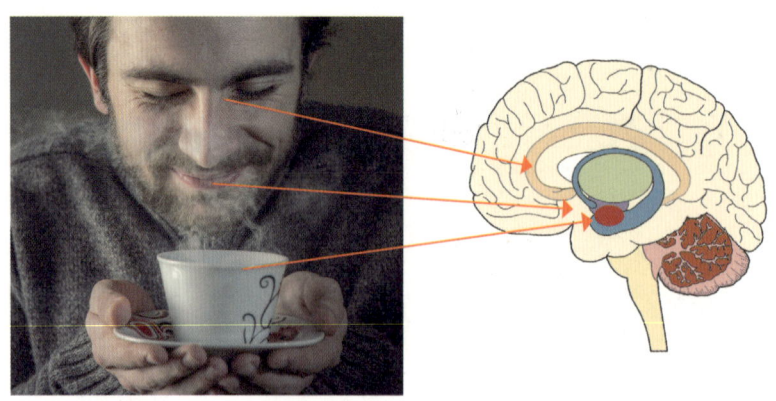

지금부터 20년 전쯤에 필자의 어머니가 눈 수술을 하시고 서울 OO병원에 입원해 계셔서 주말에 면회를 갔는데 병원 로비가 훤하고 개방되어 있고, OO커피숍이 중앙로비 한편에 자리하고 있어서 커피 내리는 냄새가 은은하게 풍겨와서 병원이라기보다는 일류호텔 로비에 온 것과 같은 느낌이 들면서 환자 면회를 하는 필자에게 조금은 편안한 느낌을 주었습니다. 반면에 맛집이라고 추천을 받아 예약을 하고 찾아갔을 때가 생각납니다. 식당은 2층에 자리 잡고 있었지만 주차를 위해서 지하층으로 들어가서 차를 세우고 나오는데 꾸꿉한 냄새가 코를 찌르기 시작하고, 입구 쪽으로 가려니 쓰레기 통이 있고 그 옆에는 쓰레기들이 흩어져 있었습니다. 맛난 음식을 먹으러 가는 동선에서 겪은 안 좋은 냄새 때문인지 그 식당에서 먹었던 음식 맛도 별로 기억이 나지 않으면서 다시는 가지 않는 곳이 돼버렸습니다.

후각신경은 전체 감각정보 처리의 1%밖에 차지하지 않지만 순간적 판단에 중요한 역할을 하는 해마와 편도체와 아주 가까이 붙어 있어서 싫고, 좋음의 판단을 바로 하기 때문에 결코 소홀히 할 수 없습니다. 서비스 제공자가 혹시 흡연자라면 담배를 피고 난 후에 고객 미팅에서 날 수 있는 불쾌한 냄새를 어떻게 없앨 것인지를 꼭 정해놓아야 합니다. 서비스 제공자의 본심과 상관없이 고객에게 불쾌한 느낌을 주게 됩니다.

마린 린스트롬이 쓴 《쇼핑학》(세종서적, 2010)에는 후각에 대한 재미있는 이야기가 나옵니다.

"캘버트 박사의 설명에 따르면, 우리가 좋아하는 어떤 것을 보면서 동시에 냄새를 맡을 때는 우리 뇌 속의 여러 구역에 일제히 불이 켜진다고 합니다. 이들 구역들 중에는 우측 중앙 안와전두피질이 있습니다. 이 구역은 기분을 유쾌하게 하거나 좋아할 만한 어떤 것을 감지하는 기능을 가지고 있습니다. 그뿐 아니라 일차적인 후각피질과 정서적 적합성을 암호화하는 편도체, 이 두 가지가 동시에 활성화됩니다.

이를 달리 설명하면, 기분 좋은 향기가 마음에 들고 잘 어울리는 시각 이미지와 결합할 경우에 그것을 더욱 유쾌한 것으로 인지할 뿐 아니라 또한 좀 더 쉽게 기억하게 된다는 것입니다. 미국 북서부 지역의 한 의류 상점에서 실시한 실험에서 바닐라 향과 같은 여성 향기를 뿌려놓자 여성용 의류의 매상이 두 배로 뛰었다고 합니다. 우리의 모든 감각 중에서 후각은 가장 원초적인 것으로 우리 뇌 속에 가장 깊숙이 자리 잡고 있습니다. 후각을 이용하여 우리의 조상들은 음식의 맛을 개발했고, 배우자를 찾아냈으며, 적의 존재를 직관적으로 알아낼 수 있었습니다."

따뜻한 고객맞이 BMWS 차가운 음료는 마음까지 차갑게 만든다

우리의 신체가 느끼는 따뜻함이 사람에 대한 평가에 그대로 반영됩니다. 고객에게 따뜻한 느낌을 주기 위해서는 차가운 음료보다 따뜻하고 달콤한 차가 사람이나 사물에 대해 따뜻함을 느끼게 할 수 있습니다. 추운 겨울 출입문의 손잡이를 만지면서 느끼는 차가움은 해당 매장에 대한 차가운 감정을 더 느끼게 하여 좀 더 비판적으로 제품을 평가할 수도 있습니다.

따뜻한 촉각 실험

윌리엄과 바그는 몸이 느끼는 온도가 사람 간에 느끼는 온도에 미치는 영향에 대해 실험을 했습니다. 실험자가 실험 참가자들을 건물 로비에서 만나 엘리베이터를 타고 실험실로 같이 이동하는 동안 엘리베이터 안에서 실험자는 A그룹의 실험 참가자들에게는 따뜻한 커피를 잠깐 들어 달라고 부탁한 반면 B그룹의 실험 참가자들에게는 냉커피를 들어 달라고 부탁한 후 커피를 돌려받은 후 실험실에 도착하여 모르는 사람에 대해 평가를 부탁했습니다. 그 결과 따뜻한 커피를 들고 있던 A그룹이 차가운 커피를 들고 있던 B그룹에 대해 모르는 사람에 대한 평가에서 훨씬 더 따뜻한 사람으로 지각했습니다(참조: 〈Warm Hands, Warm Heart?〉, Williams & Bargh, 2008, 《Science Study》).

따뜻한 고객맞이 BMWS 청각에 호소하라

매장의 배경음악도 도움이 됩니다. 분당 60비트 정도의 클래식 음악을 잔잔하게 틀어놓으면 사람들은 이런 클래식 음악이 엄마의 심장박동이나 호흡소리와 같은 리듬을 갖고 있기 때문에 편안하고 안정적인 분위기에서 상담을 진행할 수 있습니다. 앞에서 소개한 《쇼핑학》에서는 우리가 무심코 지나쳤던 소리까지도 제품개발에 활용된 예가 나옵니다.

"사운드 브랜딩은 1950년대 이후로 활용되어 왔습니다. 예를 들면 최근에는 포드사가 차의 문을 닫을 때, 육중한 금고문을 닫을 때와 같은 소리가 나도록 자사의 토러스를 위해 새로운 걸쇠 시스템을 만들어냈습니다. 냉동 건조된 커피 병이나 프링글스 포테이토칩 캔을 개봉할 때 나는 소리가 여러분의 입맛을 다시게 하는 신선함을 연상하도록 개발되었다는 사실을 알고 계십니까? 2006년 발표된 자료에 따르면, 런던 지하철에서 클래식 음악을 들려주자, 강도 행위는 33%, 지하철 직원들에 대한 폭력 행위는 25% 감소되었다고 합니다."

따뜻한 고객맞이 BMWS 맛이 달수록 판단도 달다

　고객에게 따뜻하고 달콤한 차를 대접하거나 흔히 맛볼 수 없는 맛있는 사탕이나 초콜릿을 준비하여 대접함으로써 고객의 기분을 좋게 만들 수 있습니다. 단 것을 먹으면 우리의 뇌에서는 기쁨을 느끼게 하는 도파민이라는 신경전달물질이 분비가 되기 때문입니다. 단맛은 즉시 에너지로 활용할 수 있는 중요한 음식이어서 단맛이 나는 음식을 많이 먹으면 먹을수록 생존과 번식에 유리했기 때문에 계속해서 단것을 많이 먹으라고 도파민이 분비되는 것입니다.

따뜻한 고객맞이 BMWS 서비스 다시보기

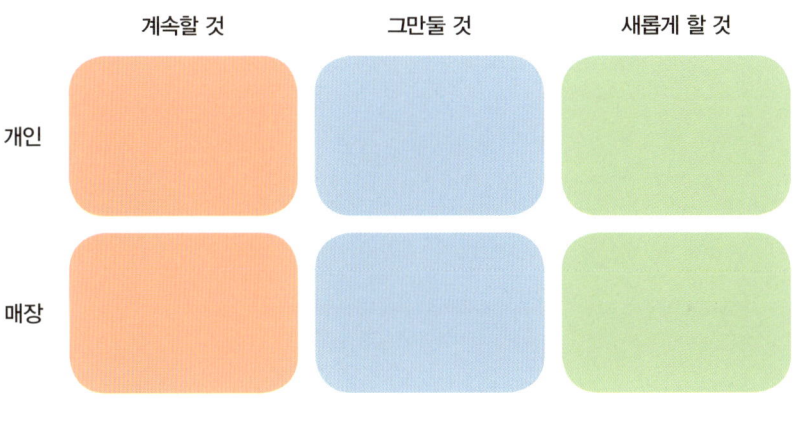

  고객이 매장에 들어서려고 할 때 뇌는 오감을 통해서 이 매장에서 판매하는 제품이나 서비스의 질을 아주 순식간에 평가하고 들어갈지 또는 딴 곳으로 이동할지를 결정합니다. 순식간에 결정하는 인간의 능력이 인류가 살아남을 수 있게 해주었던 중요한 능력이기 때문에 이를 거부할 수도 무시할 수도 없습니다.

  우리 매장에서도 고객의 오감이 불안하게 느끼지 않게 하기 위해 지금까지 해온 것들 중에 계속해야 할 일, 그만둘 일, 그리고 새롭게 해야 할 일이 무엇일지를 시각, 청각, 후각, 촉각, 미각으로 나눠서 나열해보고 점검해보아 따뜻한 고객맞이 서비스에 참고해봅시다.

제 6 장

2단계: 친근한 공감대 형성

1. 친근한 공감대 형성 단계의
   고객 욕구와 감정

친근한 공감대 형성이란?

친근한 공감대 형성 단계에서 고객이 원하는 것

친근감은 곧 집단의 특성이다

친근감을 만드는 일곱 가지 요소 : 호기심

　　　　　　　　　　　　 유사성

　　　　　　　　　　　　 공통주제

　　　　　　　　　　　　 고객 알기

　　　　　　　　　　　　 대인거리

　　　　　　　　　　　　 자기공개

　　　　　　　　　　　　 인정하기

친근한 공감대 형성이란?

지내는 사이가 가깝고 서로 관련을 맺거나 관련이 있다

정보
지식
경험
감정
관심사
호기심

공감대

정보
지식
경험
감정
관심사
호기심

친근한 공감대 형성이란 고객으로서 뿐만 아니라 인간으로서 원하는 것이 무엇인지를 파악하여 응대함으로써 인간적인 서비스를 받고 있다고 느낄 수 있도록 하는 것입니다. 친근함은 '사귀어 지내는 사이가 가깝다' 라는 뜻이며 관계란 '둘 이상의 사람이 서로 관계를 맺거나 관련이 있는 것'이라고 합니다. 친근한 공감대 형성 접점은 '지내는 사이가 가깝고 서로 관련을 맺거나 관련이 있다'로 정의해볼 수 있습니다.

사람들은 언제 자신의 의견을 기꺼이 포기하고 다른 사람에게 설득당하는 것일까요? 사람들은 메시지가 갖는 설득력보다는 자신을 설득하고자 하는 사람과의 관계를 중요시합니다. 이때 상대방에게 느끼는 핵심 감정은 친근감입니다. 고객의 뇌가 메시지를 듣고 옳고 그름을 따지기 위해서는 엄청난 노동을 해야 합니다. 그래서 뇌는 매번 모든 메시지를 분석하는 노동을 하기보다는 그 메시지를 전달하는 사람을 분석합니다. 상대가 친근한 사람이라고 판단되면 그 사람이 전달하는 메시지 대부분을 믿으려 할 것입니다.

친근한 공감대 형성 단계에서 고객이 원하는 것

　　따뜻한 고객맞이에서 고객은 매장에 위험한 것이 없으며, 서비스 제공자 또한 적이 아닌 것을 오감을 통해 확인했습니다. 그러면 친근한 공감대 형성 접점에서 고객이 원하는 것은 무엇일까요? 고객은 상대방이 자신을 해칠 사람은 아니라고 판단은 내렸지만 그 이상의 관계 형성은 안 되어 있습니다. 그래서 조금 더 관계를 가깝게 하기 위해 서비스 제공자는 고객에게 관심과 흥미를 가지고 있음을 보여주고, 서로에게 공통점이 있고, 유사한 점이 있음을 보여줌으로써 서로에게 친근한 느낌을 들 수 있도록 합니다. 또한 고객이 원하는 것이 무엇인지 진심으로 궁금하여 질문을 통해 파악하려고 한다는 모습을 보여줌으로써 고객이 제품/서비스를 이해하고 구매하는 데 최고의 도움을 주고 있음을 확인시켜주는 것입니다.

친근감은 곧 집단의 특성이다

 인간의 감정의 뇌에는 친근감을 느끼게 하는 특성이 몇 가지 있습니다. 이 특성들은 인류가 집단 생활을 하면서 생겨난 것으로 적과 친구를 구별하는 가장 기본적인 요소가 된 것입니다. 집단은 혈연으로부터 시작했으므로 같은 유전자를 물려받았을 가능성이 많기 때문에 생김새가 서로 비슷합니다. 모여 살기 때문에 물리적으로 매우 가까운 거리에 살아서 자주 볼 수 있었고, 상대의 행동에 관심을 많이 갖고 있었고, 서로에 대해 알고 있는 것도 많았습니다.

 혈연집단은 할아버지 할머니, 부모, 자식, 삼촌, 고모 등 계층을 이루고 있었으며 가장 높은 사람이 하는 행동을 따라 함으로써 리더에게 존경을 표시함과 동시에 리더를 배우려 했습니다. 우리의 뇌는 이런 집단의 특성을 보이는 사람들을 보면 한 가족이라고 느끼면서 자연스럽게 친근감을 갖습니다.

친근감을 만드는 일곱 가지 요소

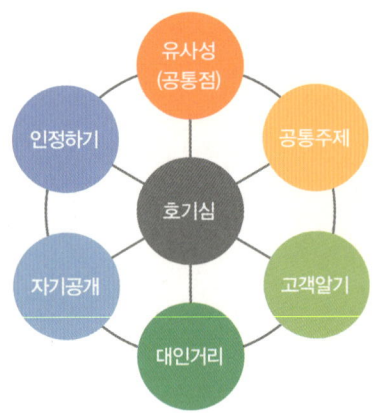

　어떻게 하면 빠른 시간에 고객이 친근감을 느낄 수 있을까요? 친근감은 서로를 알아가며 좋은 감정이 쌓여가면서 이루어집니다. 그러므로 먼저 우리의 마음에 고객에 대한 호기심이 있어야 합니다. 어린아이와 같은 호기심이 있으면 고객을 알고 싶어 하는 마음이 생기고 질문을 통해서 궁금한 점을 찾아내면서 고객의 필요, 관심 사항 등을 이해하고 고객에 맞는 제품을 추천할 수 있습니다.

　질문을 받은 고객은 대화의 주도권을 갖게 되었다고 느끼면서 자신을 중요시한다고 느끼게 되고, 자식에 대해 아는 것이 많은 서비스 제공자를 친근한 사람이라고 느끼게 됩니다.

　서비스 제공자는 고객이 질문에 대답한 내용을 근거로 의견이나 감정, 생각 등을 고객에게 이야기하면 상호 간에 공통되는 부분들이 조금씩 더 많아지는 것을 느끼게 되고 친근감이 증가합니다. 여기에 더해서 고객의 존재와 말을 하는 것 자체를 인정해주며, 고객의 태도나 행동 중에서 관찰된 사실을 바탕으로 칭찬을 하게 된다면 고객은 보다 더 깊은 친근감을 느끼게 됩니다.

친근감 요소1_호기심

관찰과 정리　　　　　　　일과 생활의 균형

여러분은 고객에게 호기심을 갖고 있나요? 그리고 호기심이 있다고 표현하고 있나요? 호기심이란 새롭고 신기한 것을 좋아하거나 모르는 것을 알고 싶어 하는 마음입니다. 많은 사람들이 어느 정도 영업이나 서비스 업무를 하게 되면 고객에 대해 거의 다 알았다고 생각하여 더 이상 고객에 대한 호기심을 갖지 않게 됩니다. 자신의 경험만으로 이런 고객은 어떤 욕구가 있고 주로 무엇을 해주면 좋아한다. 또한 저런 고객은 구매할 의도는 없고 그냥 아이쇼핑을 즐기는 사람이니까 대충 응대해도 된다고 단정해버립니다. 이런 생각은 고객의 구매확률을 떨어트릴 뿐만 아니라 영업 서비스 업무를 재미가 없는 반복적인 일로 만들어버립니다.

필자가 학교에서 심리학을 전공하면서 기억에 남는 한 가지는 모든 사람은 다르다는 것이었고, 서비스 교육을 하면서 배운 또 다른 한 가지는 각 접점별로 고객이 원하는 것 또한 달라진다는 것이었습니다. 즉 사람마다 접점별로 원하는 것이 다른데도 불구하고 예전에 성공했던 경험을 위주로 고객을 응대한다면 한 25% 정도는 맞겠지만 나머지 75%는 잘못된 응대를 할 수도 있는 것입니다.

자신의 업무에 호기심이라는 양념을 집어넣는 순간 일과 삶의 균형이라는 개념이 변할 수 있습니다. 일을 할 때의 의도와 목적, 목표와 일의 결과 등이 곧 우리의 삶의 일부가 될 수도 있습니다. 매일 고객과 대화하면서 이 고객은 어떤 특성이 있는지, 그것이 어떻게 표현되는지, 감정은 무엇인지 그리고 원하는 것은 무엇인지, 원하는 것이 있지만 말하지 않고 있거나 모르고 있는 것은 무엇인지 등을 찾아보는 것입니다. 마치 고객들과의 대화를 흥미진진한 모험이라고 생각하고, 그 결과를 나름대로 정리해간다면 삶의 의미와 자신이 하는 일이 겹쳐지는 부분이 많아지게 됩니다.

베이비붐세대 중에 워크 홀릭인 사람들은 뭔가 새로운 것을 만들어낸다든가, 사람들의 특성을 감안하여 자신만의 고객응대 방식으로 응대했을 때 고객이 구매하는 경향이 많다라는 사실들을 발견하고 이것을 다른 고객들에게 적용해보면서 자신만의 영업 노하우를 만들었습니다. 여기에 그치지 않고 이 지식을 동료들에게 전달하면서 느끼는 만족감 같은 것들이 일을 하면서도 자신의 삶을 만들어가는 행동이라고 생각했습니다.

이 세상은 사회를 만들어가는 20%와 여러 가지 불평불만을 하면서 이들을 따라가는 80%로 나뉜다고 합니다. 여러분이 하는 일과 삶에 호기심을 갖고 관찰하고 정리하다 보면 여러분도 이 사회를 만들어가는 20%가 되고 일의 의미가 삶의 가치에 큰 영향을 줄 것입니다.

호기심을 보이는 사람에게 관심이 간다

필자가 수십 명을 대상으로 강의를 할 때 모두를 골고루 보면서 강의를 하기는 어렵습니다. 그래서 자꾸만 관심이 가는 사람을 위주로 보면서 강의를 합니다. 이들은 첫째로 강사를 눈이 빠져라 바라보는 참석자이고, 두 번째는 뭔가 열심히 받아 적는 참석자이며, 세 번째는 질문을 하는 참석자입니다. 이들의 공통점은 강사에게 관심을 가졌거나 강의 내용에 관심을 가진 사람들로, 강사도 마찬가지로 이들에게 관심을 가지게 되는 것입니다.

관심을 끌려 하지 말고 관심을 보여라

관심은 서로 주고받는 것입니다. 상대가 나에 대해 질문을 했다면 나도 상대에게 그대로 질문을 하게 됩니다. 예를 들어 '아이가 몇 학년이에요?'라는 질문을 받으면 거기에 따라 이야기를 나누다가 질문을 받은 사람 역시 '아이 나이는 어떻게 돼요?'라고 비슷한 질문으로 서로 간에 호기심을 표현하고 있음을 나타내게 됩니다. 고객에게 호기심을 더 기울일수록 고객의 거울신경세포가 자극되어 서비스 제공자에게 더욱 고마워하며 공감하고 호기심을 갖게 됩니다. 호기심의 대상이 되기 위해서 호기심을 끌려고 자신과 상품에 대해 설명하려고 노력하는 대신 고객에게 왜 구매하려고 하는지, 어디에 사용하려는지, 이전 제품이 있었는지, 언제부터 사용하려는지, 어느 제품에 관심이 있는지 등의 질문은 통해 호기심을 보이는 것이 최선의 방법입니다.

우리는 타인을 관찰하라고 하면 평가하는 습관이 있습니다. 능력 있는 사람인가? 돈이 많을까? 미모는 뛰어난가? 스펙이나 지위는? 관찰하라니까 이런 식으로 엉뚱하게 평가나 하는 사람은 인간을 상대하면서 자신이 성장해가는 기쁨을 맛볼 수 없습니다. 타인을 바라볼 때 필요한 건 평가가 아니라 저 사람이 우리에게 보내는 시사점을 알아내는 일입니다.

관찰을 통한 호기심 표현

처음 만난 고객은 서비스 제공자에게 아무 말도 하지 않았지만 고객의 겉모습은 무척 많은 이야기를 하고 있습니다. 고객이 더운지 추운지, 동반 고객으로 봤을 때 가족인지 친구인지, 자세를 봤을 때 이 고객이 급한지 여유가 있는지, 기분이 좋은지, 그냥 그런지 등을 알 수 있습니다.

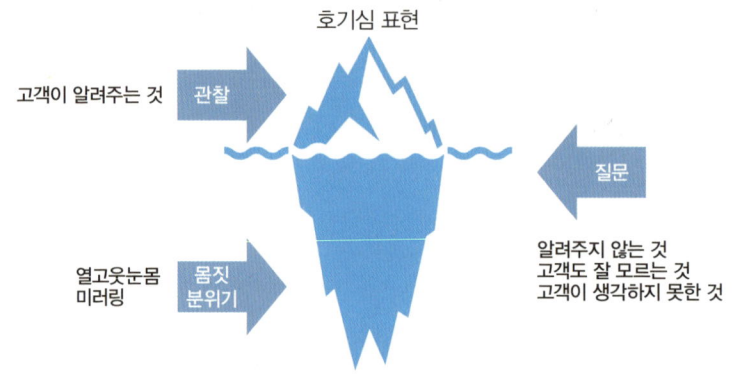

관찰을 통해 분석한 결과 일상의 다른 고객들과 다른 면이 있다면 그것이 이 고객만의 차별점이 될 수 있으므로 이 부분에 대해 질문을 통해 관심을 표현합니다. 그러면 고객도 자신의 감정/욕구를 인정받았다는 느낌이 들어 서비스 제공자에게 친근감이 생기기 시작합니다. 지금까지 관찰의 대상이 고객의 말과 표정, 외모 정도였다면 이제부터는 고객의 손의 위치, 몸통의 방향, 발의 방향 등의 몸짓언어도 관찰 대상으로 호기심의 영역을 넓히는 것이 좋습니다.

질문을 통한 호기심 표현

질문을 받는 자체가 관심을 받았다는 것을 의미하고, 질문을 하고 난 후에 고객이 말하는 것에 대해 서비스 제공자가 진심으로 알고 싶다는 마음으로 경청을 하게 되면 고객은 자신의 존재가 인정받았다는 느낌을 받으며, 고객의 입장에서 도와주려 한다는 느낌도 받게 됩니다.

몸짓과 분위기를 통한 호기심 표현

우리가 호기심을 보이고 있음을 고객이 가장 강하게 인식할 수 있는 부분이 우리의 표정, 자세, 태도, 말투 등입니다. 의식이 아닌 무의식이 인식하여 상대에 대한 느낌이나 감정을 만들어내기 때문에 자신의 표정, 자세, 태도, 말투 등을 점검하여 **열고웃눈몸**으로 고객의 말투(말하는 속도, 높이, 빠르기)에 맞추게 된다면 고객의 거울신경세포는 서비스 제공자가 고객에게 호기심을 갖고 있음을 인지하여 고객 자신도 우리에게 호기심을 보이게 됩니다.

친근감 요소2_유사성

유사한 사람에게 친근감 느낌

유사성 낮아도 맞춰주면
친근감 더 커짐

유사성과 게인 이펙트

사람들은 외모와 자세, 행동, 태도 등이 자신과 유사한 사람에게 친근감을 나타내며, 자신과 유사한 사람의 지위나 능력이 더 뛰어나다고 생각합니다. 그런데 우리는 고객과 유사한 외모와 자세, 행동, 태도를 가지고 있을 가능성이 높지 않습니다. 이럴 때에는 표정과 자세, 행동 등을 고객에게 서서히 맞춰주게 되면 원래 유사성이 있었던 경우보다 고객은 더 많은 친근감을 느끼게 됩니다. 엘리엇 아론슨과 대럴 린더는 이런 현상을 게인 이펙트(gain effect)라 했는데, 서서히 서로 비슷해지면서 상대방이 더 매력적으로 보이게 됩니다.

사람들은 비슷한 성격의 사람과 함께 있는 것보다 성격이 다른 사람이 자신의 성격에 맞춰주는 것에 기분이 더 좋아집니다. 자기의 성격에 상대가 맞춰주는 것을 무언의 인정이나 칭찬으로 받아들이기 때문입니다.

친근감 요소 3_공통주제

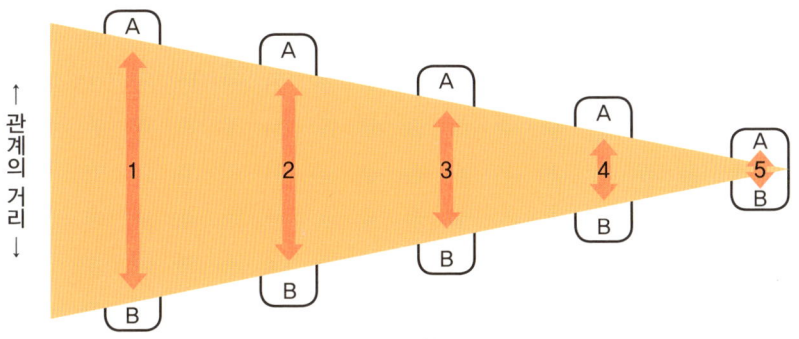

상대방과 대화하는 주제에 대한 경험의 차이에 따라 친근감과 공감의 질이 바뀔 수 있습니다. 위의 그림에서 2번처럼 상대는 경험한 일이지만 나는 경험하지 못한 경우 상대의 이야기를 주의 깊게 듣고 질문이나 추임새를 넣고 자신도 경험해보고 싶다는 감정적인 반응을 보이는 것이 좋습니다. 3번의 경우 상대와 내가 모두 경험한 내용이 주제가 되면 서로 이야기할 것도 많고 느낀 것도 많아지고 또한 공통의 경험이었다는 사실만으로도 친근감이 증가합니다.

이런 공통 경험을 많이 만들기 위해서는 주요 고객들이 경험하는 것이 무엇인지를 파악하여 서비스 제공자도 경험해보는 것이 고객과의 친근감을 높일 수 있는 아주 좋은 방법입니다. 예를 들어 최근 히트를 친 영화, 드라마, 책, 그리고 핵심 이슈 같은 것에 대해 자신의 의견을 갖고 있으면 고객과 많은 이야기를 나눌 수 있어서 고객과의 관계 또한 가까워집니다.

제품을 사용했던 경험은 고객과 내가 가지고 있는 최적의 공통주제입니다. 고객이 요구하는 것이 무엇인지를 구체화하기 위해서 구매목적이나 제품에 대한 관심 사항 그리고 이전 제품에 대한 경험을 이야기해봅니다. 대화를 나누는 중에 서비스 제공자 자신이 제품을 구입하게 된 동기나 사용해봤을 때 좋은 점 등을 고객과 공유한다면 서로 같이 경험한 내용이 많아지고 같이 이야기를 나눈 시간이 증가함에 따라 친근감이 향상될 수 있습니다.

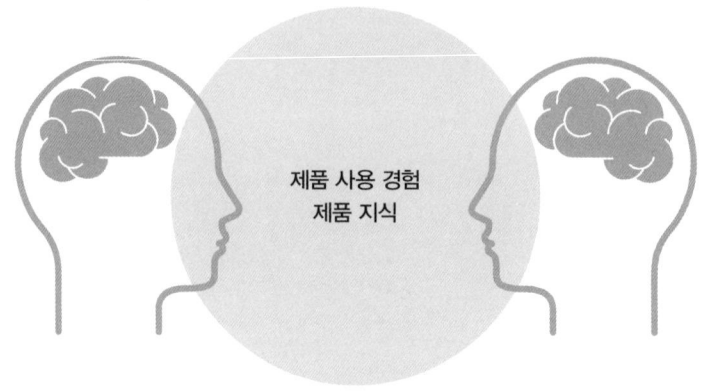

또한 제품에 대한 공통 경험을 나누는 대화를 통해 서비스 제공자는 고객의 구매목적을 파악할 수 있고 고객은 자신의 구매목적, 문제점 등을 이야기하면서 구매하고 싶은 욕구가 구체화되고 차츰 높아지게 됩니다.

친근감 요소 4_고객 알기

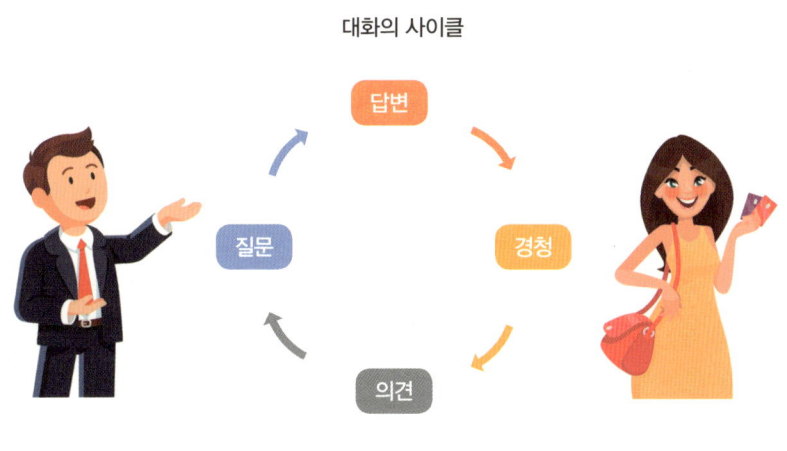

대화의 사이클

고객과의 대화에서 처음 이야기를 꺼낼 때는 질문이나 무엇을 부탁하는 청유형인 경우가 많습니다. 맨 처음 대화를 어떻게 시작하느냐, 어느 방향으로 이끌어가느냐는 질문으로부터 시작됩니다. 질문을 받게 되면 고객은 답변을 준비해야 하고 그러면서 자신의 생각을 정리하고 궁금한 점에 대해 묻기도 합니다.

고객이 답변할 때는 고객에게 집중하면서 무슨 이야기를 하는지와 어떤 느낌으로 하는지를 귀로 잘 들으면서 눈으로는 어떤 감정이나 의도로 그 이야기를 하는지를 관찰하면서 듣습니다. 고객은 자신이 생각했고, 말로 표현했으며 또 자신이 말한 것을 자신의 귀로 들었기 때문에 자기의 답변을 보다 쉽게 믿게 됩니다. 그러면 서비스 제공자는 고객의 답변에 대해 자신의 생각이나 느낌 또는 다른 고객들이 이야기했던 의견 등을 종합하여 말해줍니다. 이런 식으로 대화를 나누다보면 고객은 서로 공통적으로 알게 되는 사실이 늘어나면서 친근감을 가지게 됩니다.

고객을 알기 위한 질문의 효과

서비스 제공자가 고객에게 하는 질문은 아래 그림에서 보듯이 다양한 효과가 있습니다. 먼저 질문의 큰 효과는 질문을 받은 사람은 질문에 대해 생각을 하고 답변을 하게 된다는 것입니다. 질문을 통해 고객의 요구를 파악하는 것 이외에도 고객의 인간적 욕구를 충족시켜주는 효과가 있습니다. 먼저 매장을 찾은 고객은 서비스 제공자에게 속아 넘어가지 말아야 한다는 방어본능 때문에 가식적인 행동을 할 수 있는데 고객에게 질문을 하고 그것에 대해 긍정적인 반응을 보임으로써 고객의 방어본능을 무너뜨릴 수 있습니다.

두 번째는 고객에 대해 알기 위해 구매목적, 기능, 크기, 디자인, 가격, 선호하는 품질 등에 대해 질문을 하고 고객은 답을 함으로써 서로에 대해 아는 것이 많아지게 되면 친근감이 향상됩니다.

세 번째는 질문을 하고 경청하게 되면 고객이 인정받았다고 느낌에 따라 자아존중감이 올라가면서 세로토닌이 분비가 되어 행복감을 느낍니다. 질문 후 고객답변에 대한 경청은, 고객이 말하고 있는 것과 말하는 내용 전부를 인정하는 가장 좋은 자아존중의 욕구를 충족시켜주는 방법입니다. 네 번째는 질문은 대화의 주도권을 고객에게 주기 때문에 자아존중의 욕구를 충족시켜줘서 기분이 좋아지게 됩니다.

보통의 경우 서비스 제공자가 그 제품에 대해 더 많이 알고, 익숙해서 지식, 정보의 흐름이 서비스 제공자에서부터 시작하여 고객에게로 흐릅니다. 그러므로 서비스 제공자는 가만히 있어도 주도권이 있는 것처럼 느껴지고 고객은 생소하고 선택해야 할 제품이 너무 많다 보니 무엇을 어떻게 해야 할지 주눅이 들어 있는 상태일 수 있습니다(특히 익숙하지 않은 제품일수록). 그런데 질문은 대화의 주도권을 고객에게로 돌려줍니다.

마지막 효과로는 고객이 질문에 답을 하면서 스스로 설득이 된다는 것입니다. 고객은 서비스 제공자가 말하는 모든 것에 대해 의심을 하면서 듣기 때문에 서비스 제공자가 설명을 하기보다는 질문을 해서 고객이 스스로 답할 수 있도록 하는 것이 자율성이나 자기 만족을 높이기 때문에 훨씬 설득력이 있습니다. 고객은 질문에 답변을 하면서 머릿속에 정리되지 않고 있던 사실, 정보, 감정 등에 대해 이야기를 하는 순간 정리가 되면서 선호하는 것이 무엇인지가 명확해집니다. 또한 우리의 뇌는 자기가 한 말을 사실이라고 믿게 되고 자기가 한 말을 지키려고 하는 성향이 강합니다.

어떤 질문을 할 것인가

고객의 제품에 대한 요구를 파악하기 위해 냉장고 판매를 예로 들어보면 누가 사용할 것인지, 왜 구입하는 것인지, 언제쯤 필요한 것인지 그리고 사용 장소는 어디이며, 구체적으로 원하는 제품의 디자인이나 기능은 무엇인지, 예상가격대와 기존 제품을 사용하면서 나타났던 문제점이나 좋았던 점을 질문을 통해서 확인하는 것이 좋습니다.

고객을 알기 위해서 사용하는 질문은 크게 닫힌 질문과 열린 질문으로 나눌 수 있습니다. 닫힌 질문은 예/아니오의 응답을 요구하는 질문으로 상대방의 역할을 제한하게 되며, 질문하는 사람이 주도권을 잡게 되는 경우가 많습니다. 열린 질문은 5W2H(Who, When, Where, What, Why, How, How much/누가, 언제, 어디서, 무엇을, 왜, 어떻게, 얼마나) 등의 의문사를 활용하여 답변을 요구하는 질문으로 상대방의 지식과 경험을 바탕으로 한 다양한 답변을 얻으려는 것입니다. 의견을 구하거나 정보를 찾을 때 유용합니다.

냉장고 판매 시의 질문

항목	냉장고(예)	질문으로 알게 된 것	질문 예시
누가	구매자, 사용자, 추천자, 선물, 가족 수	구매자만 알고 사용자를 모를 수 있다.	어느 분이 사용하실 건가요?
왜	신규, 대체, 보조, 추가, 가장 중요한 요소	설명이 수준을 맞출 수 없다.	이 제품을 구매하시는 목적은 무엇인가요?
언제	필요한 시기	프로모션 변동, 재고, 신제품 출시정보를 못 줄 수 있다.	언제 사용하셔야 되나요?
어디서	사용 장소 (소음, 크기, 색상 매칭)	제품의 크기, 중요도, 집 인테리어와의 조화 등을 설명하기 어렵다.	이 제품은 주로 어디서 사용하실 건가요?
무엇을	중점특성, 원하는 기능, 디자인, 색상, 크기, 봐야 아는 부분임. 많이 쓰는 기능	중점적으로 설명해야 할 부분을 놓치고 일반적인 설명이 된다.	제품의 가성비, 기능, 디자인 중에서 가장 중요시 생각하는 것은 무엇인가요?
얼마에	예상가격대	엉뚱한 제품을 소개할 수 있다.	어느 정도 가격대를 예상하셨나요?
어떻게	사용방법 (기능별 사용법), 사용시 문제점	구매하면서 불안해 할 수 있다.	사용 방법을 간단히 설명드릴까요?
비교	과거 제품의 좋은 점/개선점, 경쟁제품과의 차이점 장점과 단점 약간	구매제안시 불안해 할 수 있다. 내가 아는 것과 고객이 아는 것이 다를 경우가 많다.	이전 제품에 개선점이 있다면? 경쟁제품의 어떤 면이 좋으셨어요?
신규가능	소음, 표면 손자국, 표면 스크래치, 절전기능, 정수기능, 저장공간, 자동제빙	꼭 필요한 기능을 모르고 지나칠 수 있다.	이런 기능은 어떨까요? 이런 문제는 어떻게 해결할까요?

친근감 요소5_대인거리

3.6m   사회적 거리 – 눈을 마주침
1.2m   개인적 거리 – 인사말을 주고 받음
45cm   친근한 거리 – 요구 사항을 경청함

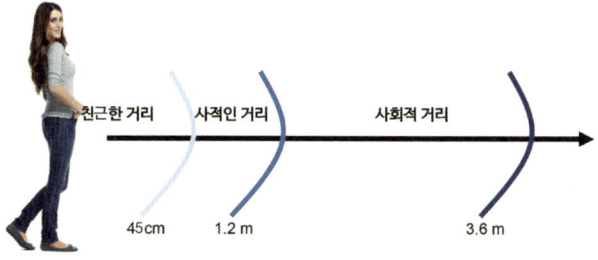

인류학자인 에드워드 티 홀은 사람과 사람 사이의 거리를 가지고 두 사람이 친근한 사이인지 어느 정도 친분이 있는 사이인지 아니면 뭔가 볼일이 있어서 온 낯선 사람인지를 구분하고 있습니다.

친근한 거리는 5~45센티미터 이내로 사람들이 자신의 고유 영역이라 생각하는 아주 사적인 영역으로 가족이나 연인, 친구 정도에게만 접근이 허용됩니다. 사적인 거리는 45센티미터~1.2미터 사이로 직장 회식, 친구들과의 만남 등에서 친분이 있는 사람과 두는 거리입니다. 사회적 거리는 1.2~3.6미터 사이로 고객이 처음 매장을 방문했을 때 떨어져 있는 거리입니다.

처음에는 고객과 사회적 거리에 있다가 대화가 계속되면서 사적인 거리 안으로 조금씩 들어가야 합니다. 이때 고객이 뒤로 물러나거나 팔짱을 끼거나 팔을 모으는 등의 몸을 닫는 행위나 어색해 하는 표정 등을 하지 않는다면 그만큼 고객과 가까워졌다고 생각할 수 있습니다. 물리적인 거리가 가까워지면 심리적인 거리도 가까워집니다.

친근감 요소 6 _ 자기공개

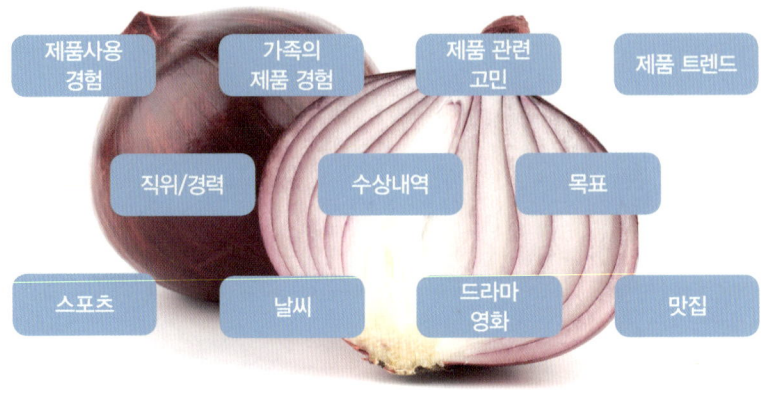

　자기공개란 자신의 생각, 의견을 의도적으로 고객에게 노출하여 고객과 가까워지기 위한 방법입니다. 자기공개는 인사나 세상사는 이야기 정도의 스몰 토크로 시작합니다. 이에 고객이 긍정적인 반응을 보이면 고객의 구매요구를 파악하기 위해서 질문을 한 후 고객의 답변 중에 제품의 사용 중에 불편한 점이라든지 관심 가는 기능 등에 대해 이야기할 때 서비스 제공자도 자신이나 자신의 가족이 그 제품을 사용하면서 겪었던 경험을 이야기함으로써 고객의 입장을 옹호함과 동시에 서로의 유사성을 높여갈 수 있습니다.

　서비스 제공자의 질문에 고객이 대답을 한 것은 자신을 그만큼 열었다는 것입니다. 그러면 우리도 똑같지는 않지만 고객의 답변에 대해 동의하거나 반대하는 자신의 의견을 이야기함으로써 서로 같은 것이 무엇이고 다른 점이 무엇인지를 정의하여 고객과 맞춰가는 부분이 필요합니다. 다른 점이란 고객이 모르는 부분과 관심 있는 부분 중에서 새롭게 신기술이 구현된 것으로 서비스 제공자가 전문가로서 추천하거나 추가하여 생각해볼 것을 알려주는 것이 좋습니다. 고객의 요구분석이 어느 정도 마무리 지어질 때는 해당 제품에 대한 우리의 생각이나 의견 등을 이야기함으로써 고객은 자신과 유사한 경험을 한 서비스 제공자가 기능 설명이나 제품 추천으로 이어갈 때 좀 더 신뢰감이 높아질 수 있습니다.

필자가 아는 A씨는 공감대 형성 단계에서 자신의 과거 그리고 꿈과 비전에 대해 자기공개를 합니다. 개그맨으로 활동했던 예전 사진을 보여주며 개그맨에서 영업사원이 된 이유와 꿈에 대한 이야기를 함으로써 자부심과 긍지를 자연스럽게 노출합니다. 그에게는 이렇게 고객의 신뢰감을 얻는 한 방이 있어서 해당 영업소에서 계약률이 상위권을 유지하고 있습니다.

《관계의 본심》(클리포드 나스, 코리나 옌, 푸른숲, 2011)에는 자기공개에 대한 흥미로운 실험 결과가 나와 있습니다.

"자기 이야기를 하는 상대에게 피실험자들은 자신에 관해 더 많은 이야기를 털어놓았고 답변도 길게 했습니다. 또한 자기공개 수준의 평가를 봐도 자기 이야기를 하는 상대에게 피실험자들의 자기공개 수준이 상당히 높았습니다. 뿐만 아니라 피실험자들은 이들에게 더 많은 호감을 보였습니다."

친근감 요소7_인정하기

사회적 지위향상은 자아존중의 욕구 중 하나이며 상품 자체에 의해 일부 충족되기도 하지만 주로 다른 사람들에 의해 충족되는 경우가 더 많습니다. 고객은 매장을 방문했을 때부터 서비스 제공자로부터 여러 종류의 인정을 받으면서 사회적 지위향상 욕구를 조금씩 충족하고 있으며, 제품구매와 동시에 받는 진정 어린 칭찬과 더불어 제품을 사용하면서 받는 친구, 동료, 가족으로부터 "좋은 제품이다", "부럽다", "어디서 샀니", "잘 어울린다", "나도 사고 싶다"와 같은 칭찬과 인정을 받았을 때 그 제품을 구입한 목적인 사회적 지위향상의 욕구가 충족되는 것입니다.

제품 구매 시 사회적 지위향상 고려

마틴 린스트롬은 《쇼핑학》(세종서적, 2010)에서 이렇게 말합니다.

"UCLA대학교의 수전 브룩하이머 교수는 아이폰 같은 제품을 구입한다는 기대감에 만끽하는 걷잡을 수 없는 쾌감은 종족 번식률을 높이고 살아남도록 하는 데 도움이 될 수도 있다는 것입니다. 어째서 그런 것일까요? 의식을 하든 하지 않든 우리는 무엇인가를 구매할 때 그것이 우리에게 사회적 지위를 향상시켜 줄 수 있는 것인지 따져보게 됩니다. 왜냐하면 이러한 지위란 종족번식을 가능하게 하는 것과 관련이 있기 때문입니다."

상대를 칭찬하는 방법은 크게 직접적인 방법과 간접적인 방법이 있습니다. 우리가 흔히 하는 칭찬은 고객 앞에서 대놓고 "참 멋지신데요", "잘 어울리시네요"라는 식으로 말로써 칭찬하거나 고객의 동반자나 소지품, 주변 환경 등을 직접 칭찬하는 방법이 있습니다. 하지만 이럴 경우 판매를 위해 아부를 한다고 생각하여 어떤 고객에게는 역효과가 나서 판매를 망치는 경우도 있습니다. 하지만 고객이 눈치채지 못하게 **열고웃눈몸**과 같은 몸짓언어와 질문과 경청 등의 의사소통 기법을 활용하여 고객의 존재를 인정하는 간접적인 방법을 사용할 경우 부작용이 거의 없습니다.

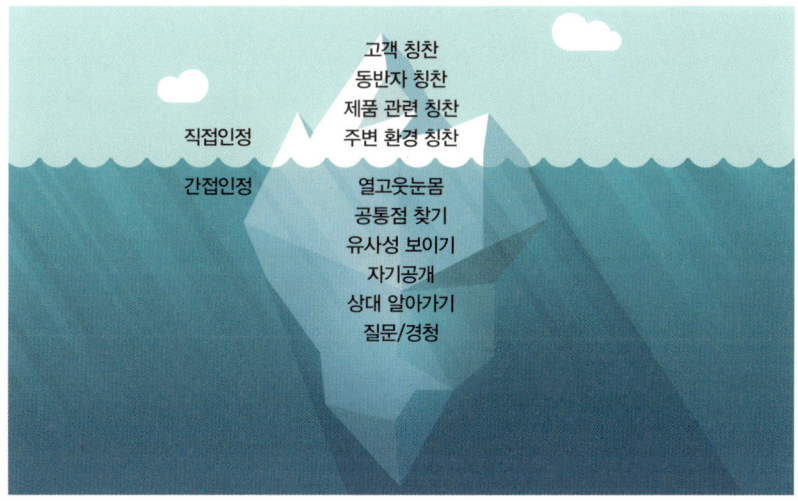

미러링이나 고객과의 공통점 개발을 통해 유사성을 키워나가는 것도 고객을 닮고 싶고 따라 하고 싶다는 간접적인 인정의 표현으로 고객을 존중한다는 의미를 강하게 표현하고 있는 것입니다. 인간의 몸짓언어는 감정의 뇌가 직접적으로 인식하기 때문에 말로 표현하는 것보다 훨씬 더 효과가 크게 나타납니다.

간접적인 고객인정 방법에 더하여 지금부터는 여러분들도 잘 알고 있는 직접적으로 고객을 인정하는 방법에 대해 알아보겠습니다. 고객의 무엇을 인정할 수 있을까요? 첫 번째는 고객 자체입니다. 고객의 외모, 복장, 고객이 말하는 내용과 방법 등에 대해 관찰하여 인정하는 것입니다. 사람들마다 자세히 보는 외모와 복장의 내용이 조금씩 다르고, 귀 기울여 듣는 말의 대상도 조금씩 다릅니다. 필자는 고객의 외모 중에서 색감을 가지고 계절과 어울리는 칭찬을 종종 합니다. "지금 착용하고 계신 타이가 가을 햇살을 받아 너무 화사해 보이네요. 저도 이번 가을에는 그런 타이를 하나 장만하고 싶네요"라고 표현합니다.

두 번째는 동반자에 대한 칭찬으로 가족이 같이 내방했으면 "가족이 같이 손을 꼭 잡고 다니시는 모습을 보니 참 화목해 보이네요. 너무 부러워요. 저의 가족도 손 좀 잡고 다니자고 해야 겠어요"라고 칭찬합니다.

인정 대상과 방법

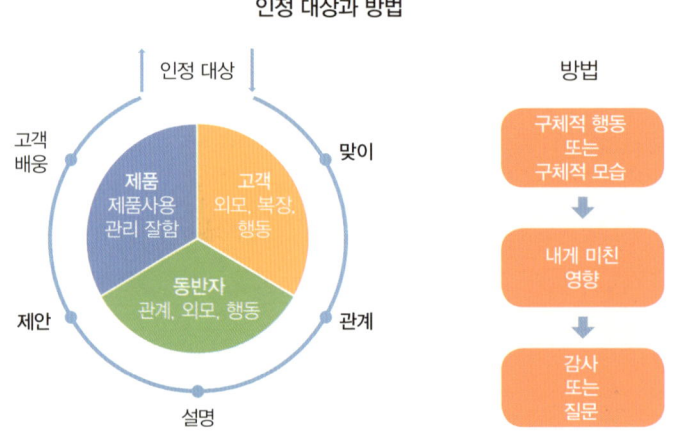

세 번째는 해당 제품을 가지고 오는 고객이나 사용하고 있는 고객의 제품의 사용 및 기능 특징 등에 대해 칭찬을 함으로써 고객의 과거 선택이 잘 되었음을 인정합니다. "OO차를 타신다고요. 약간 각이 잡힌 중대형차이면서도 연비도 좋아서 많은 분들이 인정하고 있고요. 외관을 보니 고객님께서 차량을 너무 잘 관리해 오신 것 같네요."

칭찬하는 방법에는 상대의 외모나 행동 중에서 빼어난 부분이나 특이

한 부분을 잡아서 칭찬하고 나서 그 부분이 자신에게 어떤 영향을 미쳤는지에 대해 이야기를 한 후 마지막으로 감사 인사를 하거나 아니면 앞에서 칭찬했던 외모나 행동을 자신도 하고 싶다면 어떻게 할 수 있을까라는 질문으로 마무리를 할 수 있습니다. 칭찬을 할 때 상대의 구체적 행동, 그 행동이 자신에게 미친 영향, 그리고 자신에게 미친 영향에 따른 감정까지 이야기를 함으로써 훨씬 더 구체적이고 감정적인 칭찬이 됩니다.

일반적인 칭찬인 "고객님은 웃으시는 모습이 참 아름다우시네요"라고 상대를 평가하는 식으로 칭찬하는 것보다 "고객님 웃는 모습을 보니 참 아름다우세요. 특히 눈가의 자연스러운 미소가 너무 부러워요. 혹시 특별한 비법이 있으신지요?"처럼 고객의 행동을 좀 더 구체적으로 이야기하고, 자신에게 미친 영향을 말한 다음에 어떻게 하면 배울 수 있을까라는 질문으로 마무리를 하면서 칭찬 대화를 좀 더 이어갈 수도 있습니다.

2. 친근한 공감대 형성을 위한 서비스 행동 BMWS

친근한 공감대 형성을 위한 서비스 행동

친근한 공감대 형성 BMWS 고객에 대해 더 알고 싶어요!

목소리를 맞추어요

스몰 토크가 가진 강력한 힘!

대화 장소는 이렇게 꾸며요

친근한 공감대 형성을 위한 서비스 행동

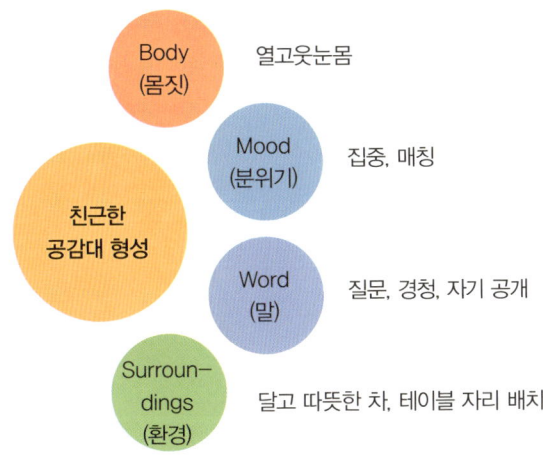

고객에게 친근해 보이기 위한 몸짓언어는 열고웃눈몸을 기본으로 합니다. 고객과 대화할 때 가장 기본이 되는 것은 고객의 말과 행동에 집중해야 합니다. 집중을 한다는 것은 고객에 대해 어떤 편견도 갖지 않는 것입니다. 고객의 이야기를 판단하지도 말고, 나는 무엇을 이야기할까를 생각하지 않으면서 고객에게 알아야할 것이 무엇인지를 질문을 통해서 찾아간다는 기분으로 이야기를 나눈다면 고객은 친근감을 갖게 됩니다.

우리가 주로 사용하는 말은 질문과 질문에 따른 경청 그리고 경청 후에 고객의 의견에 대한 자신의 의견을 피력하는 것입니다. 서로의 의견을 조율하고 공통점을 찾아가면서 친근감을 느끼게 됩니다.

주변 환경은 가급적이면 원형 테이블이 있으면 좋고, 사각 테이블도 고객과 마주보고 앉기보다는 90도 정도 비스듬하게 앉는 것이 친근감을 더 느끼게 하며 테이블이 없으면 고객의 정면에서 약 45도 정도 비켜서서 대화를 나누는 것이 좋습니다. 달고 따뜻한 음료가 준비된다면 고객의 까칠한 태도를 조금은 누그러뜨릴 수 있습니다.

친근한 공감대 형성 BMWS 고객에 대해 더 알고 싶어요!

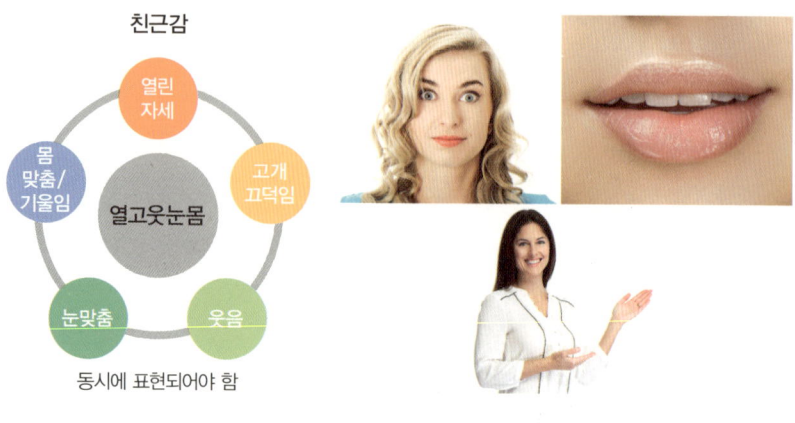

친근한 몸짓언어를 고객에게 전달하기 위해서는 기본적으로 열고웃눈몸을 한 상태에서 고객에 대해 더 알고 싶다라는 표현을 몇 가지 해주는 것이 좋습니다. 먼저 눈을 조금 크게 뜨는 것입니다. 눈이 커졌다는 것은 무엇인가 중요하게 볼 것이 있기 때문에 많은 것을 자세히 보고 싶다는 의미를 갖고 있습니다. 만화 캐릭터를 보면 거의 모든 주인공이 친근감을 주기 위해서 큰 눈을 하고 있습니다.

두 번째는 우리가 무언가 먹으려고 하면 입을 벌리듯이 입도 약간 벌리고 있는 것이 고객의 의견을 받아들이겠다는 의미를 나타냅니다. 반대로 입을 꼭 다물고 있다는 것은 고객의 이야기를 받아들이지 않거나 인정하지 않겠다는 표현입니다.

세 번째는 손바닥입니다. 고객과 대화를 이어나갈 때 우리가 손바닥을 보여주고 있다면, 이것은 감추는 것이 하나도 없이 모든 것을 열어놓고 이야기한다는 표현입니다. 테이블에서 대화를 나눌 때도 손을 테이블 위로 올려놓고 손바닥이 약간 보이도록 하는 것이 좋습니다.

친근한 공감대 형성 BMWS 목소리를 맞추어요

활발한 목소리
어조를 높이고 목소리 변화의 폭을 늘리고 말끝에서 억양을 올림

침울한 목소리
어조를 낮추고 목소리 변화 폭을 줄이고 말끝에서 억양을 내림

클리포드 나스와 코리나 옌이 쓴 《관계의 본심》(푸른숲, 2011)을 보면, 목소리에 대한 흥미로운 실험이 나와 있습니다.

"한 실험에서 내용은 똑같지만 목소리만 외향성 음성(음량과 음역, 음성의 속도가 높음)과 내향성 음성(음량과 음역, 속도가 낮음)으로 나눠서 만든 책에 대한 서평을 외향적인 사람들과 내향적인 사람들에게 들려주었습니다. 외향성 사람들은 외향성 음성을 선호했지만 내향성 사람들은 내향성 음성을 더 선호했습니다."

고객의 몸동작을 따라 하게 되면 고객이 친근감을 느끼게 된다고 앞에서 말씀드렸듯이 고객음성의 높낮이, 빠르기, 주로 사용하는 단어들을 처음에는 다르더라도 조금씩 맞춰가게 되면 게인 이펙트에 의해서 고객과의 친근감이 더 많이 생기게 됩니다.

친근한 공감대 형성 BMWS 스몰 토크가 가진 강력한 힘!

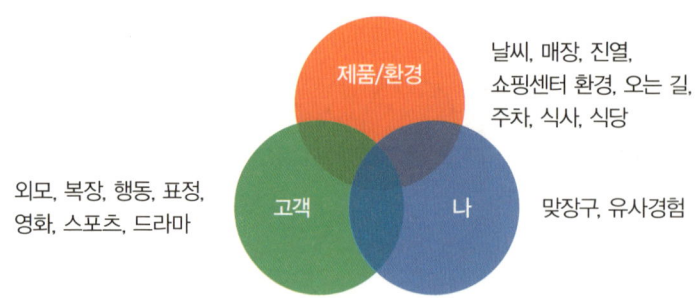

고객이 친근한 분위기를 느낄 수 있도록 하기 위해서는 고객과 공통적으로 경험을 했던 내용이나 관심사 등에 대해 스몰 토크를 하는 것이 좋습니다. 먼저 고객과 동반자의 외모, 행동, 표정, 복장 등을 관찰해서 나온 고객의 특징과 관련된 이야기 거리가 친근함을 키워줄 수 있습니다.

필자가 딸과 함께 화장품 매장을 갔을 때 한 서비스 제공자가 인사를 하고 웃으면서 딸에게 "웃는 모습이 참 멋지신 것 같아요? 저는 웃는 것이 어렵던데 어떻게 하면 그런 좋은 인상을 가질 수 있어요?"라고 말했습니다. 이처럼 관찰한 내용과 칭찬을 겸하면서 자신도 그렇게 되고 싶어서 어떻게 하면 될 수 있는지를 물어보는 것까지 너무나도 완벽한 스몰 토크를 시의적절하게 하는 것을 보고 너무 기분이 좋았던 적이 있었습니다.

두 번째는 제품과 매장 환경, 날씨, 매장에 오는 길, 주차장 등 매장에 특화된 이야기이며, 판매되는 제품이나 방문 시점에 따라 식당, 드라마나 영화, 스포츠 등을 주제로 말해도 좋습니다. 예를 들어 "저희 A제품, 참 예쁘죠. B제품은 이런 봄날에 너무 잘 어울리죠!" 등의 간단한 대화거리를 마련하는 것이 좋습니다. 세 번째는 서비스 제공자 본인에 대한 것으로 고객이 한 말에 자신의 입장이나 경험 등을 고객의 것과 유사하게 이야기하거나 맞장구를 함으로써 친근감을 높일 수 있습니다.

친근한 공감대 형성 BMWS 대화 장소는 이렇게 꾸며요

　친근한 공감대 형성의 환경은 따뜻한 고객맞이와 동일합니다. 시각적으로는 제품을 사용하고 있는 모습의 그림이나 사진이 걸려 있거나 제품을 보기 편한 위치에 진열하여 놓으면 좋습니다. 청각적으로는 클래식이나 발라드 등의 인간의 심장박동과 유사한 60비트의 잔잔한 음악을 틀어놓습니다.

　촉각은 딱딱하지 않고 부드러운 의자와 제품을 만질 수 있도록 전시해 놓고 제품 고유의 냄새 또는 자연의 냄새를 은은하게 느낄 수 있도록 하며, 고객과 대화 시 따뜻하거나 달콤한 음료수를 제공한다면 고객은 따뜻하고 친근한 느낌을 느낄 수 있습니다.

　고객과 앉아서 대화를 나눌 때는 B좌석 배치가 가장 좋습니다. 동물의 세계에서는 모르는 동물끼리 서로 마주 볼 때는 싸울 때밖에 없다고 합니다. 고객에게 차를 대접할 때는 따뜻한 것이 차가운 것보다 좋으며, 쓴 커피보다는 달달한 커피가 고객의 비판적 태도를 누그러뜨리는 데 효과적입니다.

제 7 장

3단계: 유능한 제품설명

1. 유능한 제품설명 단계의 고객 욕구와 감정

유능한 제품설명 단계에서 고객이 원하는 것

유능한 제품설명을 위한 네 가지 요소

고객요구에 맞춤

전문성이 느껴질 때는?

오감으로 체험해보게 하라

기억하기 쉬운 여섯 가지 설명 방법

유능한 제품설명 단계에서 고객이 원하는 것

고객은 제품이나 서비스를 구매하기 위해 매장에 나와보면 일단 제품의 종류가 너무 많아서 무엇을 선택해야 할지 당황이 되고, 제품에 대해 이해하려고 해도 새로운 기능이나 유행하는 특징 등이 너무 많아서 무엇에 주목해서 제품을 선택해야 할지 모르게 됩니다. 또한 이 매장에 있는 제품이 다른 매장에 있는 제품보다 품질도 좋고 가격도 싼지 확신이 서지 않아서 판단하기가 쉽지 않아 불안감을 느낄 것입니다.

고객이 생애 처음으로 구입하는 제품일 경우에는 제품에 대한 이해가 느리기 때문에 서비스 제공자는 이해도를 확인해가며 설명을 하는 것이 좋으며, 고객 역시 궁금한 것이 많아서 질문을 하고 싶은 경우도 많을 것이기 때문에 고객을 관찰하면서 차근차근 자세히 설명하는 것이 좋습니다. 어싱 고객일 경우는 제품을 자세히게 설명히는 서비스 제공자를 매우 믿음직스럽고 유능하다고 느낍니다.

제품설명 시에도 고객은 항상 대화의 주인이 되기를 원합니다. 제품에 대해 설명한다고 하여 서비스 제공자가 주인공이 된 듯한 느낌을 고객이 받아서는 안 됩니다. 제품설명도 고객의 관심 사항이 A와 B니까 A, B 위주로 설명하겠다고 미리 알려주는 것이 좋습니다. 설명 중간중간에는 고객의 의견은 어떤지 질문을 통해서 들어야 하며, 설명의 수준은 고객의 이해도에 맞추어서 가급적이면 비유나 비교 예시 등을 사용하여 쉽게 설명을 해야 합니다.

기본적으로 대화는 주고받는 것입니다. 설명을 하더라도 대화하는 식으로 1, 2분 정도 설명한 후 "이 기능은 어떻게 생각하세요?"라는 식으로 질문을 통해서 대화의 주인공은 항상 고객이라는 것을 알 수 있게 해주어야 합니다.

예전에는 서비스 제공자와 고객 간에 정보의 불균형이 크기 때문에 고객에게 설명 위주로 제품을 판매했다면 지금은 특수 제품을 제외하고는 고객과 서비스 제공자 간의 정보 불균형이 아주 작아져서 설명보다는 고객의 요구와 필요성에 초점을 맞춰서 대화 위주로 진행하는 것이 좋습니다. 이전 단계에서 고객의 요구와 필요성에 대해 충분히 알았다 하더라도 제품의 특징이나 기능에 대해 설명을 듣다 보면 새로운 요구와 필요성이 생겨날 수 있기 때문에 설명 중간중간에 질문을 통해 확인하는 것이 좋습니다.

유능한 제품설명을 위한 네 가지 요소

고객의 요구에 맞춤 전문성 오감체험(다감각 발화) 기억하기 쉬운 설명

어떻게 설명하면 고객의 구매욕구를 강화할 수 있을까요? 답은 고객이 원하는 것을 쉽게 설명하는 것입니다. 제품에 대해 설명할 때 A부터 Z까지 모두 설명하는 것이 아니라 고객이 이전 제품에서 문제가 되었던 것, 관심이 있는 것 등 요구 사항을 중심으로 제품을 설명해야 고객은 자신의 존재와 자신이 이야기했던 것이 제대로 인정받았구나라고 생각하며 기분 좋은 느낌을 갖게 됩니다.

두 번째는 제품을 설명하는 서비스 제공자가 전문가로 보여야 합니다. 전문가처럼 보이기 위해서는 자신이 직접 판매 제품을 사용해보고 사용결과에 대해 자부심을 느끼고 있어야 합니다. 세 번째는 고객의 모든 감각을 활용하여 제품을 체험해볼 수 있도록 해주게 되면, 이 제품이 마음에 든다는 느낌을 확실히 받을 수 있습니다. 눈으로 보여주는 것뿐만 아니라 들어보고, 만져보고, 냄새 맡고, 맛보게 함으로써 고객이 제품을 마치 소유한 것과 같은 느낌을 주게 됩니다. 그리고 체험을 끝내게 되면 마치 자신이 제품을 소유했다가 상실하는 듯한 느낌을 받게 되어 더욱 구매하고 싶은 느낌이 강해집니다.

마지막으로는 설명하는 내용이 고객이 구매결정을 할 때까지 기억 속에 남아 있어야 합니다. 쉽고 자세한 설명은 고객의 기억에 많이 남아서 그 기억들이 제품을 판단하는 기준으로 쓰여서 구매 가능성을 높일 수 있습니다.

고객요구에 맞춤

구매목적	무엇을 누가 사용, 언제 사용, 어디에 사용, 어떻게 사용, 얼마나 사용하는가? 제품구매 시 가장 우선하는 점
문제점/관심	이전 제품을 사용하면서 겪었던 좋았던 점이나 개선 사항
원하는 특성/기능	문제점을 보완할 수 있는 A, B, C 기능의 필요 여부 그 외에 생각하는 필요 기능
구매	구매예산 및 구매시기

고객의 제품구매 목적 및 의도, 관심 사항 등을 파악하여 고객의 요구에 맞춰서 제품에 대해 설명을 합니다. 서비스 제공자가 가장 궁금한 것은 이 고객이 진짜로 구매할 것인가입니다. 하지만 대놓고 "진짜로 구매하실 거예요?"라고 물어볼 수 없기 때문에 대화를 통해 간접적으로 알아가면서 구매목적을 파악합니다. 고객은 구매목적, 문제점 등을 이야기하면서 구매하고 싶은 욕구가 차츰 커지게 됩니다. 고객이 무엇을 살 것인지가 명확한 경우도 있지만 각 모델이나 디자인별로 들어가면 특정되지 않은 경우가 많습니다. 이런 경우는 몇 가지 질문을 통해 모르는 부분과 알아야 하는 부분을 설명하면서 고객 스스로 정리할 수 있도록 도와줘야 합니다.

기존 고객이라면 사용 제품의 어떤 점이 좋았고 어떤 점이 개선할 필요가 있는지를 질문을 통해 알아낼 수도 있습니다. 또한 가격대는 얼마인지 언제 구매할 지 등에 대해 알아나감으로써 우리가 고객의 입장이 되어서 특정 제품을 추천해줄 수 있습니다.

전문성이 느껴질 때는?

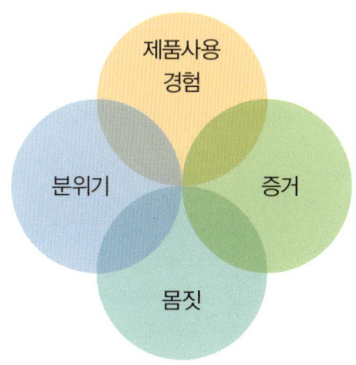

제품사용

전문가처럼 보이기 위해서는 판매제품을 직접 사용해봐야 하고, 설명을 할 때는 말로만 하기보다는 증거를 함께 보여줄 수 있어야 하며, 전문가다운 몸짓언어와 분위기를 잘 맞춰야 합니다. 서비스 제공자는 제품의 기능, 장점, 혜택 등을 멋지게 설명할 수도 있지만 여기에는 제품의 설계자나 마케팅을 담당하는 사람들의 입장에서 설명하기 때문에 고객에게는 미흡한 부분이 있을 수도 있고, 설명에 힘이 실리지 않을 수도 있습니다. 때문에 우리가 직접 제품을 사용해보면서 느꼈던 감정, 좋은 점, 보완할 점, 타인의 평가 등을 곁들여서 이야기를 한다면 고객은 제품의 모든 점에 대해 전문성을 갖추고 있다는 느낌을 받습니다.

증거

말로만 하는 설명만으로는 고객을 이해시키기가 어려울 수 있습니다. 우리가 설명하는 것에 대해 고객은 사실이라기보다는 의견이라고 생각할 수 있기 때문에 의견을 뒷받침할 증거가 있어야 합니다. 예를 들어 소비자 리포트, 신문기사, 다른 고객 사용경험, 유명인 사용경험, 수상내역, 연간판매량 등에 대한 자료를 준비하여 보여주면서 설명하면 제품 품질이나 가성비에 대한 불안이 사라질 수 있습니다.

몸짓

말로는 자신 있다고 이야기를 하는데 상대의 몸은 그렇지 않아 보인다면 고객은 그 순간 뭔가를 숨기고 있다는 느낌을 갖게 되면서 의심의 눈초리를 보내게 됩니다. 자신감 있는 자세로 **열고웃눈몸**을 계속 유지하면서 말하는 내용과 몸동작이 일치가 될 때 더 신뢰를 하게 됩니다.

분위기

대화의 분위기는 고객에게 맞추고 있어야 합니다. 특히 제품설명 접점이라고 해서 서비스 제공자가 주로 이야기를 하고 고객은 듣기만 한다면 성공적인 설득이라 할 수 없습니다. 고객의 몸동작을 보면서 설명을 잘 이해하고 있는지 아니면 다른 부분에 관심이 있는지를 살펴보면서 고객과 미러링을 해나가면 서로 비슷하다는 느낌을 받으면서 대화를 해야 상대에 대한 신뢰감도 증가됩니다. 말하는 속도와 크기와 억양은 마치 뉴스 앵커나 기자들처럼 조금 빠르고 크고 약간 높은 억양으로 똑똑하게 말하는 것이 좋으며, 어벽 없이 말하거나 말의 뒷부분을 흐리지 않아야 전문가의 느낌을 줄 수 있습니다.

오감으로 체험해보게 하라

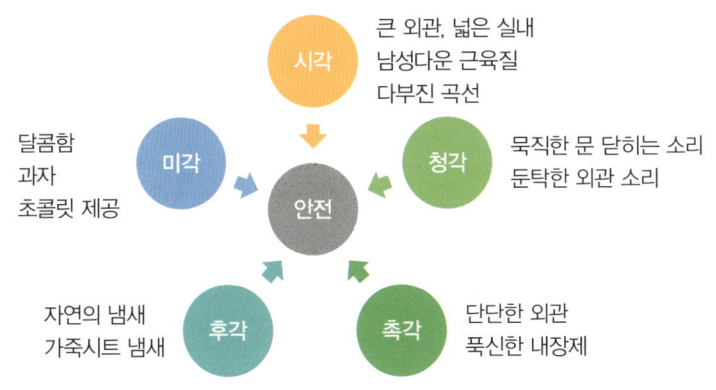

제품설명에서 시각정보가 핵심이다

말로만 설명하는 것보다는 시각정보를 사용해서 보여주면서 설명해야 더 쉽게 이해하고 더 많이 고객의 뇌에 남아 있게 됩니다. 시각과 청각 자극이 전체 입력신호의 90%(시각 70%, 청각 20%) 이상이기 때문에 우리 뇌는 빈 곳 없이 충분히 설명되고 있다고 느끼게 됩니다.

또한 시각정보를 활용하여 설명할 때에는 실물이 있으면 가장 좋지만 그렇지 못할 경우는 사람들이 제품을 사용하는 모습의 동영상 정보를 제공하는 것이 좋습니다. 옷이나 신발 매장에서는 직원이 가장 잘 팔리는 옷이나 신발을 신고 고객응대를 하고 있으며, 자동차 매장에서는 컨버터블 자동차를 가족이 모두 타고 가면서 즐거워하는 사진이나 동영상 등을 활용해서 제품의 기능 등을 설명하는 모습을 볼 수 있습니다.

소리를 이용한 판매 방법

자동차의 문을 닫을 때 묵직하게 들리는 쿵 소리는 청각적으로 안전과 중후함을 느끼게 합니다. 차 문을 닫을 때 들리는 소리와 자동차 시동을 걸었을 때 들리는 조용하면서도 매끄럽게 엔진이 돌아가는 소리 등은 세련되면서도 중후한 느낌을 강조할 수 있습니다. 아는 것이 많아 보이는 고객에게는 설명을 많이 하기보다는 오감을 이용해서 직접 확인해보고 느껴볼 수 있도록 하여 구매욕구를 자극하기도 합니다.

냄새를 이용한 판매

냄새를 이용해서 마케팅을 하는 곳을 여러 곳 보실 수 있습니다. 주로 음식점일 것입니다. 빵 굽는 냄새, 커피 향, 고기 굽는 냄새 등을 이용해서 고객의 주목을 끕니다. 어떤 중고차 매장에서는 차 시트에 가죽냄새를 뿌려놓아 새 차 느낌을 주기도 하며 부동산 사무실에서는 커피 냄새나 과자 굽는 냄새가 나게 해서 집처럼 편안함을 느낄 수 있도록 하고 있습니다.

미각, 먹고 싶다는 욕망

백화점이나 할인매장의 음식코너에 가면 시식을 권하는 경우가 많습니다. 고객은 한번 먹어보고 나면 그 상품을 구매하게 되는 경우가 많습니다. 아주 소량을 맛 본 우리의 뇌는 더 먹고 싶다는 욕망을 채우고 싶어 하며 자연스럽게 구매로 연결되기도 합니다.

손이 느끼게 하라

인간의 손에는 많은 신경세포가 연결되어 있기 때문에 아주 민감하게 반응을 합니다. 제품을 만졌을 때 부드러운 감촉은 편안함과 아늑함을 느끼게 되고, 제품을 들었을 때 묵직하면 믿음직스럽기도 합니다. 예를 들어 단단한 느낌을 강조하기 위해서 "이 제품은 참으로 단단하게 잘 만들었습니다"라고 이야기하면서 고객이 딱딱한 제품을 만지게 한다면 고객은 단단하다는 느낌을 충분히 공감하게 될 것입니다.

다감각 동시발화

뇌는 현실과 생각을 구분하지 못한다는 전제를 활용해 우리 몸이 생각만으로도 실제와 똑같이 반응하는지 알아보는 실험을, 강의 중에 가끔 진행합니다. 여러분들은 어떻게 반응하는지 아래 지시문을 따라 해보시기 바랍니다!

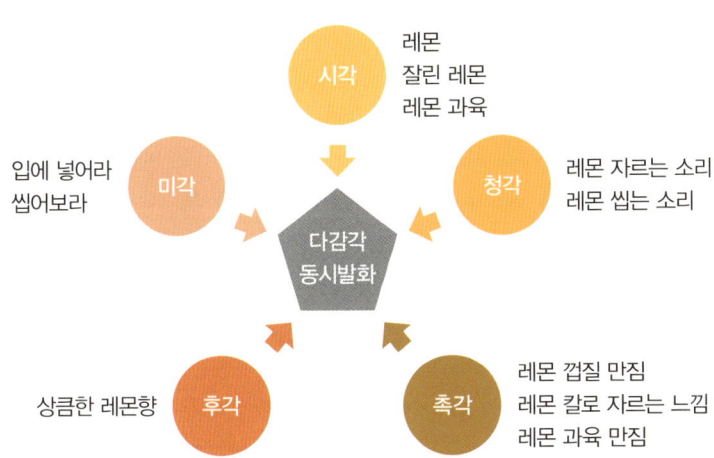

먼저 잘 익은 레몬을 하나 냉장고에서 꺼내는 것을 상상해보세요(시각). 그리고 레몬의 둥그렇고 울퉁불퉁한 표면을 손으로 만지면서 느껴보세요(촉각). 다음은 손톱으로 조금 찔러 레몬 껍질에서 튀어나오는 냄새를 맡아보세요(후각). 이어서 칼로 레몬을 두 조각을 내는 소리와 촉감을 느껴보세요(청각, 촉각). 그리고 레몬을 손으로 꾹 눌러 컵에 레몬즙을 짜면서 레몬 껍질을 누를 때의 느낌과 레몬즙이 컵에 떨어지는 소리를 느껴보세요(촉각, 후각). 마지막으로 레몬즙을 코에 갖다 대고 냄새를 맡은 후에 한 모금 입에 머금어보세요(후각, 미각).

여러분의 입에서는 어떤 반응이 나오나요? 그렇죠 침샘이 자극되어 침이 나오기 시작합니다. 우리는 생각만으로도 보고, 듣고, 만지고, 냄새 맡고, 맛볼 수 있습니다. 하나의 감각이 아닌 5개 감각이 일치하는 반응을 보일 때 우리의 뇌는 하나의 자극이 들어올 때보다 10배나 강한 느낌을 형성합니다.

다감각 동시자극으로 폭발적인 감정적 효과

쇼핑의 원리는 아주 간단합니다. 고객이 물건 구입 이전에 그것을 먼저 경험해보고 싶어 한다는 것입니다. '시식', '시승', '시착', '작동' 등이 다감각 강화의 대표적인 예로 이러한 체험을 적극적으로 유도하게 되면 고객의 뇌는 갖고 싶다고 강하게 느끼게 됩니다.

또한 오감 체험을 통해 제품을 먹어보거나 소유해보고 난 후에 제품을 돌려주거나 더는 못 먹게 된다면 우리의 뇌는 제품을 구매했다가 반납한 것과 비슷한 느낌을 느끼게 돼서 더 해보고 싶다, 더 먹어보고 싶다는 욕구가 생기게 되어서 제품의 구매욕구가 올라갑니다.

기억하기 쉬운 여섯 가지 설명 방법

고객에게 기억하기 쉽게 제품을 설명하는 방법을 소개하기 전에, 먼저 인지적으로 편안함을 갖게 할 수 있는 네 가지 요소에 대해 알아보겠습니다. 좋은 인상을 가진 사람은 과거에 어디에서 본 것 같은 느낌을 심어주어서 편안함을 느끼게 합니다. 좋은 인상이란 **열고웃눈몸**을 통해서 상대에게 적이 아니고 친구이며 당신에게 관심이 있다는 것을 표현할 때 얻어집니다.

우리의 뇌는 너무 많은 정보가 들어오면 처리하기 어렵기 때문에 믿을 수 없다고 생각하며 정보를 받아들이지 않는 경향이 있습니다. 우리의 뇌가 통제 가능하다고 생각하는 범위는 7±2입니다. 전시된 제품이 7개가 넘거나 기능이나 특징을 일곱 가지 이상 설명한다면 고객은 제품을 보거나 설명을 듣는 데 거부반응을 타나내게 됩니다.

세 번째는 반복된 경험으로 새로운 자극이라도 여러 번 반복해서 경험하게 되면 편안하게 생각합니다. 정글과 같은 세상에서 생존하려면 인간은 새로운 자극에 두려움도 보이지만 호기심도 보이면서 신중하게 접근하려 합니다. 그러나 계속해서 두려움을 갖고 있으면 너무 불안하여 생존하기가 어려워지므로 한두 번 반복해서 겪은 경험에 대해서는 불안감이 거의 없어져서 편안해집니다.

끝으로 고객이 알아 들을 수 있게 설명을 쉽게 하면 거부감이 없어집니다. 새로운 제품에 대해 전문용어를 사용하며 설명하게 되면 고객은 못 알아듣는 단어나 내용이 나오는 순간부터 더 이상 듣기를 멈추게 됩니다. 인간은 자신이 상대하는 사람의 말이나 행동을 따라 하면서 서로에게 친근감을 느끼게 되고 좋은 관계를 유지할 수 있도록 항상 거울신경세포가 활성화되어 있는데 상대가 하는 이야기가 따라 하기 어렵게 되는 경우에는 거울신경세포가 불편함을 나타내어 상대에 대한 친근감이 사라지고 불안감이 생깁니다.

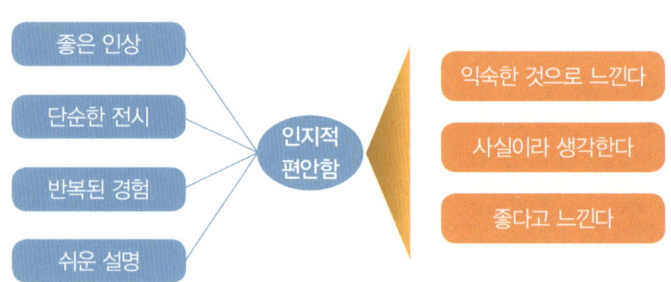

인지적 편안함이 발생하는 원인과 결과

따라서 제품의 설명은 고객의 수준에 맞추어 가급적이면 단순하고, 이해하기 쉽고, 명료한 단어를 사용하여 설명하며, 고객이 제품에 대해 이미 사용한 단어가 있다면 그런 단어를 사용해 설명한다면 더 많은 친근감을 느끼게 됩니다. 또한 시각자료를 사용하거나 비교나 비유를 하면서 이야기 형식으로 설명하게 되면 편안하게 듣게 되어 기억에도 많이 남게 됩니다.

기억하기 쉬운 여섯 가지 설명 방법

고객이 인지적 편안함을 느끼도록 설명을 하면 그 내용이 고객의 기억 속에 구매결정 시까지 남아서 의사결정을 보다 쉽게 할 수 있습니다. 기억에는 정보를 저장하는 것과 정보를 인출하는 두 가지 형태가 있는데 보다 쉽게 저장하여 편하게 인출될 수 있는 방법 여섯 가지를 소개해드리겠습니다.

인간의 기억력은 한계가 있기 때문에 설명을 시작할 때 한 번 이야기하고 나서 설명이 끝날 때쯤 다시 한 번 반복해서 설명해주면 더 잘 기억할 수 있습니다.

두 번째 인간은 세상을 절대적으로 인식하기보다는 비교 점을 가지고 상대적으로 인식한다고 합니다. 따라서 하나의 사실만을 이야기하기보다는 비슷한 것끼리 비교하거나 같은 것은 과거나 미래와의 대조 등을 활용할 수 있습니다.

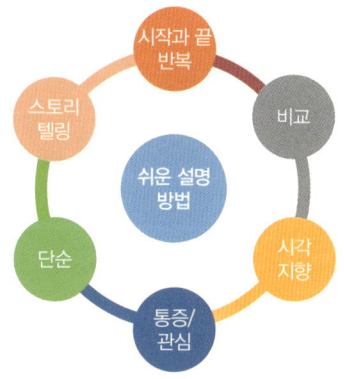

세 번째 인간이 직립보행을 하기 시작하면서부터 시각정보가 청각, 후각, 미각, 촉각 등의 정보보다 우위에 서 있기 때문에 말로만 설명하기보다는 시각정보를 꼭 활용하여 설명해야 시각과 청각이라는 두 가지 감각 통로를 통하여 기억되기 때문에 두 배로 쉽게 인출될 수 있습니다.

네 번째 고객의 관심 사항과 불편한 기억은 고객의 머릿속에서 선택적으로 지각을 하기 때문에 이 부분을 중점으로 설명하게 되면 고객이 잘 받아들이고, 기억해내기도 쉽습니다.

다섯 번째 설명은 단순해야 합니다. 세 가지 이상의 기능이나 특징을 설명한다든지, 잘 모르는 전문용어를 사용하게 된다면 고객의 뇌는 불안을 느끼게 되어 더 이상 설명을 들으려 하지 않고 경계심을 갖게 됩니다.

여섯 번째는 브랜드나 제품에 대해 우리가 겪거나 아니면 다른 고객이 겪은 사례를 가지고 이야기로 만들어서 설명을 하면 더 쉽게 받아들입니다.

2. 유능한 제품설명을 위한 서비스 행동 BMWS

유능한 제품설명을 위한 서비스 행동

유능한 제품설명 BMWS 유능해 보이는 표정

유능함을 나타내는 손동작

유능함을 목소리에 실어라

단어나 문장은 이렇게!

유능한 제품설명을 위한 서비스 행동

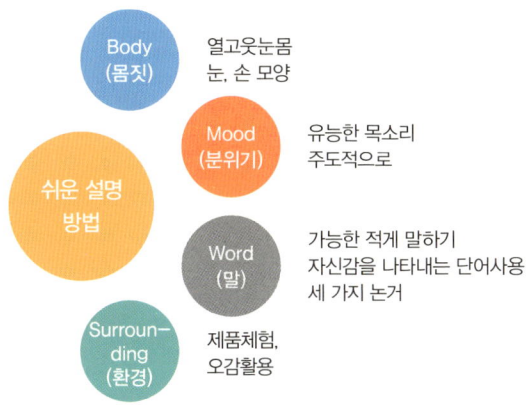

　고객에게 유능해 보이기 위한 몸짓언어는 **열고웃눈몸**을 기본으로 몸을 친근한 공감대 형성보다 좀 더 열고 제스처도 조금 더 크게 하는 것이 좋으며 시선은 고객과 제품을 번갈아 보며, 설명할 때는 몸을 제품 쪽으로 향하고 있다가 고객에게 시선을 돌릴 때는 몸통 방향도 약간 같이 돌리는 것이 좋습니다. 분위기에서는 지금까지는 고객이 생각하는 것이 무엇이고, 말하는 것이 무엇인지를 따라가서 맞춰주는 단계였다면 제품설명 단계에는 서비스 제공자가 주도가 되어서 고객이 필요로 하고 원하는 제품의 기능 및 혜택에 대해 설명하면서 고객이 설명을 잘 듣고 따라오는지를 관찰해야 합니다. 고객이 설명한 내용을 잘 기억할 수 있도록 관심 있어 하는 내용에 대해 이해하기 쉬운 방법으로 전달해야 하며, 설명을 할 때 노 항상 내화를 하는 기분으로 이야기를 주고받으면서 하는 것이 좋습니다. 자신감을 느낄 수 있는 단어를 종종 사용하거나 설명할 내용이나 설명한 내용에 대해 가볍게 정리해줌으로써 유능한 느낌을 고객에게 전달할 수 있습니다. 주변 환경은 고객이 제품에 쉽게 접근하여 만져보거나 체험해볼 수 있도록 배치하는 것이 좋습니다.

유능한 제품설명 BMWS 유능해 보이는 표정

▶ 호감을 주려면 눈부터 크게 뜨라

▶ 불안할수록 눈을 깜빡여서는 안 된다.

▶ 시선을 떨어뜨리면 파워게임에서 지게 된다.

여러분이 실제로 유능한지는 중요하지 않습니다. 유능해 보이는 것이 중요합니다. 유능해 보이는 몇 가지 방법을 알고 그대로 실행한다면 고객에게 유능해 보이는 사람으로 인정받을 수 있습니다. 기본적으로 유능해 보이는 자세는 열고웃눈몸입니다. 열고웃눈몸은 공감대 형성 접점보다 조금 더 열린 모습을 보여주는 것이 좋습니다. 양 팔의 위치도 조금 더 벌리고, 조금 더 위쪽으로 올리는 것이 자신감을 나타내며, 양 발의 넓이도 한 5cm정도 더 벌려줍니다.

마음의 창인 눈도 평소보다 조금 더 크게 뜨는 것이 좋습니다. 사람들은 대체로 눈동자가 큰 사람에게 호감을 느낍니다. 그래서 만화의 주인공들의 눈은 대체로 크게 그려져 있고, 악당들의 눈은 작게 묘사돼 있습니다.

사람들은 불안할수록 상황을 보다 잘 파악하기 위해 눈을 자주 깜빡이는 경향이 있기 때문에 눈을 자주 깜빡이는 것은 불안감이나 긴장감을 나타내는 것이므로 조심해야 합니다. 여러분은 고객과 눈을 마주치면서 대화를 하다가 눈을 어느 쪽으로 돌리십니까? 가장 조심해야 할 방향은 눈을 아래쪽으로 돌리는 것입니다. 이 자세는 '나는 당신에게 졌으니 이제부터는 당신 마음대로 하세요'라는 메시지로 자신의 유능함을 떨어뜨리는 나쁜 자세입니다. 눈을 돌릴 때는 제품이나 설명 자료가 있는 쪽으로 돌리는 것이 좋습니다.

유능한 제품설명 `BMWS` 유능함을 나타내는 손동작

눈 다음으로 자신감을 나타낼 수 있는 부분이 손입니다. 고객과 테이블에 앉아서 대화를 나눌 때 자신의 손 위치는 테이블 위에 놓고 양손의 손날을 아래로 향하게 하여 농구공을 잡을 수 있는 넓이로 벌려놓은 자세를 하게 되면 호감이 가면서도 자기 신념이 강한 사람으로 보이게 됩니다. 서 있는 상태로 설명을 한다면 팔의 높이를 가슴높이에 두고 손바닥을 위로 향하는 것이 개방적이고 유능한 느낌을 주며, 중요한 부분을 이야기할 때는 가슴높이에서 OK 사인을 만듭니다. OK사인은 공격적으로 보이지 않으면서도 고객에게 긍정적 동의를 구하면서 유능함을 보여줄 수 있습니다.

유능함을 나타내는 손동작은 설명의 초기보다는 마무리 단계에서 고객에게 확신을 심어주기 위해서 사용하는 것이 좋습니다. 제품을 체험하기 위해 자리를 옮길 때 가볍게 고객의 등이나 팔꿈치 쪽에 손을 대면서 안내를 하게 되면 고객은 자신을 인도해주어 믿음직하고, 유능함을 나타내는 신호라고 받아들입니다.

유능한 제품설명 BMWS 유능함을 목소리에 실어라

구분	유능함	유능하지 못함
크기	약간 큰 소리	너무 큰 소리 : 흥분 작은 소리 : 불안, 소심
높이	약간 높음	높음 : 긴장, 분노 낮음 : 자상, 소극적
빠르기	약간 빠름	너무 빠름 : 불안 느림 : 답답함
입 벌림	크게	작게 : 소심, 불안
발음	또렷함	뭉개는 발음 : 숨김, 소심
말꼬리	정확함	흐림 : 불안, 숨김
어벽	없음	불안, 집중 안됨
어조	변화	지루함
중간 멈춤	집중 유도	–

목소리는 그 사람의 유능함을 평가하는 중요한 요소 중 하나입니다. 설명을 하면서 고객에게 유능한 느낌을 주기 위해서는 목소리의 크기와 높이와 빠르기 등을 약간씩 크고, 높고, 빠르게 해줌으로써 유능함을 느낄 수 있으며 발음을 똑바로 하기 위해 입을 조금 크게 벌려서 이야기를 합니다.

중요한 단어를 이야기할 때에 강조를 하게 되면 그 단어가 다른 것보다 더 중요하다고 느끼게 됩니다. 주제를 바꾸거나 잠시 생각하기 위해 말을 멈추면 고객이 무슨 이야기가 나올까라고 궁금증을 가지면서 더욱 집중하게 되고 필요하면 앞에 이야기한 내용에 대해 질문을 할 수도 있습니다. 말을 멈추는 것을 감추기 위해 '어, 아, 음'이라고 말하면서 빈 시간을 채우려고 하지 않아도 됩니다. 듣는 사람은 말하는 사람보다 말이 멈춘 사이의 간격을 훨씬 짧게 느낍니다. 오히려 이런 필요 없는 단어들이 유능한 모습을 보여주는 데 걸림돌이 됩니다.

유능한 제품설명 BMWS 단어나 문장은 이렇게!

- 가능한 적게 말하기 : 60 Vs. 40
- 자신감을 나타내는 단어 활용
- 한 가지 특징에 세 가지 논거 말하기
- 부정감정 터치 후 긍정감정으로

설명하는 모습이 유능해 보이려면 설명할 때 쓰는 문장구조나 단어도 유능해 보이는 것을 써야 합니다. 서비스 제공자는 많은 설명을 하여 고객을 설득해야 한다고 생각하고 계신 분들이 있습니다. 예전처럼 서비스 제공자가 가지고 있는 정보와 고객이 가지고 있는 정보의 비대칭이 심할 경우에는 시시콜콜 전부 설명을 했습니다. 그러나 지금은 정보의 비대칭이 크지 않기 때문에 고객이 관심 있고 원하는 내용 위주로 설명을 한 후에 질문을 통해서 대화 내용을 더 깊게 하는 것이 좋습니다. 대화 시 말하는 비율은 서비스제공자 60%, 고객 40% 정도가 적당합니다.

두 번째는 자신감을 나타내는 '분명히', '확실히', '제가 책임지겠습니다.' '확실합니다'와 같은 단어들을 사용하는 것이 좋습니다. "아마 앞으로는 OO제품이 가장 잘 팔리는 제품이 될 것입니다"보다는 "분명히 OO제품이 가장 잘 팔리는 제품일 겁니다"라고 단언하는 것이 자신감과 유능함을 표현하는 데 더 도움이 되며, 여기서 '분명히'라고 말할 때 힘을 주어 목소리를 크게 하고, 높게 하고, 조금 낮춰서 이야기한다면 그 효과는 더 클 것입니다.

세 번째는 제품의 특징에 대해 이야기할 때 좋은 점을 한 가지만 이야기하는 것이 아니라 세 가지를 이야기한다면 좋은 점을 하나만 이야기했을 때보다 훨씬 더 좋다고 고객의 뇌는 느끼게 됩니다. 예를 들면 "저희 음식점은 맛과 여유와 재미를 제공해드립니다", "OO스마트폰은 방수라 안전하고, 듀얼 카메라가 장착되어 화질이 뛰어나지만 가격은 보급형 휴대폰과 같은 수준으로 사용하실 수 있습니다"처럼 하는 것입니다.

네 번째는 제품사용 전의 부정감정을 이야기하고 난 후에 제품사용 후의 긍정감정을 이야기할 때 더 유능해 보입니다. 공기청정기를 구입하러 갔을 때 인상적인 설명이 있었습니다. "요즘 미세먼지로 인해 고통이 갈수록 심해지며 심지어는 가을에도 나타나고 있습니다. 중국의 산업화와 기후변화로 인한 고비사막의 황폐화가 더 심각해지고 있다고 합니다. 그렇다고 창문을 닫으면 안전해야 하는데 집안에서도 자연적으로 발생하는 라돈이라는 오염물질과 조리할 때 나오는 미세먼지 농도가 외부보다 실내가 더 높다고 합니다. 그래서 벌써 500만대 이상 판매될 정도로 많은 분들이 공기청정기를 찾고 있습니다. 저희가 조사해본 결과로는 전체 가구의 50% 정도가 갖고 있는 필수품이 된 것입니다. 그리고 OO제품은 미세먼지뿐만 아니라 병원균까지 살균하며, 10분 내로 집안 공기를 산속의 공기 수준으로 낮춰줄 수 있습니다."

이와 같은 설명은 제품 사용 전에 가졌던 불편과 사용 후의 편리함을 대비해주어서 제품구매를 결심하는 데 큰 도움이 되었습니다. 제품설명 시에 처음에는 분노와 좌절, 후회라는 부정감정을 사용한 후에 연대감, 호감, 안심이라는 긍정감정을 사용하여 설명함으로써 결국은 호감도 느끼고 유능함도 느끼게 되어 그분에게 제품을 구입하게 되었습니다.

제 8 장

4단계: 믿음직한 구매제안

1. 믿음직한 구매제안 단계의
　　고객 욕구와 감정

구매제안은 영업·서비스의 화룡점정이다

믿음직한 구매제안 단계에서 고객이 원하는 것

왜 인간은 돈을 낼 때 고통을 느낄까?

돈을 생각할 때는 다른 사람이 된다

믿음직한 구매제안 3요소

구매저항을 감소시키는 방법

구매제안은 간접 구매제안으로!

고객의 거절 대처 방법

구매제안은 영업·서비스의 화룡점정이다

닐 라컴은 "구매제안이란 구매를 유도하는 서비스 제공자의 행동으로서 고객이 그에 대한 승낙이나 거절을 표시하도록 유도하는 행위"라고 정의합니다.

믿음직한 구매제안은 영업·서비스에서 화룡점정과 같은 것입니다. 고객을 맞이하고, 공감대를 형성하고, 제품을 설명하는 것은 최종 목적인 구매를 성사시키기 위해서입니다. 모든 고객이 설명만 한 차례 듣고서 우리의 팬이 되어 제품을 구매해준다면 얼마나 좋겠습니까? 설명을 조금밖에 하지 않아도 구매해주는 고객이 있는 반면에 거의 1시간 동안 고객의 하소연을 두세 번씩 반복하여 들어가면서 응대했는데도 불구하고 다음을 기약하며 그냥 돌아서는 고객들도 있습니다.

의사결정을 안 하거나 못하는 고객들을 위해서 어느 정도 제품에 관심을 보이고 있으면 구매제안을 하는 것이 좋습니다. 구매제안을 하게 되면 고객이 구매를 할 수도 있지만 거절하더라도 고객에게 무엇이 문제인지 또는 어떤 것이 더 필요한지를 확인하여 미흡한 부분을 보완해서 구매로 유도할 수 있기 때문입니다.

믿음직한 구매제안 단계에서 고객이 원하는 것

구매의사 결정은 제품의 가격이 비싸면 비쌀수록 하기가 어려워집니다. 특정 제품이 고객의 구매요구를 충족시켜주더라도 선택한 제품이 최선의 선택인지 아닌지 확신할 수 없기 때문에 불안하게 됩니다. 그래서 고객이 제품에 대해서 쉽게 이해할 수 있도록 고객의 요구를 파악하여 고객에게 알맞은 제품을 2~3개 추천한 후 제품들에 대해 비교 설명을 하여 보다 쉽게 의사결정을 할 수 있도록 해야 합니다.

고객은 구매제안 단계에서 좀 더 독립적이고 주관적이고 싶어 하므로 서비스 제공자로부터 멀어지려는 경향이 있기 때문에 더욱 고객의 이익을 강조하고 친근감을 나타내야 합니다.

제품을 구매하기 위해 지불해야 하는 액수가 커지면 커질수록 고객의 뇌에서 느끼는 고통의 정도도 커지게 됩니다. 인간의 뇌는 자신에게서 무언가 나가는 것은 모두 고통이라고 느끼게 하여 자신이 가지고 있는 것들을 지킴으로써 생존 가능성을 높이려 하기 때문입니다.

이 단계에서는 고객이 구입하고자 하는 제품이 자신이 피땀 흘려 벌어들인 수고를 인정해 줄 만큼 가치가 있고, 제품 구입 후 가족이나 동료들의 반응도 좋은 것이고, 혹시 제품 구입이 잘 못되었을 때도 되돌릴 수 있음을 알려주는 것이 좋습니다.

또한 돈 내는 고통을 해결하기 위해서는 돈을 내는 것 이상으로 받는다는 느낌을 주어야 합니다. 먼저 물질적인 측면에서는 포인트 적립과 사은품이나 샘플 제공, 멋진 포장 등을 통해 돈 내는 고통을 경감시켜 줄 수 있습니다. 정신적 측면에서는 제품이 주는 혜택이나 가치의 인정, 구매 자체에 대한 칭찬 그리고 간접적인 구매제안 등을 통해 고통을 줄여주거나 느끼지 않게 할 수 있습니다.

왜 인간은 돈을 낼 때 고통을 느낄까?

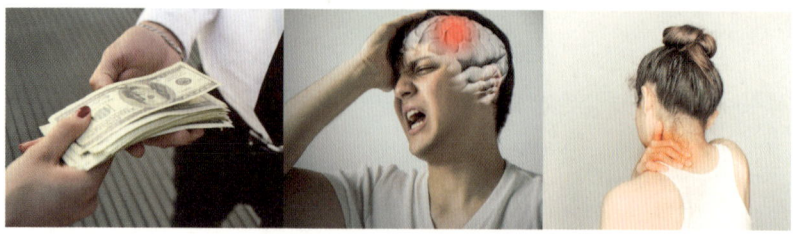

돈을 내려고 하면 불안과 고통을 느낀다

　고객이 제품을 구매하기 위해서 돈을 낼 때 가장 활성화되는 뇌의 영역은 어디일까요? 주로 고통을 담당하는 전대상 피질, 뇌섬 등입니다. 이 부위는 몸이 아프거나, 왕따를 당했거나, 가족이 사망했거나 공정하지 않은 대우를 받았거나, 부정적으로 비교당했을 때 주로 활성화되는 영역입니다.
　그러면 왜 인간은 돈을 낼 때 고통을 담당하는 부위가 활성화될까요? 그 이유는 우리가 소유하고 있는 뭔가가 나가는 것을 방어하기 위해서 우리의 뇌는 고통이라고 느낍니다. 특히 돈은 우리의 시간과 자유와 노동력을 투자해서 귀하게 얻은 것이므로 더욱 애착을 갖고 있습니다. 많은 돈이 나갈 때는 더욱 고통이 생겨서 꼭 돈이 나가야 하는지를 비판적 시각을 가지고 다시 생각해보게 만듭니다.

돈을 생각할 때는 다른 사람이 된다

대니얼 카너먼은 《생각에 대한 생각》(김영사, 2012)에서 돈을 생각했을 때 사람들이 보인 반응을 소개했습니다. "실험에서 돈을 생각나게 할 수 있는 사진, 그림, 가짜 돈을 보여주었습니다. 돈을 생각하게 된 피험자들은 다른 것을 보여준 사람들보다 훨씬 더 독립적으로 변했습니다. 이들은 실험자에게 도움을 구하기 전에 매우 까다로운 문제를 해결하기 위해 거의 두 배 가까운 시간을 더 노력했습니다. 게다가 실험과제를 이해하지 못한 척하는 다른 참가자들을 돕기 위해 시간을 투자하는 행위를 다른 집단보다 더 망설이는 이기적인 모습을 보였습니다.

또한 다른 사람과 대화를 해야 한다고 말하고 의자 2개를 준비해 달라고 부탁하고 나갈 경우 돈을 생각하게 된 피험자들은 다른 피험자보다 의사 사이의 거리를 훨씬 밀리 떨어뜨려 놓았습니다."

구매제안을 할 때 고객은 돈 내는 것을 생각하여 고통을 느끼게 됩니다. 그 고통을 회피하고자 독립적이 되고, 이기적이 되며, 타인과 넓은 거리를 유지하면서 상대의 요구수용을 꺼리는 행동을 하게 되므로 고객들이 돈을 내는 고통을 줄여 줄 수 있는 방안을 생각하여 실행해야 합니다.

믿음직한 구매제안 3요소

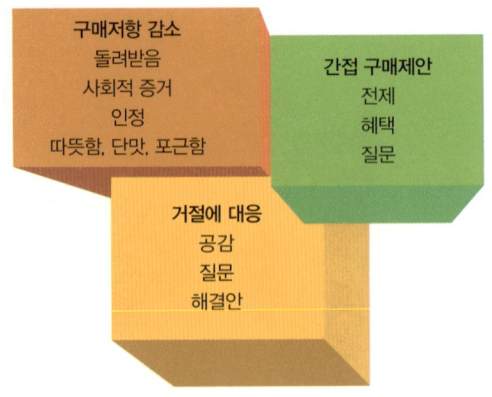

    믿음직한 구매제안을 위해 무엇을 해야 할까요? 우리는 고객맞이부터 시작하여, 고객이 원하는 것이 무엇이었는지 알았으며, 언행일치에 신경을 쓰면서 자신감 있게 제품을 설명했기 때문에 서비스 제공자에 대해 어느 정도 믿음을 갖게 되었습니다. 이제는 고객의 마음이 돈 내는 고통에서 벗어나서 편안하게 구매결정을 할 수 있도록 도와주어야 합니다.

    먼저 제품을 구매함으로써 발생하는 돈을 내야 하는 고통을 줄여주기 위해서는 고객이 낸 돈의 일부를 돌려받거나, 지불한 돈 가치보다 더 많은 것을 받았다는 느낌을 갖게 하여 구매저항을 감소시키는 것이 좋습니다. 두 번째는 이러한 구매저항을 원천적으로 줄이기 위해서 고객의 뇌가 돈 내는 고통을 느끼지 못하게 간접적으로 구매제안을 하는 것입니다. 즉 구매한 것을 전제로 하여 고객이 구매 후 해야 할 일들에 대해 질문함으로써 구매에 대한 저항을 줄일 수 있습니다. 마지막으로는 고객의 거절에 대응하여 다시금 '예스'라는 답을 낼 수 있도록 하는 문제해결 대화법을 활용할 수 있습니다.

구매저항을 감소시키는 방법

할인

우리의 뇌는 할인이나 초특가와 같은 말을 들었을 때 전두엽 중간에 있는 앞띠이랑이라는 영역이 활동을 하지 않습니다. 앞띠이랑은 다른 대안이 있는지 철저히 따져보도록 하는 역할을 담당하는데 할인이나 초특가와 같은 말은 이런 뇌의 판단을 멈추게 하는 것입니다. 꼭 필요한 물건이 아닐지라도 할인이라는 문구를 보게 되면, 소비자들은 뇌의 판단이 멈추게 되어 그것이 꼭 필요한 물건인지, 가격이 적절한지 등의 생각을 하지 않게 되어 충동구매를 하게 됩니다(참조: http://copyslug.blog.me/146120234 헬레나의 블로그).

할부/리스

당신이 비싼 제품을 구입하기 위해서 매장에 갔다면 영업직원은 멋진 제품을 다달이 나가는 적은 할부금 정도로 소유할 수 있다고 지속적으로 강조할 것입니다. 그러면 우리의 뇌는 지금 가질 수 있는 것은 많지만 나가는 것은 적다고 생각하여 구매를 생각보다 쉽게 고려합니다. 사람들은 지금이 아닌 미래에 지출하게 될 돈을 생각하게 되면 그게 얼마나 큰 금액이고 자신의 가계부에 어떤 영향을 미치게 될지에 대해 파악하기를 귀찮아합니다. 우리의 뇌는 지금 이곳에서 일어나는 일에만 관심이 있지 언제 올지 모르는 먼 미래의 일에는 관심을 갖지 않습니다. 미래를 예측하기 위해서는 너무 많은 생각을 해야 하기 때문에 효율성을 강조하는 뇌에게는 힘들고 어려운 일이기 때문입니다.

사은품

고객은 지갑에서 돈이 나가는 것에 대해 고통스러워하기 때문에 서비스 제공자들이 뭔가를 돌려주는 것이 좋습니다. 카드로 계산한 고객은 카드를 돌려주면서 할인쿠폰이나 현금쿠폰까지 받게 되면 비록 돈은 나갔지만 받은 것들이 많기 때문에 덜 고통스러워합니다. 때문에 구매제안을 할 때 고객이 돌려받을 수 있는 것이 무엇인지에 대해서 설명하게 되면 고객이 돈을 낼 때 느끼는 고통을 줄여줄 수 있습니다.

교환환불

구매라는 것은 고객의 돈이 나가는 것뿐만 아니라 자신이 결정한 사항에 대해 책임을 져야 하는 선택입니다. 많은 시간을 들여서 최종 선택을 한 제품이더라도 비싸게 산 것은 아닌가, 더 좋은 제품이 있는 것은 아닌가 실제로 사용할 때 미흡하거나 마음에 안 드는 부분이 생기면 어떻게 해야 하지 등의 여러 걱정 때문에 고객은 쉽게 결정을 하지 못할 수도 있습니다. 이런 고객들을 위하여 "이 제품이 최선의 선택이지만 혹시 결제를 하더라도 사용해보시고 마음에 안 드는 부분이 있다면 2주 안에는 거래를 취소할 수 있는 안전장치가 있으니 부담 가질 필요가 없습니다" 하고 설명을 하면 고객은 보다 쉽게 구매결정을 할 수 있습니다.

구매제안은 간접 구매제안으로!

"이제 구매결정을 해주세요!"라고 이야기하면 고객은 구매저항을 느낀다

고객에게 A제품에 대해 열심히 설명하고 "이제 구매결정을 해주세요"라고 하면 지금까지 잘 듣던 고객이 약간 당황하는 빛을 보이며 의사결정을 못하고 "아니오 좀 더 생각해 보고요"라고 말하는 경우가 많습니다. 제품 구매 의사결정을 하기 전까지, 고객은 우리의 도움을 받아서 제품에 대한 이해의 폭을 넓혀가면서 자신에게 진정으로 필요한 제품이 무엇인지를 찾아가고 있었기 때문에 잘 듣고 있었습니다. 하지만 이제는 고객 자신이 피땀 흘려 모아놓은 돈을 내고 원하는 상품과 교환해야 하기 때문에 고통을 느끼면서 불안해지므로 의사결정을 미루려 합니다.

구매제안을 할 때는 고객이 구매제안을 하는지 모르게 뇌의 특징을 활용해보세요. 뇌는 한 번에 한 가지 생각밖에 하지 못합니다. "이 제품을 사세요!"라고 이야기하면 고객은 구매저항을 느끼게 되면서 구매를 미룰 수 있는 문제를 찾기 시작하고 빈빅하게 됩니다. 이럴 때 고객의 뇌를 구매에 대한 생각에서 벗어나 제품의 선택이나 구매결정 이후에 할 일 등에 초점을 맞추게 함으로써 구매저항을 피해갈 수 있습니다. 이것이 여러분께서 잘 알고 계시는 간접 구매제안입니다.

간접 구매제안 효과

간접 구매제안 화법을 사용하면 네 가지 영역에서 효과가 있습니다. 먼저 고객이 살까 말까를 고민한다면 가성비는 좋은지, 더 나은 선택은 없는지 등 비판적으로 생각할 가능성이 높습니다. 하지만 구매 자체에 대한 생각이 아닌 다른 생각을 하게 함으로써 돈을 내야 한다는 불안을 없애 줄 수 있습니다. 인간의 뇌는 한 번에 한 가지 생각밖에 할 수 없습니다. 그래서 구매를 생각하면서 비판적으로 빠질 수 있는 뇌를 시간의 이동이나, 비교, 구매 이익 등으로 생각의 초점을 옮겨서 비판적인 생각을 못하도록 할 수 있습니다.

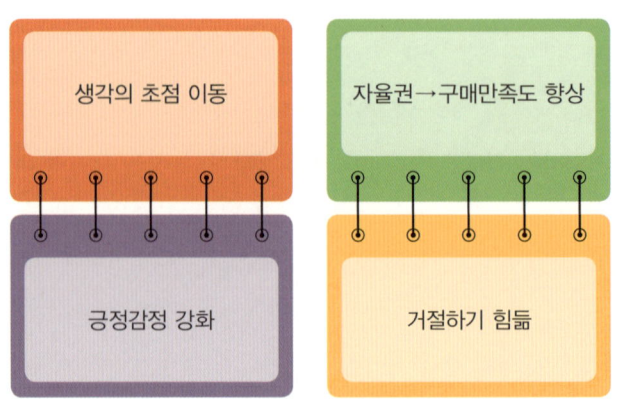

두 번째는 고객이 자율적으로 판단했다고 느끼게 되어 구매만족도를 높일 수 있습니다. 고객에게 직접적으로 무엇을 사라고 제안한 것이 아니라 "A와 B중에 어떤 것이 좋으세요?" 또는 "A 제품을 구입하게 되면 고객님 댁에 어떤 혜택이 있을까요?", "추가적인 설명을 더 드릴까요?"라는 식으로 고객이 구입하게 되면 자신에게 좋아지는 것을 스스로 이야기하게 하며, 최종 결정도 스스로 할 수 있게 유도할 수 있습니다.

세 번째는 제품구매에 대한 긍정감정을 향상시킬 수 있습니다. "A제품을 구입하신다면 가장 마음에 드는 부분은 어디인가요?", "이 제품을 구입한다면 누가 제일 좋아할까요?"와 같이 제품에서 마음에 드는 점을 다시

한 번 생각하게 하고, 제품을 구입한 후 사용하게 될 때 좋아할 가족을 생각한다면 고객의 구매 의사결정에 대한 불안한 마음이 많이 줄어들 것입니다.

마지막으로 구매제안을 선택을 유도하는 열린 질문으로 하면 고객이 거절의 말을 하기 힘듭니다. "A제품은 어떠세요?"라고 묻는다면 "싫어요" 또는 "괜찮은데요"라는 답변만 나올 것입니다. 하지만 "A제품과 B제품 중 어떤 것이 더 좋으세요?"라고 묻는다면 고객은 둘 중에 하나를 답하게 됨으로써 고객이 원하는 제품도 확실히 파악하면서 고객의 의사결정을 유도할 수도 있습니다.

간접 구매제안 화법

간접적으로 구매제안을 할 때는 고객이 구매할 것을 전제로 하며, 반드시 질문 형태로 만들어 고객이 스스로 의사결정을 할 수 있도록 해야 합니다. 질문 내용은 제품이 주는 이점이나 혜택 위주로 하여 제품에 대해 긍정적 감정을 배가할 수 있도록 합니다.

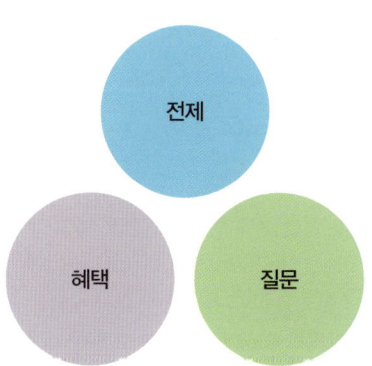

먼저 전제란 어떤 사물이나 현상을 이루기 위해 먼저 내세우는 것으로 고객이 구매할 것을 전제로 하여 구매 시점이나 이후에 해야 할 일 등에 대해 질문을 하는 것입니다. 예를 들어 "냉장고는 언제 설치해드리는 게

편하세요?"라는 말에는 제품구입을 전제로 하여 구매결정 후에 필요한 정보를 파악하기 위해 질문을 함으로써 고객에게 직접적으로 구매 여부를 묻지 않고 우회하여 구매제안을 함으로써 고객이 구매를 생각할 때 발생할 수 있는 구매저항을 없앨 수 있습니다.

두 번째는 고객의 자율성과 구매만족도를 높이기 위해 질문을 하며 고객이 스스로 판단하여 결정할 수 있도록 합니다. 고객에게 질문을 함으로써 대화의 방향을 주도할 수 있고, 질문에 대한 답을 들을 수 있습니다. 고객은 질문에 대한 답을 준비하면서 자신의 생각을 정리할 수 있고, 질문에 대해 답을 하는 순간 자신의 의견이 명확해지며 자신의 입으로 직접 이야기함으로써 서비스 제공자에 의해 직접 구매제안을 들었을 때보다 설득이 더 잘되며 구매에 대한 자율성을 보장받았다고 느끼기 때문에 구매 후 만족도가 높습니다.

세 번째는 지금껏 제품에 대해 설명한 내용 중에서 고객이 가장 관심이 많았던 부분을 파악해 이 부분이 제품을 구매하고 나면 어떤 혜택이나 좋은 점이 있을지를 고객이 상상하게 하여 제품에 대한 긍정성과 구매욕구가 상승하게 할 수 있습니다.

간접 구매제안의 예

양자택일법

고객이 이미 구매했다는 전제로 둘 중에 하나를 선택할 수 있도록 질문하는 것입니다. "예를 들어 검정색과 청색 중에 어느 제품으로 드릴까요?"라고 구매제안을 했다고 하면 고객은 이미 구매를 하기로 결정한 것이고 검정과 청색 중에 어떤 것으로 결정할지를 정하는 것으로, 구매해 달라고 직접적으로 부탁하지 않고도 동일한 효과를 낼 수 있습니다. 이 방법은 생각의 초점을 구매결정 시 생길 수 있는 구매저항을 두 제품 간 비교하는 것으로 옮겨놓음으로써 좀 더 쉽게 결정을 할 수 있도록 합니다. 둘 중 하나를 선택하라고 했으니 거절하기는 어렵습니다. 또한 서비스 제공자가 선택을 강요하거나 부탁한 것이 아니기 때문에 고객의 자율권이 보장되어 구매 만족도를 높일 수 있습니다.

추정승낙법

고객이 이미 구매결정을 했다는 전제로 구체적인 거래조건이나 계약 후 해야 할 일 등에 대해 질문을 하는 것입니다. 구매결정은 누구에게나 쉬운 일은 아니지만 특히 더 머뭇머뭇거리는 고객이 있습니다. 이런 유형의 고객에게는 어느 정도 구매결정이 됐다고 생각이 들 때 추정승낙법을 쓰는 것이 좋습니다. 예를 들어 "설치는 언제 하는 것이 좋겠습니까?", "제품은 오늘 직접 갖고 가실 건가요?"라고 말하면 직접 구매제안에 대한 저항을 피해가면서도 구매결정을 할 수 있습니다.

이익(혜택)강조법

고객이 관심을 표명했던 부분에 대해 중점을 두고 반복해서 구매결정을 유도하는 것으로 서비스 제공자가 직접 제품의 장점을 정리하여 설명할 수도 있지만 더 좋은 것은 고객에게 "이 제품을 사용하게 된다면 어떤 점이 가장 좋을 것 같습니까?"라고 질문을 던지면 고객은 좋은 점이 무엇일지에 초점을 맞추어 생각을 하게 됩니다. 이 제품을 구입하지 않았을 때 겪을 손해를 강조하는 것보다 더 좋은 성과를 보입니다.

고객의 거절 대처 방법

거절 대처 프로세스

공감표현

해결방안

질문

거절한 이유들

너무 비싸요!
확신이 안 드네요.
생각할 시간이 필요해요.
다음에 할게요.
다른 곳도 좀 둘러보고 올게요!
제 마음에 들지 않아요.

　구매제안을 했을 때 고객이 No(아니요)라고 말했다고 여기서 끝이 아닙니다. 지금부터가 설득의 핵심 중에 핵심입니다. 고객이 제품이 마음에 들지 않거나, 조건이 맞지 않아서 No라고 했을 수도 있지만 어떻게 보면 아직까지 제품구입에 대한 필요성이나 이점, 기능에 대한 이해, 제품에 대한 신뢰감 부족 등으로 구매결정을 못할 수도 있는 것입니다. 진짜로 마음에 들지 않았다면 지금까지 꽤 오랜 시간 설명을 듣지는 않았을 것입니다.

　구매제안을 했는데 고객이 No라고 했을 때는 먼저 고객에 공감표현을 하고 난 후에 질문을 통해 No라고 한 이유를 알아내어 고객과 같이 해결책을 고민해보는 것입니다. 먼저 고객이 No라고 할 때 거부하거나 당황하거나 기분 나빠하는 반응을 보이는 것이 아니라 고객의 No라는 반응을 수용할 만한 사람이다라는 인상을 보여주는 것이 좋습니다. 고객은 No라고 말하는 순간 미안함을 느끼고 그 자리를 피하려고 할 것입니다. 이때 우리는 No라는 말을 들어도 당황하기보다는 그럴 수 있다고 생각하면서 고객의 No에 공감을 표현해야 합니다. 고객이 "좀 더 생각할 시간이 필요해요"라고 No를 표현했다면 ", "네 제품을 구매하는 데 시간이 좀 더 필요하시다는 거군요. 십 년 이상 쓸 제품인데 신중히 결정하셔야지요!"라며 오히려 고객의 입장에 공감하는 반응을 보이는 것입니다.

두 번째는 어떤 부분이 고객이 No를 하게 했는지 질문을 통하여 알아내서 고객의 No를 Yes로 바꿀 수 있는 방안을 찾아야 합니다. 서비스 제공자의 질문을 받고 답을 하기 위해 고객은 제품에 대한 핵심 판단기준이 무엇인지를 명확히 하고 그 판단기준에 어떤 부분이 미흡했는지 또는 이해가 부족한 부분은 무엇이었는지 등을 생각해보고 싶어 합니다. 서비스 제공자도 최종 구매를 위해 더 이야기해야 할 부분이 무엇인지를 찾아서 보완해야 합니다. 예를 들면 "고객님께서 시간이 좀 더 필요하시다고 하셨는데, 어떤 부분이 결정하시는 데 걸림돌이 되는지 여쭤봐도 될까요?"라고 물어볼 수 있습니다.

세 번째로 고객이 No라고 한 이유를 이야기했기 때문에 제품구매로 가는 길이 어디인지는 확실히 알게 되었습니다. 고객이 No라고 말한 이유를 해결할 수 있는 방안을 서비스 제공자가 갖고 있다면 고객 설득은 거의 다 이루어졌다고 할 수 있습니다. 이제부터는 고객의 거절 이유 하나에 초점을 맞춰서 질문하고 의견을 나누다 보면 우리의 목적지인 판매가 이루어지는 것입니다.

지금부터는 고객이 No라고 하는 경우에 대한 일반적인 이유와 대처 방법에 대해 간단히 알아보겠습니다. 고객이 구매결정 시에 가장 많이 말하는 이유는 너무 비싸다는 것입니다. 비싸다고 이야기하는 경우에 실제로 가격의 문제일 수도 있지만 아직까지 제품의 필요점이나 이점에 대한 인식이 부족한 경우나 비교제품에 대한 이해부족 때문일 수도 있습니다. 하지만 고객은 No라고 말한 이유를 자신의 이해부족이라는 책임으로 돌리기보다는 제품이나 가격의 책임으로 돌리기 위해 가격이 비싸다고 할 수도 있습니다. 비싸다는 느낌을 줄여주기 위해서는 제품의 전체 가격을 언급하기보다는 비교제품과의 차이 가격을 이야기한다든지, 결제조건을 할

부나 리스 같은 방법으로 제안하여 전체 금액이 아닌 매월 부담해야 하는 금액만을 생각하게 할 수 있습니다.

또한 지금 구매하는 것이 소비라기보다는 투자라는 개념으로 바꿔서 생각할 수 있도록 지금 구매하지 않을 경우 미래에 부담하게 될 더 큰 비용을 강조할 수도 있고, 제품의 이점과 비교제품의 단점을 부각하여 가격의 차이가 크지 않음을 다시 한 번 강조하여 설명할 수도 있습니다. 고객이 "확신이 안 가네요!"라고 말하면 제품의 신뢰성 문제일 가능성이 있으므로 사회적 증거나 전문 자료 등을 제공함으로써 신뢰성의 문제를 해결할 수 있습니다. "아무래도 결정을 못하겠어요. 다음에 할게요!"라고 말하며 의사결정을 미루는 유형의 고객일 경우에는 시간 압박을 통해서 의사결정을 독려할 수 있습니다. 예를 들어 '세일기간이 내일까지여서', 혹은 '이 제품은 재고가 한 개밖에 남지 않아서'라는 표현으로 응대할 수 있습니다.

2. 믿음직한 구매제안을 위한 서비스 행동 BMWS

믿음직한 구매제안을 위한 서비스 행동

믿음직한 구매제안 BMWS 믿음직한 몸짓언어

        조금 낮고 작은 목소리

        말의 위력: 작은 차이, 커다란 결과

        달콤한 주스나 커피로 뇌를 달래 주어라

믿음직한 구매제안을 위한 서비스 행동

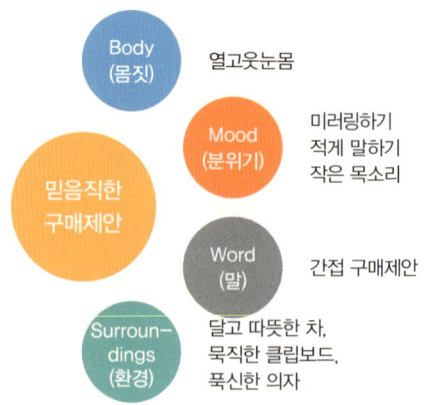

고객에게 믿음직함을 보이기 위해서 열고웃눈몸은 기본으로 해야 합니다. 몸은 설명할 때보다 조금 더 열고 양 손바닥을 고객이 볼 수 있도록 하여 숨기는 것이 없음을 표현합니다. 대화할 때 가장 기본은 고객의 말과 행동에 집중하여 고객 자신이 존경받고 있음을 느끼게 하면서 말수와 말하는 크기는 조금씩 줄여서 고객의 신중함에 공감합니다.

구매저항을 최소화시키기 위해 구매 이후의 시점에 대한 모습이라든지 최종선택안에 대한 비교 등의 간접 구매제안으로 고객이 돈이 나간다는 생각에서 벗어나게 할 수 있습니다. 주변 환경은 고객의 뇌가 편안함과 신뢰감을 느낄 수 있도록 달고 따뜻한 차를 제공하고, 소파나 의자는 푹신한 것이 좋으며 구매제안서나 팸플릿 등을 제공할 때 묵직한 클립보드 같은 것을 사용하는 것이 좋습니다.

믿음직한 구매제안 BMWS 믿음직한 몸짓언어

대인거리 축소

믿음직한 모습을 보이기 위해서는 먼저 고객에게 좀 더 가까이 접근하여 이야기를 나눠보는 것이 좋습니다. 만약 고객에게 조금 더 가까이 접근했는데 고객이 몸을 움츠리거나 뒤로 물러난다면 아직 구매제안을 하기에는 무리가 있으므로 조금 더 고객에게 제품에 대해 설명하거나 미흡한 부분을 찾아내어 설명한 후에 하는 것이 좋습니다.

구매제안 후에는 눈을 맞추지 않고 말을 줄인다

구매제안을 하고 난 후에는 제품이나 카탈로그 또는 제안서 등을 바라보면서 고객에게 눈을 맞추지 않아야 합니다. 지금까지 계속 눈을 맞추던 시미스 제공자가 구매제안을 한 후에 눈도 마주치지 않은 상태에서 말도 하고 있지 않게 되면 고객은 이러한 불안감을 해소하기 위해 대화를 시도하려고 할 것입니다. 이때 대화는 구매제안에 대한 답을 해야 하는 고객의 차례이므로 구매 여부에 대해 답을 할 것입니다. 고객이 말을 시작하면 그때 다시 고객과 눈을 맞추면서 대화를 이어가면 됩니다.

손바닥 보이기

손바닥을 펴서 하늘을 보게 하는 것은 신뢰, 복종을 의미합니다. 구매를 제안하는 시점은 신뢰를 보여줘야 하는 부분이므로 우리가 갖고 있는 모든 패를 다 보여주었고, 더 이상 감추는 것도 없다는 의미에서 몸은 열려 있고 손바닥은 하늘을 향해 있는 것이 좋습니다. 테이블이 있는 곳에 앉아 있을 때는 테이블 위에 손을 놓고 약 45도정도 벌리고 있으면 자연스러워 보이며, 서서 대화를 나눌 때는 가슴높이까지 올린 상태에서 손바닥이 하늘을 보게 하는 것이 자연스럽습니다.

턱 만지기

구매제안 단계에서 고객이 손으로 턱을 만지는 자세는 지금 구매결정을 하는 중이라는 의미입니다. 만약 턱을 만진 다음 행동이 팔짱을 끼던지 의자에서 뒤로 기댄다면 몸을 닫거나 뒤로 물러나는 자세이므로 구매제안을 거절할 가능성이 있습니다. 서비스 제공자가 이것을 눈치챘다면 고객이 거절을 말하기 전에 다른 이야기로 화제를 전환하여 대화를 나눔으로써 부정적인 답변이 나오지 않도록 합니다. 동시에 미흡한 부분이 무엇인지를 파악하여 추가적으로 대화를 나눈 후에 다시 구매제안을 하는 것이 좋습니다.

말과 몸짓의 일치

말하는 단어와 몸짓의 의미가 같은 경우 상대방은 그 의미를 더욱 잘 받아들이게 됩니다. "제가 책임지고 관리해드리겠습니다"라고 말하면서 책임이라는 단어에 약간 힘을 주어 말하면서 동시에 한 손의 주먹을 쥐어 보인다면 책임이라는 단어와 주먹을 쥐어 보이는 몸짓언어가 동시에 작용했기에 고객은 책임진다는 의미를 더욱 강하게 받아들입니다. 믿음직한 구매제안을 해야 할 때는 오른손을 심장 부위에 갖다 대고 말한다면 진실을 이야기하는 것 같은 느낌을 더 줄 수 있습니다.

믿음직한 구매제안 BMWS 조금 낮고 작은 목소리

높은 소리

낮은 소리

2013년 미국 듀크대학교 연구팀이 미국의 상장기업 CEO의 목소리를 조사했더니 목소리가 낮을수록 연봉이 높은 것으로 나왔습니다. 목소리가 낮다는 것은 테스토스테론이라는 남성호르몬이 더 많이 나온다는 의미로 더 남성적이고 더 적극적일 것이라는 신호이므로 낮은 목소리가 좀 더 신뢰를 줍니다.

그렇다고 인위적으로 낮은 목소리를 낼 필요는 없습니다. 자연스럽지 못하게 내는 낮은 목소리는 고객이 뭔가 어울리지 않는다는 느낌을 갖게 되어 의심을 하게 될 수 있습니다.

큰 목소리는 자신감이 있어 보이기는 하지만 구매의사 결정을 할 때는 좀 더 신중해지는 경향이 있기 때문에 큰 목소리보다는 조금 낮은 목소리가 좀 더 믿음직스러워 보입니다.

믿음직한 구매제안 BMWS 말의 위력 : 작은 차이, 커다란 결과

저항을 인정하라

고객의 구매저항을 인정하고 구체적으로 언급하면 오히려 저항의 힘은 약화된다고 합니다. 다음은 《거절당하지 않는 힘》(이현우, 더난출판사, 2018)에 실린 내용입니다. 뉴욕대학교 심리학자 제이 린과 아칸소대학교 에린 록스는 등록금 인상과 관련된 두 종류의 설득 메시지를 준비했습니다. A는 학생의 저항을 미리 인정한 다음 등록금을 약간만 인상한다면 훨씬 좋은 환경에서 공부할 수 있다고 주장했습니다. B는 학생의 저항에 대해 언급을 전혀 하지 않고 곧바로 등록금을 약간만 인상한다면 교육환경이 크게 개선될 것이라는 요지로 등록금 인상을 요구했습니다. 학생들은 A방식에 대해 훨씬 우호적인 반응을 보였습니다.

저항이 예상되는 내용이 무엇인지 먼저 말함으로써 상대는 자신의 마음을 알아주는 것 같아 공감하는 느낌이 들어서 저항이 줄어들 수 있습니다. 예를 들어 "고객님이 오늘 의사결정하기 힘들 수도 있지만 오늘 의사결정을 함으로써 훨씬 좋은 혜택을 가져가실 수 있습니다"라고 구매제안을 함으로써 오늘 구매결정을 하는 데 어려움을 인정받았다는 생각에 직접화법으로 구매제안을 하더라도 고객의 저항을 줄일 수 있습니다.

자유라는 말을 써라

　인간의 무의식적 욕구 중의 하나인 자유, 자아존중, 자아실현을 강조한 말을 들으면 자신의 자아존중의 욕구를 충족하고 싶어집니다. 예를 들어 차비를 빌리는데 단지 "차비를 주시는 것은 자유입니다"라는 말만 했을 뿐인데도 그냥 차비를 빌려 달라고 한 사람들보다 더 많은 사람으로부터 차비를 빌릴 수 있었습니다. '자유입니다'라는 말과 같은 자아존중감을 높여주는 말을 들었을 때 사람들은 자유의지로 무엇인가를 했다고 느껴서 행복해 합니다. "언제 구매하시든 구입하시는 것은 자유입니다" 혹은 "A와 B 두 제품 중 어느 것이든 자유롭게 선택하세요"와 같이 자유라는 단어를 활용한다면 고객은 구매제안을 보다 긍정적으로 받아들입니다.

구매제안 시 적게 말하라

　구매제안을 할 때에는 가능한 적게 말하는 것이 좋습니다. 우리가 말을 많이 한다면 고객은 자신이 결정하는 것이 아니라 우리가 결정을 해주는 것 같은 느낌을 받을 수 있습니다. 신중하게 결정하는 순간인 만큼 말을 많이 한다면 아직 의사결정을 할 시간이 되지 않았다고 느끼게 됩니다. 의사결정의 순간에는 꼭 필요한 말만 절제하여 사용함으로써 유능해 보이면서도 고객을 배려하는 느낌을 줄 수 있습니다.

어벽에 조심하라

　구매제안을 할 때 혹시나 나올지 모르는 '에, 음, 이, 저' 등의 어벽은 뭔가를 숨기거나 정리되지 않은 느낌을 주기 때문에 고객이 불안감을 느낄 수 있어서 주의해야 합니다. 또한 문장의 마지막 부분을 흐리지 말고 명확하게 발음해야 합니다. 그리고 '사실은', '솔직히' 같은 단어를 사용하게 되면 어느 부분을 속이고 있는지에 대해 생각하게 되어 설득효과를 떨어뜨립니다.

믿음직한 구매제안 [BMWS] 달콤한 주스나 커피로 뇌를 달래 주어라

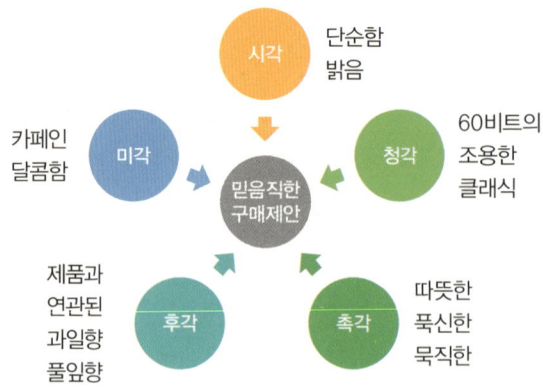

　매장에 의자와 테이블이 있다면 구매제안은 앉아서 하는 것이 구매저항을 덜하게 만듭니다. 저항을 한다는 것은 싸우거나 도망가는 것 중의 하나인데 앉아 있다는 것 자체가 서 있는 것보다 편안하며 싸우거나 도망가고자 하는 준비동작이 아닌 상태이므로 고객의 구매저항은 줄어들 것입니다. 의자가 딱딱한 것보다 푹신한 경우에 구매저항이 좀 더 줄어듭니다.
　《생각에 관한 생각》에는 다음과 같은 실험 이야기가 나옵니다. 이스라엘에 사는 8명의 가석방 전담 판사를 대상으로 사전에 아무 것도 알려주지 않은 채 배고픔이 의사결정에 미치는 영향을 알아보는 연구를 실시했습니다. 이들은 매일 가석방 신청을 심사하는데 신청은 무작위로 들어오며 건당 평균 6분이라는 짧은 시간에 승인 여부를 결정합니다. 대부분의 가석방 신청은 35%만 승인됩니다. 그런데 점심 또는 저녁 식사가 끝난 직후에는 가석방 승인 요청의 65%가 수용되면서 승인 비율이 크게 늘어났습니다. 반면에 판사들이 다음 식사를 하기 전 2시간 남짓한 동안에는 승인 비율은 점차 하락하고 식사 시간 직전에는 0% 정도로 뚝 떨어졌다고 합니다.

인간의 뇌는 배가 고프면 모든 일에 비판적으로 바뀌기 시작합니다. 뇌에 영양분을 공급해야 하는데 그렇지 못하니까 뇌는 화가 나 있는 것입니다. 이때 달콤한 주스나 커피를 제공한다면 뇌는 배고픔을 바로 잊어버리고 평온을 되찾게 됩니다. 음료수에 들어 있는 설탕은 우리 몸에 들어가면 뇌의 에너지원인 포도당으로 바뀌어 공급되기 때문에 뇌는 배고픔을 느끼지 않으면서 도파민을 분비하여, 기분이 좋아지게 되어 설득효과가 증가할 가능성이 높아집니다.

제 9 장

5단계:
호감 가는
고객배웅

1. 호감 가는 고객배웅 단계의
   고객 욕구와 감정

고객배웅이란?

호감 가는 고객배웅 단계에서 고객이 원하는 것

호감을 결정하는 3요소

구매 후 기쁨을 강화하고 구매 후 불안을 감소시켜라

구매 후 기쁨 강화: 긍정감정 회상 질문과 일관성의 법칙

        해피콜이 필요할 때

        공감하는 감사표현을 하라

        감사표현을 잘하려면

        추가 서비스

구매 후 불안 감소: 인지부조화를 해소해주어라

        감정적 불확실성을 제거하라

고객배웅이란?

배웅이란?
따라나가 작별인사를 하여 보내다.

해피콜이란?
구매한 고객이 제품을 사용하면서 발생할 수 있는 기쁨에 공감하거나 감정적 불확실성 해소를 위해 관련 직원이 대화를 통해 기쁜 감정을 불러일으키는 행위

제품을 구매한 고객이 제품을 소지하거나 혹은 계약서만 작성하고 매장을 나갈 때 고객의 마음에는 새로운 제품을 샀다는 기쁨과 진짜로 좋을까라는 약간의 의구심이 교차하고 있을 것입니다. 특히 계약서만 작성하고 제품을 나중에 받아 보게 될 경우에는 새로운 제품을 샀다는 기쁨보다는 돈은 냈는데 가져가는 것이 적기 때문에 뭔가 손해 보는 듯한 기분이 들 수 있습니다.

또한 제품을 구입하고 나서 제품의 좋은 점을 설명하고, 고객에게 칭찬과 인정을 아끼지 않았던 서비스 제공자와 헤어지게 되면서 이제부터는 모든 것이 자신 책임이 된다는 것을 느끼는 순간, 구매한 것에 대한 걱정이 생길 수도 있습니다.

이럴 때 매장을 나가는 고객에게 다시 한 번 좋은 제품을 잘 샀다는 것을 강조하고, 같이 기뻐해줌으로써 약간의 의구심을 해소하고 기쁜 마음을 다시 갖게 될 것입니다. 또한 제품을 사용하면서 갖게 될 기쁨을 강화하거나 혹은 감정적 불확실성 해소를 위해 전화를 하여 다시 한 번 고객의 욕구와 요구는 어떻게 해소되었고, 어떤 좋은 느낌이 드는지 질문을 통해 고객의 기쁨을 불러일으킬 수 있습니다. 그래서 '해피콜(Happy Call)'이라 이름 지은 것 같습니다.

호감 가는 고객배웅 단계에서 고객이 원하는 것

    호감 가는 고객배웅 접점에서 고객이 원하는 것은 무엇일까요? 고객은 제품을 구매하기 전까지 받았던 서비스와 같은 수준의 서비스를 돈을 내고 나서 매장을 나갈 때나 해당 제품에 대해 문제가 발생하여 도움을 요청하려 했을 때 동일하게 받고 싶어 합니다.

    혹은 원하는 제품이 없어서 구매결정을 하지 않고 매장을 나갈 때, 서비스 제공자가 입으로는 "감사합니다. 다음에 또 오세요!"라고 하지만 표정이나 몸의 위치, 자세 등을 보면 감사하다는 느낌을 느끼지 못하겠고, 어떤 경우에는 다소 냉소적인 느낌이 드는 톤으로 "다음에 또 오세요"라고 형식적으로 응대한다고 느끼기도 합니다.

    세상의 모든 고객이 우리 매장에 올 것 같지만 절대 그렇지 않습니다. 또한 고객들도 모든 매장을 다 돌아볼 것 같지만 그것도 사실이 아닙니다. 고객별로 방문하는 매장이 거의 정해져 있습니다. 필자의 아내와 옷을 사기 위해 쇼핑을 가게 되면 수백 개나 되는 매장을 거의 다 둘러보기는 합니다만 잠깐이라도 매장에 들어가서 옷을 구경하는 곳은 열 곳 이내입니다. 그리고 옷을 사는 곳은 거의 다섯 곳 이내에서 결정됩니다. 인간은 다양하고 다이내믹한 것 같지만 실제로 자세히 들여다보면 거의 가던 곳에 가고, 먹던 것을 먹고, 입던 색상과 디자인의 옷을 계속해서 이용합니다. 그러므로 비구매 고객이 오히려 잠재적 구매 가능성이 더 크기 때문에 배웅 시에도 일관성 있고 좀 더 정성스럽게 응대하여 호감을 느낄 수 있는 배웅을 해야 합니다.

　이러한 일관된 응대가 고객이 제품을 사용하는 도중에 문제가 발생할 때에도 지금과 똑같이 응대해주겠구나라고 느낄 수 있기 때문에 서비스 제공자와 해당 매장에 훨씬 더 호감을 느낍니다. 제품을 A매장에서 B판매직원에게 구입했다고 하면 가격이 높은 제품일수록 고객은 A매장과 B판매 직원에 대해 의존하는 경향이 있습니다. 고객이라는 한자의 의미는 돌아봐야 하는 손님이라는 뜻입니다. 한 번의 판매로 고객과의 관계가 끝나는 것이 아니라 지속적으로 관리를 하면서 돌봐주어야 하는 것입니다.

　신규고객 1명을 창출하는 데 드는 비용이 기존고객을 유지관리하는 데 드는 비용보다 20배나 더 듭니다. 몇몇 매장의 방문고객을 분석했더니 1번 이상 방문했던 고객이 전체의 75%이고 신규고객이 25%였습니다. 신규고객 중 80%는 기존고객의 소개에 의해서 방문한 고객이고, 나머지 20%만이 홍보, 광고를 통해 찾아온 고객이라고 합니다. 매장마다 조금씩 차이가 있겠지만 고객에게 마무리 서비스를 잘하여 좋은 감정을 더 많이 갖고 매장을 나가게 된다면 다시 찾아올 가능성과 동료들에게 소개할 가능성이 훨씬 높아집니다.

　고객이 제품을 구매한 후 아주 멋지게 활용하고 있거나 아니면 제품 사용법이 잘 이해가 안 돼서 불편을 느끼고 있을 때, 혹시 서비스 제공자로부터 제품사용에 얼마나 만족하는지에 대한 전화를 받는다면 고객의 기쁨은 확실히 만족한다고 말하게 됨으로써 더욱 명확해지며, 혹시 불편을 겪고 있는 고객이라면 그 불편이 커지기 전에 그것도 능동적으로 대응하게 됨으로써 불만이 줄어들게 되고, 적극적으로 관리하고 있다는 느낌을 주게 되어 고객의 만족감이 커질 수 있습니다.

호감을 결정하는 3요소

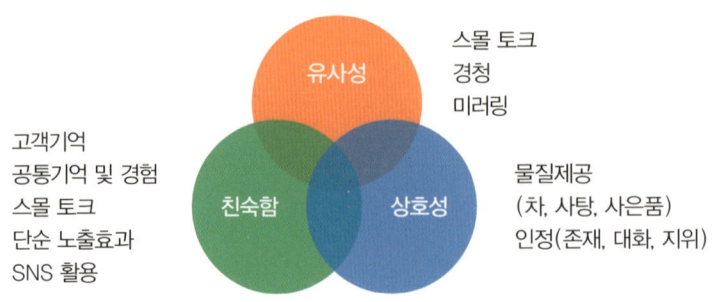

지금까지 맞이, 공감대 형성, 설명, 구매제안 감정접점을 거쳐오면서 따뜻함, 친근감, 유능함과 믿음직한 느낌을 주었기 때문에 구매를 마무리하고 떠날 때는 매장과 서비스 제공자에게 호감을 갖게 하는 것이 좋습니다. 어떻게 하면 호감을 강화할 수 있을까요?

프랑크 나우만의 《호감의 법칙》(그책, 2009)에 의하면 호감은 한 가지 요소에 의해 생기기보다는 유사성, 상호성, 친숙함 등의 여러 가지 요소에 의해서 생긴다고 합니다. 먼저 자신과 유사하면 친근감이 향상됩니다. 공감대 형성 접점에서 고객의 말, 행동, 분위기를 따라 함으로써 고객은 유사성을 느껴서 친근감으로 인한 호감이 생겼으며, 서로 자주 보거나 아는 것이 많아지게 되면 친근감이 커지면서 호감이 생깁니다.

고객의 경우 서비스 제공자가 준 것보다 더 많은 것을 받았다고 생각하게 된다면 상호성의 법칙에 의해서 호감을 느끼게 됩니다. 고객에게 물질적인 것을 줄 수도 있고 정신적인 것을 줄 수도 있습니다. 제품의 가성비와 가심비가 좋을 때, 그리고 사은품, 기념품, 할인 등 구매한 것 이외에 뭔가를 더 받았다고 느껴지면 고객은 그 거래에 호감을 느낍니다. 또한 서비스 제공자나 다른 고객 혹은 동반자들이 고객이 구매한 물건에 대해 칭찬하거나 존재나 행동 등에 인정하는 표현을 해줄 때 상호성의 법칙에 따라 상대에게 호감을 갖게 됩니다.

　고객을 배웅하면서 친숙함을 다시 한 번 느낄 수 있도록 고객의 이름을 불러준다거나 대화 시 자주 사용했던 단어를 사용하고, 고객이 구매에서 중요하게 생각하는 것들을 다시 정리하여 이야기함으로써 호감이 생기게 됩니다.

　엄마와 같이 온 아이에게 "참, 착하고 예쁘게 생겼구나! 너를 보니까 내 마음이 더 밝아지는구나! 다음에도 또 봤으면 좋겠구나" 하면서 막대사탕을 하나 건네준다면 이런 모습을 본 엄마는 다음에 다시 이 매장을 방문할 것입니다. 인간의 뇌 속에는 상대에게 받은 것만큼 갚아야만 된다고 생각하는 상호성이 숨어 있습니다.

구매 후 기쁨을 강화하고 구매 후 불안을 감소시켜라

구매 후 기쁨 강화

돈을 지불하기 바로 직전이 제품을 구매하는 기쁨이 가장 큽니다. 쇼핑을 해야 한다고 생각하면서부터 새로운 상품을 구매한다는 설레는 마음으로 이곳저곳을 다니며 제품을 찾고, 비교하면서 제품에 대해 알아가는 호기심 어린 행동과 제품을 선택해서 구입하게 되는 일련의 과정은 인간이 먹을 것을 찾기 위해서 했던 행동과 거의 유사합니다. 인간의 뇌는 이런 활동을 계속해서 할 수 있게 도파민이라는 기쁨의 감정을 만드는 호르몬을 나오게 하여 즐거운 감정으로 지속적으로 쇼핑을 할 수 있도록 해줍니다.

다만 채집과 사냥은 자기로부터 무언가 나가는 것이 거의 없는 반면에 쇼핑은 자기에게서 돈이라는 것이 나가기 때문에 즐거운 마음이 들었다가도 돈이 나간다는 생각을 하면 불안한 마음이 들면서 구매를 포기하기도 합니다.

구매 직후의 불안한 마음을 없애 주기 위해서 생각의 초점을 제품구매로 얻어지는 이점이나 혜택, 즐거움에 맞출 수 있도록 하는 것이 좋습니다. 즉 제품을 포장할 때 고객이 구매에 만족감을 느낄 수 있도록 제품의 소유나 사용 이익, 혜택 등에 대해 질문하며 고객 입으로 이야기를 할 수 있도록 하여 즐겁고, 행복하고, 뿌듯한 느낌을 가질 수 있게 합니다.

동반자나 서비스 제공자가 고객에게 제품구매에 대한 칭찬을 함으로써 고객의 만족감에 타인의 인정을 더함으로써 제품을 구매한 기분 좋은 느낌을 충분히 느끼게 할 수도 있습니다. 제품을 잘 샀음에 대한 인정 이외에 우리 매장 그리고 특히 나에게 제품을 구매해준 것에 대해 진정으로 감사를 표현함으로써 고객이 느끼는 기쁨의 정도를 강화할 수 있습니다.

구매 후 불안 감소

고객의 불안 요소는 구매한 제품이 '혹시 마음에 안 들면 어떻게 하지?', '반품은 되는 것인가?', '만약에 불량품이면 어떻게 해결해야 할까?' 그리고 전자제품 같은 경우에는 어떻게 사용해야 하는지에 대한 불안도 있습니다.

따라서 서비스 제공자는 환불조건 등에 대해 명확히 설명하고 제품의 사용에 대해 책임을 지겠다는 표정과 자세와 말투로 "제가 책임지겠습니다"라고 표현하는 것이 좋습니다. 고객은 쇼핑 후 집에 온 후에도 제품에 대한 관심을 계속해서 이어갑니다. 구매한 제품이 가성비와 가심비를 충분히 만족하는지 다른 제품들과 다시 한 번 비교하려고 합니다. 서로 비교하다가 구입하지 않았던 제품이 더 좋았던 것 같다는 생각을 할 수도 있습니다. 이럴 경우를 대비하여 많은 기업들이 SNS나 홈페이지를 통해 제품의 사용만족도 등을 공유하고 있습니다. 인간은 실제로 만족하기도 하지만 다른 사람들도 만족한다는 것을 알았을 때는 자신의 만족도가 더 올라갑니다.

구매 후 기쁨 강화: 긍정감정 회상 질문과 일관성의 법칙

고객만족도 확인

일관성의 법칙

긍정감정 회상 질문

- 만족하셨나요?
- 즐거우셨나요?
- 행복하셨나요?

일관성의 법칙

어떤 패밀리 레스토랑에 가면 거의 모든 접점별로 만족도 확인을 하는 것을 볼 수 있습니다. 대기 시간이 끝나고 자리를 잡으면 "기다리는 시간 동안 저희가 아이스크림을 서비스해드렸는데 어떠셨어요?"라든지 "좌석은 마음에 드시나요?" 등 음식 및 좌석에 대한 만족도 확인을 하고 식전 빵이나 샐러드를 먹고 나서 접시를 치우면서 "식전 빵(샐러드)은 입맛에 맞으셨나요?"라고 만족도 확인을 하고 메인 음식을 다 먹고 난 다음에는 "뭐 부족한 것 없으세요? 음식은 맛있으셨어요?"라고 또 확인을 합니다. 그리고 계산을 하러 갔을 때도 "오늘도 저희 매장을 이용해주셔서 감사합니다. 오늘 식사는 만족하셨나요?"라고 만족도 확인을 합니다.

왜 패밀리 레스토랑에서는 만족도 확인을 자주 할까요? 일관성의 법칙 때문입니다. 사람들은 서비스 제공자의 질문에 대해 자기가 좋다라고 한 것에 대해서는 다음에 유사한 질문이 들어올 때에도 비슷하게 대답하는 경향이 있기 때문입니다. 음식 만족도에 대해 두세 번씩 좋다고 고객의 입으로 말을 했으니까 며칠 후에 친구가 "그 레스토랑 어때?"라고 물으면 예전에 '좋다'라고 대답했던 것을 유지하기 위해서 "좋아"라고 답을 해주게 됩니다.

우리의 뇌는 한번 좋다고 판단한 것에 대해 다시 판단을 바꾸기 위해 머리를 굴려가면서 에너지를 낭비하는 것을 싫어하고, 한번 좋다고 했는데 그것을 바꾸기 위해서는 확실한 증거가 있어야 하는데 그런 증거도 없는 상태이기 때문에 고객은 본인의 일관성을 유지하기 위해 좋다고 대답합니다. 또한 CSI평가를 위해 모니터링 부서에서 전화를 해 음식 및 서비스 만족도를 물어보더라도 앞에서 좋다고 여러 번 대답한 적이 있기 때문에 똑같이 좋다고 대답할 것입니다.

긍정감정을 회상하는 질문

만족도를 확인하는 질문의 내용은 "만족하셨나요?", "즐거우셨나요?", "좋으셨나요?" 등으로 긍정감정을 묻는 경우가 대부분입니다. 질문이 "만족하셨나요?"로 시작되면 고객의 뇌는 먼저 만족했던 것이 무엇이 있었는지를 찾기 시작합니다. 그러면 만족했던 몇 가지 사실들이 생각이 나면서 "네" 또는 "만족합니다" 등으로 대답합니다. 질문을 할 때는 긍정적 경험을 상기시킬 수 있는 긍정질문을 사용하는 것이 좋습니다.

구매제안에서도 설명했지만 고객의 생각 초점을 바꿀 수 있는 가장 좋은 방법은 질문입니다. 제품을 포장하면서 고객에게 던지는 질문은 제품 사용에 대한 이점, 행복감, 기쁨 등에 대한 것으로 합니다. 이런 질문을 받은 고객은 다시 한 번 구매 후의 기분 좋은 느낌을 생각하고 난 후 질문에 대답함으로써 고객은 스스로 좋게 말했고, 또 자신이 한 말을 자신의 귀를 통해 듣게 되어 더욱더 사실적이며 확신이 가는 기쁨을 느끼게 됩니다. 또한 고객의 말을 경청하고 난 후에 "진짜 좋으시겠어요", "너무 행복하시겠어요", "너무 부러워요" 등으로 고객이 한 말을 인정해주는 의견을 보이면 더욱 기쁨을 느낄 수 있습니다.

사실 질문과 느낌 질문의 예

사실 질문

- 누가 제일 좋아할까요?
- 이 제품을 사용해서 가장 먼저 해보고 싶은 것은?
- 어떤 부분이 가장 마음에 드세요?
- 구매 후 나타날 가장 큰 성과는 무엇일까요?
- 가장 많이 달라지는 점은 무엇일까요?
- 가장 많이 도움이 되는 부분은 어떤 것일까요?
- 이 제품의 가장 큰 이점은 무엇일까요?

느낌 질문

- 처음 사용하게 되면 어떤 기분일까요?
- 이 제품을 착용하고 바닷가를 걷는다면?
- 사용자는 얼마나 좋아할까요?
- 이 제품은 내 몸에 어떤 촉감을 줄까요?
- 이 제품사용으로 가장 기분이 좋아질 때는?
- 이 제품에 대한 첫 느낌은?
- 이 제품을 받는 분의 느낌은 어떨까요?
- 이 제품을 갖고 집에 들어가면 어떤 반응이 올까요?

위의 예에서 보듯이, 질문은 사실에 대한 질문과 느낌에 대한 질문으로 나눌 수 있습니다. 사실에 대한 질문은 이성의 뇌에 하는 질문이고, 느낌에 대한 질문은 감정의 뇌에 하는 질문이므로 사실에 대한 질문도 좋지만 느낌에 대한 질문을 함으로써 제품구매에 대한 감정을 스스로 정의할 수 있게 합니다.

구매 후 기쁨 강화 : 해피콜이 필요할 때

구매와 제품의 소유 시기가 다른 제품 공감하기

제품구매 시 감정의 흐름을 보면 서비스 제공자와 고객 모두 돈을 계산하면서 제품을 받았을 때가 가장 기분이 좋아지게 되어 고객의 기쁨을 같이 느끼면서 공감반응을 하여 기쁨의 정도를 배가시킬 수 있습니다. 하지만 일부 제품들은 돈을 지불하고도 제품을 며칠 있다가 받아보거나 몇 년 있다가 받아보는 경우도 있습니다. 이런 경우 서비스 제공자에게는 고객이 계약을 하고 돈을 지불할 때가 가장 기쁜 순간이지만 고객에게는 가져가는 것이 아무것도 없기 때문에 크게 만족감을 느끼지 못합니다. 고객이 가장 기쁨을 느끼는 순간은 바로 제품을 사용할 수 있게 되었을 때입니다. 이때 우리는 고객의 기쁨을 같이 공감해주거나 아니면 혹시 있을지 모르는 불편함을 줄여주기 위해서 고객에게 해피콜을 하는 것이 좋습니다.

구매 후 기쁨 강화: 공감하는 감사표현을 하라

공감하는 감사표현	나를 주어로 하여 고객의 행동에 대한 자신의 생각이나 감정을 표현 고객에게 자신의 입장과 감정을 있는 그대로 전달함으로써 진심이 담겨 있음을 느끼게 함 고객에게 개방적이고 솔직하다는 느낌 전달 표현 방법: 고객 행동 묘사(상황) → 결과에 대한 나의 느낌표현 → "감사합니다" 또는 "즐거웠습니다"

감사표현을 고객이 진정성을 갖고 받아들이게 하려면 감사를 표현할 때 고객의 행동이나 상황을 언급한 후에 그 행동이나 상황에 대한 느낌을 말한다면 고객은 정말로 공감이 가는 감사표현을 들었다고 느낄 것입니다.

고객의 행동이나 상황은 구매한 시점뿐만이 아니라 고객이 구매활동을 시작하면서부터 같이 겪었던 일들 중에 특별히 기억에 남는 것들이 있다면 그것을 먼저 표현합니다. 그리고 고객의 행동이나 태도가 우리에게 어떤 영향을 미쳤는지를 생각해봅니다. 주로 '즐거웠습니다', '부럽습니다', '좋았습니다' 등으로 표현될 것입니다. 이처럼 고객에게 우리의 입장과 감정을 있는 그대로 전달함으로써 진심이 담겨 있음을 느끼게 하여 보다 개방적이고 솔직하다는 느낌을 전달할 수 있습니다.

일반적인 감사표현은 "고객님 오늘 저희 매장을 애용해주셔서 감사합니다"처럼 고객을 주어로 하여 매장이용이나 구매 등 고객의 최종 행동에 대해서 감사하다는 표현을 위주로 합니다. 이에 반해 "고객님처럼 저희 제품이 잘 아울리는 분께 이 제품을 소개해드릴 수 있어서 저도 기분이 너무 좋았습니다. 감사합니다"처럼 서비스 제공자를 주어로 하여 우리가 본 행동이나 결과를 표현함과 동시에 감정까지 표현하면 보다 공감할 수 있는 표현으로 인식됩니다.

감사할 내용

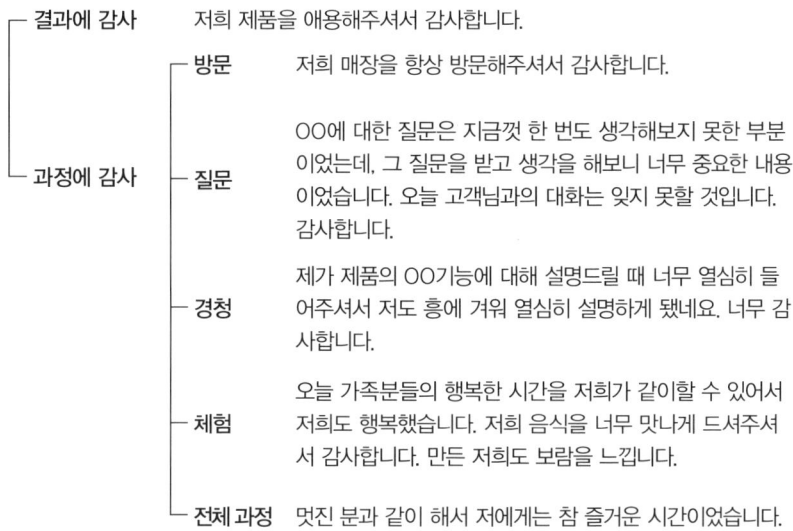

고객의 구매에 대해 모든 서비스 제공자가 감사를 표현하고 있기 때문에 고객들은 감사인사를 건성으로 듣는 경우가 많습니다. 고객은 감사인사를 자신이 돈을 지불했으니 당연히 받아야 할 것으로 인식하고 있어서 그렇습니다.

진정으로 감사를 표현하려 한다면 돈을 낸 것에 대한 감사도 중요하지만 고객이 이 매장을 찾아준 것에 대한 감사부터 시작하여 같이 대화를 즐겁게 나누고, 제품을 체험하고, 구매해준 것까지 감사의 폭을 구매과정 전체로 넓혀보면 보다 많은 고객의 말이나 행동을 기억하여 감사함을 표현할 수 있습니다. 고객은 오늘 같이 경험한 기억을 공유하면서, 거기에 우리가 느끼는 감정까지 포함해서 감사하다는 표현을 받았으므로 진정으로 우리의 감사한 마음을 느낄 것입니다.

구매 후 기쁨 강화: 감사표현을 잘하려면

감정적 감사표현을 잘 하려면 먼저 감사표현을 잘 할 수 있는 기본역량이 필요합니다. 먼저 나 자신에게 감사하는 것부터 해보는 것입니다. 감사를 표현하는 것도 감사할 행동이나 상황에 대해 먼저 인식을 할 수 있어야 합니다. 여러분들이 하는 행동 중에서 다섯 가지 정도를 뽑아서 매일 밤 자기 전에 정리해보는 것입니다. 그냥 살아 있어서 감사하다라고 적기보다는 "사랑하는 아이들과 도란도란 이야기를 할 수 있는 시간을 주셔서 감사합니다"라는 식으로 어떤 행동에 대해 감사할 수 있고, "아침에 눈을 떴을 때 가벼운 몸 상태로 일어날 수 있게 해줘서 감사합니다" 등과 같이 좋은 결과에 대해 감사할 수도 있습니다.

우리가 겪는 일상에 대해 의미를 부여하고 감사표현을 해도 좋습니다. 밥을 먹을 수 있음에 감사하고, 운동을 할 수 있음에 감사하고, 잘 잘 수 있음에 감사하고, 친구와 만날 수 있음에 감사할 수 있습니다. 감사함을 느끼고 표현할 때는 우리 뇌의 전전두피질이 활성화되면서 잔잔한 기쁨을 느끼게 하는 세로토닌이 분비됩니다. 세로토닌은 심장박동과 뇌파에 영향을 미쳐서 편안하고 안락하며 따뜻한 기분이 들게 합니다.

구매 후 기쁨 강화: 추가 서비스

고객은 서비스 제공자가 자신의 업무 범위를 넘어서는 일을 할 때 빚을 졌다고 느낍니다.

고객 이름 부르기

　멤버십 가입 등으로 고객의 이름을 알게 되었을 때 고객의 이름을 불러 줌으로써 친근감을 높일 수 있으며, 고객이 재방문할 때 이름을 기억해서 불러줄 수 있다면 고객과 서비스 제공자 이상의 관계로 느끼게 될 것입니다. 필자가 아는 부동산 사장님은 2년 전에 집을 계약하면서 만났었는데, 필자가 사전 예약 없이 방문하면서 먼저 반갑게 인사를 하니까 잠시 기억을 더듬는 것 같았습니다. 그런데 바로 "OO아파트 OO동 OO호 사시는 OOO씨 이시죠"라며 필자의 이름과 기래한 집, 동, 호수까지 정확히 기억하여 주어서 친밀감뿐만 아니라 신뢰감도 생겼습니다. 고객의 이름을 일일이 기억하기가 쉬운 일은 아니지만 가치는 그 이상인 것 같습니다.

　고객의 이름을 부르는 것뿐만 아니라 서비스 제공자가 자신의 이름을 말하면서 하는 이야기는 더욱 신뢰감을 가질 수 있습니다. "저 김현식이 이번 거래뿐만 아니라 이후의 제품의 관리나 불편 사항까지 책임지겠습니다"라고 한다면 더욱 신뢰가 갈 것입니다. 빵집이나 음식점, 패션 업체뿐만 아니라 농부들이 생산한 농산물 등에서 브랜드명으로 자신의 이름을 쓰거나 생산자명을 쓰는 것도 그만큼 책임감을 갖고 생산했고 관리하겠다는 의미가 담겨 있습니다.

쇼핑 목적 인정하기

고객의 요구를 파악하기 위해서 질문을 해가면서 들었던 내용 중에 오늘 쇼핑 목적이 무엇이었는지를 다시 한 번 정리하여 고객을 배웅하면서 이야기한다면 고객은 좀 더 좋은 감정으로 쇼핑을 기억하게 될 것입니다. 필자의 아들이 대학 졸업식에서 입을 첫 양복을 구입하기 위해서 백화점에 가서 옷을 사서 나올 때 들은 직원의 한 마디는 아직도 기억이 납니다. "아드님의 첫 양복, 저희가 새 양복을 만드는 것처럼 최선을 다해 수선해 놓겠습니다. 좋은 학교 들어가고 졸업하느라 고생 많았네 학생! 어머님이 참 자랑스러웠겠어요."

문 밖 배웅

고객을 부르기 위해서 문 앞에 나서서 하는 호객 행위는 많이 볼 수 있는 광경입니다. 하지만 호객 행위를 당해서 그 매장에 들어가서 제품을 구입하고 떠날 때에는 별다른 인사가 없습니다. 이런 무신경한 응대가 들어오는 고객은 중요하지만 들어와서 매장의 제품을 구매한 고객은 중요하지 않다는 의미가 된다는 것을 조금만 알아도 배웅을 하는 인사의 방법이 다를 것입니다.

요즘 가장 중요한 것이 입소문 마케팅입니다. 방문한 고객들의 입소문을 타고 매장의 매출이 올라가기 때문입니다. 입소문 마케팅의 핵심요소 중의 하나가 감정적인 배웅입니다. 예전이나 지금이나 부모님께 다녀올 때 어머니는 항상 자식의 뒷모습이 보이지 않을 때까지 보고 있습니다. 그런

어머니의 모습을 떠나는 자식이 볼 수도 있고 집에 같이 있는 다른 자식이 볼 수도 있습니다. 매장도 마찬가지입니다.

고객이 떠나가는 모습을 멀리서까지 지켜보고 있다는 것은 그 자체만으로도 제품과 우리 모두에게 호감이 생깁니다. 그런 모습을 다른 고객들이 보게 된다면 다른 고객들도 이 매장에 대한 호감이 증가할 것입니다. 특히 필자가 방문했던 한 소도시의 음식점 주인 분은 고객들이 나갈 때마다 같이 나가서 한 10초 정도는 지켜보면서 경우에 따라서는 손을 들거나, 뒤꿈치를 들기도 하는 것이 보였습니다. 허름한 음식점에 고객들이 많은 것을 보면 음식 맛도 맛이지만 주인 분의 정이 더 많은 고객을 부르고 있는 것 같습니다.

제품 들어주기

제품이나 서비스를 구매하고 나오면서 기억에 남는 부분이 있습니다. 첫 번째는 별로 무겁지는 않은 제품이었지만 아래층에 있는 주차장까지 들고 가기에는 조금 부담되는 크기라 어떻게 할까 고민하고 있을 때 필자를 담당해주었던 직원이 흔쾌히 주차장까지 제품을 들어다주겠다고 했습니다. 고객 혼자 보냈어도 아무 문제가 없었겠지만 고객이 바라지 않던 추가적인 도움을 제공받은 경우여서 그때 느꼈던 그 고마움과 담당 직원의 고마운 얼굴이 아직도 기억에 남아 있습니다.

다음은 한 가전서비스센터에서의 기억입니다. 좁은 주차장에서 차를 잘 뺄 수 있도록 직원이 차량을 정리해주면서 큰길까지 나갈 수 있도록 큰 도로에서 오는 차량들도 정차시켜주었습니다. 그때도 '이런 서비스까지 받는구나' 하는 고마운 생각이 들었습니다.

구매 후 불안 감소 : 인지부조화를 해소해주어라

선택한 것의 단점 혹은 선택하지 않은 대안의 장점에 대한 불안

구매 안 한 제품의
장점 발견

심리적 긴장

구매한 제품의
단점 발견

인지부조화 해소

　가격이 비싼 제품을 구매해서 사용하다 보면 조그마한 단점이 보이기 시작하거나, 최종 의사결정 시까지 같이 눈여겨보았던 경쟁제품의 장점이 다시 보일 수도 있습니다. 이처럼 구입한 제품의 단점이나 경쟁제품의 장점이 눈에 띄게 되면 제품구매에 대한 만족도가 낮아지고 불안해질 수 있습니다. 특히 잘 모르는 분야의 제품일 경우에는 더욱 이런 일이 발생할 가능성이 높습니다. 이런 일에 대비해서 구매 당시 서비스 제공자가 해피콜을 하여 고객의 불안을 해소해줄 수 있습니다.

　필자가 자동차를 구입하면서 시운전할 때는 몰랐었는데, 계속 운전해보니 이전 자동차보다 쿠션이나 운전이 딱딱하다는 느낌을 받았습니다. 비슷한 가격대인데 왜 이럴까라고 생각하고 있을 때 서비스 제공자가 전화를 하여 "차는 잘 타고 계시지요? 운전의 재미를 조금씩 느끼시고 계실 텐데요. 차를 몰면서 가장 마음에 드시는 부분은 어디세요?"라고 물어봐서 대답을 한 후에 "자동차를 운전하는데 시트와 핸들 등이 딱딱하다는 느낌이 많이 들어서 예전 차에 비해 좀 불편하다는 느낌이 든다"라고

했더니 "자동차가 딱딱하다는 느낌은 하체를 잘 잡아줘서 자동차가 핸들 움직임에 즉각적으로 반응하고, 커브를 돌거나 빗길 등에서 쏠림이 없고, 미끄러지지 않도록 편안하게 운전하실 수 있도록 새로운 기술이 들어간 것입니다"라는 설명을 들었습니다. 순간 혹시나 하는 필자의 불안은 쉽게 사라지게 되었습니다.

인지부조화이론

소비자들은 그들이 획득한 정보를 바탕으로 여러 가지 대안을 평가하여 그중에서 한 가지를 선택하게 되는데, 선택한 대안의 단점과 거절한 대안의 장점이 발견되면 두 가지 인지요소 간에 갈등이 야기되어 자신의 구매의사 결정이 혹시 잘못되지 않았나 하는 불안감을 경험하게 됩니다. 레온 페스팅거는 이러한 불안 상태를 '인지부조화'라 칭하고, 이를 경험한 소비자는 심리적 긴장이 야기되기 때문에 이를 해소하기 위해서 여러 가지 형태의 부조화 감소 노력을 하게 된다고 했습니다. 인지부조화의 크기는 의사결정의 중요한 정도와 거절된 대안의 상대적 매력 정도에 의해서 결정되고, 의사결정이 소비자에게 중요할수록 그리고 거절된 대안이 매력적일수록 인지부조화는 더욱더 커진다는 것입니다(참조: 〈인지부조화이론의 소비자행동연구에 대한 適用可能性 硏究〉, 金炯淳, 배제대학 무역학과 교수).

구매 후 불안 감소: 감정적 불확실성을 제거하라

자신이 구입한 제품에 대한 광고나 홍보가 더 자주 눈에 띄는 이유는 무엇일까요? 고객들은 제품을 구입한 후 집에 돌아와서 자신이 구매한 제품을 다시 한 번 살펴보면서 만족감을 느낍니다. 고객은 좋은 제품을 구입했다고 느끼면서 이 제품이 진짜로 좋은 것인지 증거를 찾으려 합니다. 감정의 뇌가 의사결정을 하고 이성의 뇌가 합당한 근거를 찾으려 하기 때문입니다.

SNS를 통해서 자신이 산 제품이 얼마나 좋은지를 제품을 구매하기 전에도 살펴보지만 제품구매 후에도 기존 고객들의 상품평들을 읽으면서 고객 자신의 구매행위를 합리적으로 정당화하고 싶어 합니다. 전화로 하는 해피콜도 좋지만 제품에 대해 신뢰감을 올리고 호감을 가질 수 있도록 블로그나 SNS 등을 통해서 기존 고객들의 제품 사용평이나 사용후기 등을 게시해놓는 것도 좋습니다. 댓글 조작사건으로 댓글에 대한 신뢰도가 이성적으로는 떨어졌지만 그래도 새로운 곳을 갈 때는 '맛집은 어디일까?', '관광하기 좋은 곳은 어딜까?' 등을 찾을 때도 항상 SNS 등을 확인하는 이유는 자신도 믿지만 다른 사람들의 의견을 더 믿고 있기 때문이기도 합니다.

누구나 한 번쯤은 충동구매를 한 후에 뒤늦게 다른 고객들의 상품평을 찾아본 적이 있을 것입니다. 《이모션》(흐름출판, 2012)에서는 그 이유를 이렇게 설명합니다.

"많은 기업이 잊고 있는 부분은 고객들이 집에 도착한 다음 따로 시간을 내서 본인이 구매한 상품을 꼼꼼히 살펴본다는 것입니다. 우리의 이성은 안전한 조치를 취하고자 하는 동시에 상품을 선택한 합당한 이유를 요구합니다. 브랜드나 품질인증마크 등과 같은 것은 고도의 감정강화 인자나 다름 없습니다. 상품이나 브랜드에 대한 신뢰를 높이기 때문입니다.

세계에서 가장 큰 온라인 서점인 아마존이 성공할 수 있었던 것도 부분적으로 이런 신뢰에 대한 욕구를 정확하게 충족시켰기 때문이기도 합니다. 수백만 권의 책 중에서 무엇을 사야 하는지 당황되는 소비자들에게 독자가 직접 작성한, 그래서 특별히 더 믿음이 가는 서평을 통해서 이런 감정적인 불확실성을 제거하려 시도하고 있습니다."

2. 호감 가는 고객배웅을 위한 서비스 행동 BMWS

호감 가는 고객배웅을 위한 서비스 행동

호감 가는 고객배웅 BMWS 유종의 미를 거두어라

호감 가는 고객배웅을 위한 서비스 행동

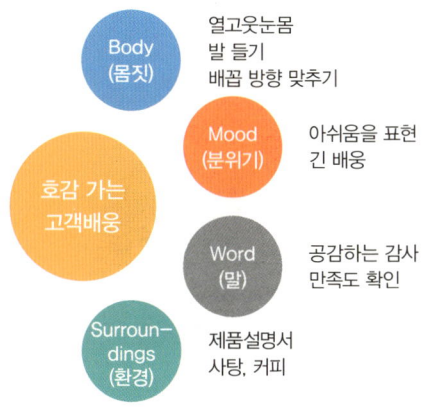

고객이 매장을 떠나갈 때 어떤 모습으로 배웅을 해야 할까요? 고객이 제품이나 서비스를 구매했거나 안 했거나 고객이 서비스 제공자에게 호감을 느끼게 해야 다음에 다시 방문할 가능성이 높습니다.

고객을 배웅할 때는 현관 앞까지 나가서 고객의 뒷모습이 보이지 않을 때까지 고객 쪽으로 배꼽을 향하면서 간혹 발 뒤꿈치를 살짝살짝 들어주는 몸동작을 하게 되면 배웅을 받는 고객뿐 아니라 매장에 있는 고객들도 호감을 느끼게 될 것입니다. 고객과의 인사는 그 어느 접점보다 천천히 길게 함으로써 고객에게 돈을 다 받았으니 이제 빨리 헤어져야지 하는 모습보다는 인간 대 인간으로서 이별의 아쉬움을 느낄 수 있게 할 수 있습니다.

호감 가는 고객배웅 `BMWS` 유종의 미를 거두어라

호감 가는 몸짓

호감 가는 고객배웅을 위한 몸짓은 **열고웃눈몸**을 기본으로 하면서 고객을 배웅할 때는 보내는 아쉬움이 남아 있고, 같이 더 좋은 시간을 보내고 싶다라는 느낌을 주기 위해서 고객이 나가는 현관 앞까지 따라나서거나 아니면 따라나서는 듯 몇 발자국 고객이 나아가는 방향과 같이 하는 것이 좋습니다. 그리고 고객과의 만남이 너무 좋아서 계속해서 그 만남을 이어가고 싶다는 느낌을 주기 위해서 고객의 뒷모습이 보이는 곳에서 고객 쪽으로 배꼽을 향하면서 바라보고 있다가 간혹 발 뒤꿈치를 약간 들어주는 동작을 해줍니다. 배웅을 받는 고객이 아주 우연히 뭔가 놓고 온 것이 있어서 돌아오게 되었을 때 그 모습을 보고 깊은 감동을 받아 감사 편지를 쓰거나 평생고객이 되는 경우가 많았습니다. 또한 매장이나 매장 근처에 있는 고객들도 이런 모습을 보게 됨으로써 고객이 안 보는 곳에서 조차 끝까지 최선을 다한다는 느낌을 갖게 되어 매장과 서비스 직원에 대한 호감이 올라갑니다.

필자가 아침에 출근할 때 필자의 아내는 자신도 출근 준비로 바쁜데도 불구하고 아파트 현관문을 열고 엘리베이터가 올 때까지 지켜보다가 엘리베이터가 내려가면 베란다 쪽으로 와서 보이지 않을 때까지 손을 흔들어 줍니다. 필자도 일이 있어 집에 늦을 경우 미안함을 느끼고, 나도 무엇인가 해주어야 한다는 생각으로 전화를 하거나 가급적이면 잠자리에 드는 시간 이전에 들어가려고 노력하게 됩니다.

호감 가는 분위기

고객과의 인사는 그 어느 접점보다 천천히 길게 함으로써 고객에게 돈을 다 받았으니 이제 빨리 헤어져야지 하는 모습보다는 인간 대 인간으로서 이별의 아쉬움을 느낄 수 있게 할 수 있습니다. "고객님 감사합니다. 안녕히 가세요"라는 인사말이라 해도 "고객님 감~사 합니다~ 안녕히 가세요~"라고 중요한 말과 끝말을 살짝 늘여서 말함으로써 좀 더 아쉬운 감정이 묻어나오게 할 수 있습니다.

호감 가는 말

고객맞이에서 구매제안까지 질문을 하고 대화를 나누면서 고객에게 들은 내용 중에서 고객이 가장 중요시하는 것이나 관심 있어 하는 것, 또는 문제가 됐었던 것들 중에서 기억에 남는 내용에 대해 언급을 하면서 그 부분이 어떻게 해결되는지, 어떤 모습을 갖추게 될 것인지까지 이야기를 하게 되면 고객은 자신의 생각을 잘 파악하고 있다는 생각에 호감을 느낄 것입니다.

고객에게 구매에 대한 전반적인 만족도를 확인할 때 고객이 오늘 쇼핑을 정리하면서 좋은 느낌을 갖고 만족했다라는 반응을 보인다면, 며칠 후에 있을 CSI만족도 조사에서도 동일한 결과를 얻을 수 있을 것입니다. 고객이 자신의 입으로 만족한다는 말을 해놓았을 경우에는 다음에 다시 같은 질문을 받을 때 그 사이에 나쁜 경험이 없었다면 거의 똑같이 만족했다고 말합니다. 즉 일관성의 법칙이 작용하는 것입니다.

공감을 느끼게 하는 감사인사를 하기 위해서는 구매 중에 고객이 보여준 특정 행동에 대해 서비스 제공자의 느낌이나 기분을 표현하면서 감사표시를 하면 고객은 감사인사를 제대로 받았다고 느낄 것입니다.

한 음식점에 다녀오는데 계산하고 나오는 순간 직원 분이 "오늘 가족분들의 행복한 시간을 저희가 같이할 수 있어서 저희도 행복했습니다"라고 말할 때 가장 비싼 음식점은 아니지만 가장 훈훈한 음식점이라는 느낌이 확 왔습니다. 또한 그냥 방문에 감사드린다고도 할 수 있지만 고객의 이름을 불러주거나 아니면 서비스 제공자 자신의 이름을 말하면서 "저 김현식은 오늘 고객님과 함께해서 너무 즐거웠습니다"와 같이 인사를 하면 더 호감을 느끼게 됩니다.

제품을 구매한 고객에게는 몸과 마음이 하나 되어 감사를 표현할 수 있지만 여러 가지 이유로 구매를 다음으로 미루고 떠나는 고객에 대해서도 구매고객과 똑같이 배웅을 해야 합니다. 제품에 대해서 자세한 설명을 들었음에도 불구하고 구매하지 못하고 매장을 떠나는 고객 마음의 한구석에는 미안한 마음이 들 수 있기 때문에 이런 경우 오히려 구매한 고객만큼 호감이 가게 배웅을 하게 된다면 고객은 뭔가 빚지는 기분이 들어서 다음 쇼핑에도 우리 매장을 꼭 다시 방문할 것입니다.

필자는 아내와 딸과 함께 백화점에 쇼핑을 가면 꼭 가는 곳이 몇 군데 있습니다. 어느 곳에서나 제품을 구매하지 않고 나오더라도 부담감이 없지만 "다음에는 고객님이 원하는 제품을 꼭 준비해놓겠습니다. 꼭 다시 방문해주실 거죠"라고 말하면서 부담감도 없애는 동시에 다음에 다시 오고 싶은 마음도 갖게 만들어주는 매장에 왠지 마음이 더 끌렸습니다.

호감 가는 환경

매장의 계산대 옆이나 고객이 나가는 통로에 맛있는 사탕이나 음료수 등을 세팅해놓은 곳도 있고, 일부 음식점에서는 밥을 먹고 계산을 끝내고 나서도 무료로 음료를 마실 수 있게끔 별도의 장소를 마련해놓고 만족한 제품/서비스에 대한 경험을 좀 더 즐길 수 있게 함으로써 고객 만족도를 배가시키고 있습니다.

고객들은 서비스 제공자가 자신의 업무 범위를 초월하여 서비스를 했을 때 상호성의 법칙에 따라 빚을 졌다고 생각합니다. 그냥 누구나 가지고 갈 수 있는 사탕이나 음료수이지만 고객이 직접 가져가게 하는 서비스보다는 서비스 제공자가 말 한마디 건네면서 전해줄 때 더욱 만족감을 느낄 것입니다.

참고문헌

《감성세일즈》, 이성동, 호이테북스, 2011

《감성의 리더십(Primal leadership)》, 대니얼 골먼(Daniel Goleman), 청림출판, 2003

《감성의 힘》, 존 이튼, 로이 존슨(John Eaton, Roy Johnson), 이지북, 2003

《감성지능(Emotional Intelligence)》, 대니얼 골먼(Daniel Goleman), 비전코리아, 1996

《감정은 습관이다》, 박용철, 추수밭, 2013

《감정의 성장》, 김녹두, 위고, 2015

《감정조절 설명서(Don't let your emotions run your life)》, 스콧 스프라들린(Scott E. Spradlin), 지상사, 2012

《감정코칭》, 존 가트맨(John Gottman), 최성애, 한국경제신문, 2011

《거절당하지 않는 힘》, 이현우, 더난출판사, 2018

《관계의 본심(The man who lied to his laptop)》, 클리포드 나스, 코리나 옌(Clifford Nass, Corina Yen), 푸른숲, 2011

《그 남자의 뇌 그 여자의 뇌(The Essential Difference)》, 배런 코언(Simon Barron-Cohen), 바다출판사, 2008

《근접학》, 에드워드 티 홀(Edward T. Hall)

《기적을 부르는 뇌(The brain that changes itself)》, 노먼 더이지(Norman Doidge), 지호, 2008

《나는 결심하지만 뇌는 비웃는다(What makes your brain happy and why you should do the opposite)》, 데이비드 디살보(David DiSalvo), 모맨텀, 2012

《나는 왜 감정에 서툴까》, 이지영, 청림출판, 2014

《내 안의 긍정을 춤추게 하라》, 바바라 프레드릭슨(Barbara Fredrickson), 물푸레, 2015

《너》, 김병후, 나무생각힐링, 2012

《뇌 1.4킬로그램의 사용법(User's guide to the brain)》, 존 레이티(John J. Ratey), 21세기북스, 2010

《뇌 체질 사용설명서(Edge effect: achieve total health and longevity with the balance)》, 에릭 브레이버맨(Eric R Braverman), 북라인, 2010

《뇌로부터의 자유(Who's in Change?)》, 마이클 가자니가(Michael S. Gazzaniga), 추수밭, 2012

《뇌를 훔치는 사람들(The Brain Sell: When Science Meets Shopping)》, 데이비드 루이스(David Lewis), 청림출판, 2013

《뉴로 마케팅(Neuromarketing)》, 패트릭 랑보아제, 크리스토프 모린, 미래의 창, 2007

《당신은 생각보다 많은 것을 말하고 있다(You Say More Than You Think)》, 재닌 드라이버(janine Driver) 외, 비즈니스북스, 2011

《당신은 이미 읽혔다(definitive book of body language)》, 엘렌 피즈, 바바라 피즈(Allan Pease, Barbara Pease), 흐름출판, 2012

《당신의 감정이 당신에게 말하는 것》, 메리 라미아(mary Lamia), 카시오페아, 2015

《당신의 세일즈에 SPIN을 걸어라(Spin Selling)》, 닐 라컴(Neil Rackham), 김앤김북스, 2005

《동기와 성격(Motivation and personality)》, 에이브러햄 매슬로(Abraham Maslow), 21세기북스, 2009

《동조이론》, 솔로몬 애쉬(Solomon Asch), 1970

《목표 그 성취의 기술(Goals)》, 브라이언 트레이시(Brian Tracy), 김영사, 2003

《몰입》, 황농문, 랜덤하우스, 2007

《몰입의 기술》, 미하이 칙센트 미하이, 더불어책, 2003

《몸짓을 읽으면 사람이 재미있다》, 최광선, 일빛, 1999

《미러링 피플(Mirroring People)》, 마코프 야코보니, 갤리온, 2009

《뱀의 뇌에게 말을 걸지마라(Just listen)》, 마크 고울스톤(Mark Goulston), 타임비즈, 2010

《보디랭귀지(Definitive book of body language)》, 엘렌 피즈 바바라 피즈(Allan Pease, Barbara Pease), 북스캔, 2005

《불안한 원숭이는 왜 물건을 사지 않는가?(り方は類人猿が知っている)》, 루디 가즈코, 마고북스, 2010

《빨리, 싸게, 멋지게(Faster, cheaper, better)》, 마이클 해머(Michael Hammer), 타임비즈, 2010

《사람의 마음을 읽는 시간 0.2초》, 임문수, 나비의 활주로, 2015

《상대를 읽는 사람 상대에게 읽히는 사람》, 유키 유((ゆうきゆう), 예문, 2002

《새로운 무의식(Subliminal)》, 레오나르드 플로디노프(Leonard Mlodinow), 까치, 2013

《생각에 관한 생각(Thinking, Fast and Slow)》, 대니얼 카너먼(Daniel Kahneman), 김영사, 2012

《설득심리》, 이현우, 더난, 2002

《설득의 심리학(Influence)》, 로버트 치알디니(Robert B. Cialdini), 21세기북스, 2002

《솔루션을 팔아라(Solution Selling)》, 마이클 보스워스(Michael T. Bosworth), PSI컨설팅, 2006

《쇼핑학(Buyology)》, 마틴 린스트롬(Martin Lindstrom), 세종서적, 2010

《쇼핑의 과학(Why we buy)》, 파코 언더힐(Paco Underhill), 세종서적, 2011

《숨겨진 힘 감성(Emotional Value)》 자젤 발로, 다이애너 몰(Janelle Barlow, Dianna Maul), 2002, 김영사

《스토리텔링 세일즈》, 김영한, 새빛, 2009

《스토리텔링 교육을 아우르다》, 황신웅, 성균관대학교 출판부, 2014

《심리학으로 팔아라(Brainscripts for Sales Success)》, 드루 에릭 휘트먼(Drew Eric Whitman), 갈매나무, 2016

《영업 질문으로 승부하라》, 오정환, 한인경, 호이테북스, 2008

《원하는 것이 있다면 감정을 흔들어라(Beyond Reason: Using Emotions as You Negotiate)》, 다니엘 샤피로(Daniel Shapiro), 로저 피셔(Roger Fisher), 한국경제신문사, 2013

《이기는 심리학》, 김문성, 스타북스, 2010

《이모션(Emotional boosting)》, 한스-게오르크 호이젤(Hans-GeorgHausel), 흐름출판, 2012

《인코그니토(Incognito)》, 데이비드 이글먼(David Eagleman), 쌤앤파커스, 2011

《위키학습법》, 김춘식, 이데아시티, 2015

《지갑을 열게하는 마케팅(consumer mind: brand perception and the implication for marketers)》, 페페 마르티네스(Pepe Martinez), 베가북스, 2012

《춤추는 뇌》, 김종성, 사이언스북스, 2005

《통쾌한 설득심리학(Psychology of persuasion)》, 케빈 호건(Kevin Hogan), 행복한 마음, 2006

《판매 왕이 되는 세일즈 심리학》, 시라이시 다카시(白石崇), 예문, 2005

《프레젠테이션 프로페셔널》, 유종숙, 최환진, 커뮤니케이션북스, 2014

《행동의 심리학(What every body is saying)》, 조 내버로(Joe Navarro) 외, 리더스북, 2010

《행복 뇌 접속》, 릭 핸슨(Rick Hanson), 김앤북스, 2013

《행복의 기원》, 서은국, 21세기북스, 2014

《호감의 법칙(Die Kunst der Sympathie)》, 프랭크 나우만(Frank Naumann), 그책, 2009

《회복탄력성》, 김주환, 위즈덤하우스, 2011

《Brain View(Brain View. Warum Kunden kaufen)》, 한스-게오르크 호이젤(Hans-Georg Hausel), 흐름출판, 2008

《365일 세일즈의 기술(Soft sell : the new art of selling)》, 팀 코너(Tim Connor), 현대미디어, 2006

《3일 만에 읽는 뇌의 신비》, 야마모토 다이스케 감수, 서울문화사, 2002

《95% 법칙(Unconscious Branding)》, 더글라스 밴 프랫(Douglas Van Praet), 엑시오북스, 2015

《NLP무한성취의 법칙(NLP: the new technologogy of achievement)》, 스티브 안드레이아스, 찰스 폴크너(Steve Andreas and Charles Faulkner), 김영사, 2013

《No 세일즈(Say no to me)》, 엘리스 휘튼(Alice Wheaton), 황매, 2006

《The buying Brain》, A.K 프라딥(A.K. Pradeep), 한국경제신문사, 2013

〈http://copyslug.blog.me/146120234 헬레나의 블로그〉

〈인지부조화이론의 소비자행동연구에 대한 適用可能性 硏究〉, 金炯淳, (배제대학 무역학과 교수)

〈사회적 시선에 따른 의식조사결과〉, 곽금주, EBS 다큐프라임

〈Seligma Steen〉, Park & Peterson, 2005

〈Warm Hands, Warm Heart?〉, Williams & Bargh, 2008, 《Science Study》

〈When choice is demotivating : Can one desire too much of a good thing?〉, Iyengar, S. & Lepper, 2000, 《Journal of Personality and Social Psychology》

〈Your Body Language Shapes Who You Are?〉, Amy Cuddy, TED, 2012

서비스 브레인
감정의 뇌를 알아야 고객만족 서비스가 이루어진다

지은이 김현식

1판 1쇄 인쇄 2018년 11월 20일
1판 1쇄 발행 2018년 12월 1일

펴낸곳 새녘출판사
펴낸이 권희준
출판등록 2011년 10월 19일(제 313-2012-93호)
주소 경기도 파주시 미래로 562
전화 02-323-3630 팩스 02-6442-3634 이메일 books@saenyok.com

편집 하명란
디자인 씨오디
인쇄 제본 스크린그래픽

ISBN 978-89-98153-41-0 03320

* 이 도서의 국립중앙도서관 출판시도서목록(CIP)은 e-CIP 홈페이지(http://www.nl.go.kr/cip.php)
  에서 이용하실 수 있습니다.
  (CIP제어번호: 2018036031)

* 이 책의 저작권은 저자에게 있으며, 저자와 출판사의 허락 없이 내용의 일부를 인용, 발췌하는 것을
  금합니다.

* 책값은 뒤표지에 있습니다. 잘못된 책은 구입하신 곳에서 바꾸어 드립니다.